風土記研究の現状と課題

荊木美行著

燃焼社

風土記研究の現状と課題【目次】

第一章　風土記の注釈について
——中村啓信監修・訳注『風土記』上下の刊行に寄せて—— …… 一
第二章　『出雲国風土記』の校訂本
——角川ソフィア文庫『風土記』上の刊行に寄せて—— …… 六三
第三章　風土記の現代語訳について（一）
——谷口雅博氏訳『豊後国風土記』をめぐって—— …… 七六
第四章　風土記の現代語訳について（二）
——谷口雅博氏訳『肥前国風土記』をめぐって—— …… 一〇一
第五章　『播磨国風土記』雑考
——「入印南浪郡」「聖徳王御世」「事与上解同」を論じて、
中村啓信監修・訳注『風土記』上「播磨国風土記地図」に及ぶ—— …… 一四二
附　章　豊受大神宮の鎮座とその伝承 …… 一七一
初出一覧 …… 三一一
あとがき …… 三一三

第一章　風土記の注釈について
――中村啓信監修・訳注『風土記』上下の刊行に寄せて――

はしがき

いわゆる古風土記を対象とする注釈書の歴史は古い。これまで刊行された五風土記と風土記逸文を対象とする注釈書は枚挙に遑《いとま》がないし、近世のもののなかには、写本の形で流布したものも少なくない。注釈書は、いってみれば、個別研究のエッセンスであり、現今の風土記研究もこうした注釈書の存在に負うところが大きい。それゆえ、われわれは、先人の注釈作業に敬意と感謝の念を払うことを忘れてはならない。

そうしたなか、最近になって、角川ソフィア文庫の一つとして、ハンディサイズの中村啓信監修・訳注『風土記』上・下（角川書店、平成二十七年六月、以下「本書」と略称する）が上梓された。まことに慶ぶべきことである。

本書が、風土記研究の最新の成果を盛り込んだ注釈書であることはいうまでもないが、それが文庫判という、手軽な形で提供されたことは、古典の普及という点でも慶賀すべきである。

回顧すれば、文庫判の風土記注釈書や現代語訳は、これまでにも多数刊行されている。古くは、有朋堂文庫の塚本哲三校訂『古事記全　風土記全　祝詞全』（有朋堂書店、大正七年七月）や大日本文庫地誌篇に収められた植木直一郎校訂

『風土記集』（大日本文庫刊行会、昭和十年六月）がある。ただ、これらは「文庫」とはいうものの、判型もいまの文庫判とはいささか異なるし、注釈そのものもわずかで、概して簡略である。その意味で、文庫判風土記の嚆矢《こうし》とも云えるのは、やはり、岩波文庫の武田祐吉《たけだゆうきち》編『風土記』（岩波書店、昭和十二年四月）であろう。同書には、五風土記の読み下し文と注（原文はなし）、風土記逸文の原文と読み下し、逸文所引の諸本の解説があって、巻末には周到な索引まで附されている。これだけの情報を満載した同書は、風土記の普及に与かって力があったと思われる。

戦後刊行のものでは、小島瓔禮《こじまよしゆき》校注『風土記』（角川書店、昭和四十五年七月）がある。これも、原文こそ載せないが、五風土記とおもな古風土記の逸文の書き下し文を掲げ、脚注・補注を附した、密度の濃い注釈書である。また、吉野裕《よしのゆたか》訳『風土記』（平凡社、昭和四十四年八月、のち平成十二年二月に平凡社ライブラリーに収録）は、もと東洋文庫の一冊として刊行されたものだが、のちにほぼ文庫サイズの平凡社ライブラリーとして再刊された。同書は、久松潜一《ひさまつせんいち》校註日本古典全書『風土記』上下（朝日新聞社、昭和三十四年十月・同三十五年五月、以下「古典全書本」と略す）を底本とした現代語訳のみを載せるが、訳を介した一種の注釈書といってよいものである。

個別の風土記では、秋本吉徳《あきもとよしのり》氏校注釈の『風土記（一）全訳注 常陸国風土記』（講談社、昭和五十三年十二月）が講談社学術文庫に収められているほか、近年では、荻原千鶴《おぎわらちづる》全訳注『出雲国風土記 全訳注』（講談社、平成十一年六月）も出た。『出雲国風土記』については、これより先に加藤義成《かとうよしなり》氏による『校注出雲国風土記』（千鳥書房、昭和四十年十二月）がある。よいものだが、惜しむらくは地方小出版物だったので、ひろく普及したとはいいがたい。

ただ、こうしてみると、五風土記と風土記逸文について、原文・読み下し文・現代語訳・注釈の四拍子揃った文庫は皆無であって、じつは、すべてを備えた注釈書は本書をもって嚆矢《こうし》となす。

本書は、上巻には『常陸国風土記』（中村啓信校注・訳）『出雲国風土記』『播磨国風土記』（ともに、橋本雅之校注・訳）を収め、下巻には『豊後国風土記』『肥前国風土記』（ともに谷口雅博校注・訳）と風土記逸文（飯泉健司、谷口雅博校注・訳）を収める。そして、上巻冒頭には中村氏による「風土記総解説」があるほか、各風土記と風土記逸文については個別の解説があり、地図や逸文の出典一覧、さらには主要語句索引（両巻の分を下巻に一括して掲げる）まで掲載するという、行き届いた配慮である。各巻五百頁を超える厚冊とはいえ、コンパクトな文庫のなかによくもこれだけの情報を盛り込んだものである。特筆されるのは、平成の大合併以後はじめての風土記注釈書であって、現在地の比定もすべて新しい地名によっている点である（もっとも、旧地名との対比を掲げているのは、『播磨国風土記』の分だけで、あとは新地名のみをあげる。こうした書式のばらつきは不審である）。

ただ、慾をいえば、原文に句読点や返り点が附されていないことや、人工的な復原や校訂があるにもかかわらず、校異注がないのは惜しまれる。ベタ組みの原文は見づらいので、本書で提示した読み下し文に沿った句読点・返り点を附してもよいのではないかと感じた。

また、これとは別に、『出雲国風土記』『播磨国風土記』の原文にはいささか疑問を感じた。『出雲国風土記』については分量も多く、写本も複数あるので、べつの機会に論じることとし、ここでは写本が三條西家本を祖本とする一系統の『播磨国風土記』を取り上げたい。

四七六頁の「凡例」によれば、三條西家本を底本とした「校訂本文」であり、「本文は可能な範囲で底本の形態、字体を尊重して活かすことに努めた」という。なるほど、校訂本文をみていくと、「土」を「圡」、「答」を「荅」に作るなど、原本の字体を極力再現しようとした意図がみてとれる。先学も指摘しているように、三條西家本は古体をとどめており、独自の省畫や異体字を多くふくんでおり、貴重である。その意味で、校注者の判断は一つの見識である。手前味噌になるが、かつて筆者が入手して紹介した「小野田光雄自筆『播磨国風土記』（三條西家本（古典保存会））」（拙著

『風土記研究の諸問題』〈国書刊行会、平成二十一年三月〉所収）は、ペン書きながら忠実に三條西家本の文字を再現しようと意図したものである。

ところが、本書の「校訂本文」では、どうしたことか、こうした原則が当て嵌まらない、擅改と思しきケースが夥しく存する。

たとえば、「国」。三條西家本の字体はおおむね「国」であり、稀に「國」であり、「国」はない。「圡」を再現するのであれば、「国」もまた「国」ないしは「國」に作らなくてはならないだろう。ほかにも、三條西家本の字体は「㓝」「伎」「坐」なのに「校訂本文」では、それぞれ「形」「伎」「坐」に直している。これらの字体についてはなんらか理由により改めたのかも知れないが、不可解なのは「隠」である。四七七頁一一行目・四七九頁四行目・四九三頁一五行目などでは、原本のとおり「隠」という異体字に作っているのだが、おなじ異体字が使われている四九五頁三・四行目では、どうしたことか「隠」に直している。

また、字体の細部にこだわる編者の意図はわかるが、「岡」を「𦊆」「罡」「罜」に書き分けることにどれだけの意味があるというのか。げんに「岡」そのものではないが、四七九頁一七行目の「鋼」は原本では「綱」とあるのを「綱」に作っているのだから（ちなみに、『播磨国風土記』と同じ方針で原文を掲げる『出雲国風土記』では「綱」は細川本のとおり異体字の「綱」に作っている。三〇五頁九・一一・一六・一七行目など参照）、「岡」の字形もそれほど重要な争点とは思えない。とくに、「罡」と「罜」の区別は、原本でも判断のむつかしいものがあり、筆写した人物がどれだけ書き分けを意図していたかはよくわからない。しかも、四八〇頁一二行目は、原本の字体が「罡」なのに「校訂本文」では「𦊆」に誤っているので、本書の校訂そのものにも信頼がおけない。

ちなみにいうと、このほかにも誤記は、枚挙に遑がない。以下、いくつか実例をあげておく。

四八八頁一三行目の「遝」。ここはたしかに原本もこのとおりなのだが、それなら、四七七頁一二行目・四七九頁一四行目の「還」もおなじ字体に作らねばならない。また、四八〇頁一〇行目の「煞」は原本では「敍」であり、あきらかな飜字ミス。四九五頁二行目でも「殺」を「敍」に作るが、こちらも原本の字体は「敍」である。同様に、四八八頁一二行目の「蘇」、四九〇頁三行目の「條」、四九三頁九行目の「裹」、四九四頁八行目の「回」、四九五頁八行目の「叅」は、それぞれ原本では「蘓」「絛」「褁」「因」「絫」である。このほか、四八七頁一〇行目のレ点は、原本の写真版では確認がとれない。

こうしたミスを連発してまであえて三條西家本の字体にこだわる必要があるだろうか。校注者は「解説」において「本来校訂とは、できるだけ祖本の姿を復元することを目的とするものであり、悪文の添削を目的とするものではない」（上巻、五〇六頁）と書いておられるが、本書所収の「校訂本文」が、はたしてこうしたポリシーを具現化したものかは、多分に疑わしいのである。

本書所収の風土記原文については、ほかにも疑問とするところがあるが、それは下文で言及する機会があるので、ここではふれない。しかし、そうした瑕疵はさておき、これだけの内容を盛り込んだ注釈書を作るには、四人による共同作業とはいえ、相当の準備を必要としたであろう。そのご苦労には、心より敬意を抱くものである。本書の刊行は、研究者のみならず、一般読者にも大きな福音であって、今後の活用が期待されるところである。

○

ところで、以下は、本書を繙読した、筆者の個人的な感想である。

かつて中国文学研究者の高島《たかしま》俊男《としお》氏が、近代文学作品の注釈を作る人に希望したいこととして、以下のような諸点をあげられたことがある（『お言葉ですが…』別巻①〈連合出版、平成二十年五月〉一四五頁）。

①まず本文をちゃんとすること。ふりかな、書名の確認など。

②どういう語や記述に注釈が必要であるかを知ること。

③注釈は本文に即したものであること。言いかえれば、文の理解に資するものであるべきこと。

④注釈の体例を知ること。必要なことはかならず書き、よけいなことは書かないこと。

⑤注釈することがらについて一通り調べ、デタラメを書かないこと。

これは近代文学の話だが、ここで高島氏が指摘されている諸点は、そのまま古典の注釈にも当て嵌まると思う。本来、注釈作業というものは、本文の読解を助けるものだが、古典の場合でいうと、難解な古典を現代人が身近なものと感じる手助けとなるような注釈が望まれる。そしてそのためには、当該箇所の記述や語句に対してその解釈に役立つような説明を施す必要がある。さらに、場合によっては、古典研究の水準が奈辺にあるのかをうかがいうるような研究成果を紹介する必要があろう。

これを要するに、筆者は、注を読めば、本文の記述が、史料ないしは文学作品として、より具体的に理解できるというのが、理想の注釈ではないかと考えている。ただ、それらを限られた紙面でどのように叙述するかは、ケースバイケースである。

たとえば、読者諸彦は、日野《ひの》開三郎《かいざぶろう》氏の執筆にかかる『五代史』（明徳出版社、昭和四十六年四月、のち『日野開三郎東洋史学論集』第二十巻〈三一書房、平成七年十月〉所収）をご覧になったことがあるだろうか。同書は、『旧五代史』食貨志《しょっかし》の注釈だが、その重要語句に施された詳密な注釈は、しばしば一語句につき一千三百字（著作集の組み上がりで一頁）を超える。日野氏の注釈は、その語句の表面的な解釈に留まることなく、歴史的背景、法的意義にまで踏み込んだ、文字通り、眼光紙背に徹した注解である。同書を手にしたものは、史料を読むにはここまで徹底しなければならないのか、と胸を打たれることであろう。

もっとも、食貨志という、やや特殊な史料を、ピンポイントでここまで掘り下げた、同書のスタイルは、かならずしも普遍的でない。こうした、あまりに詳密な注釈に対しては、批判的な声もある。

よく知られているが、岩波書店から刊行された新日本古典文学大系には『続日本紀』の注釈が収められている。同書は、筆者も、仕事柄、ふだんお世話になっている馴染みの深い注釈書であり、その行き届いた注解には、読むたびに教えられることが多い。

しかし、虎尾俊哉《とらおとしや》氏のように、この新大系本『続紀』のような、研究書的な色彩の強い注釈書を「悪しき前例」と評価されるかたもおられる。「注釈は必要なことだけを簡潔に」というのが氏の持論で、事実、ご自身が編輯した訳注日本史料の『延喜式』においても、各篇目の担当者が提出する注釈の原稿にずいぶん斧削を加えて、担当者を驚かせたと仄聞している。

いかなる体裁がベストかは判断のむつかしいところだが、結局のところ、注釈書の体裁や叢書全体の方針によって大きく制約されるというのが実情であろう。せっかく意気込んで熱筆を振るっても、他の注釈書とのバランスから大幅カット、ということも少なくないのではあるまいか。

もっとも、じゅうぶんな紙幅さえ与えられれば申し分ない注釈書が完成するかというと、そうとは云えない。やはり、注解の対象となる古典の研究自体がどれほどのレベルにあるかが大きな問題だし（坂本太郎「日本書紀の本文研究」『日本古典文学大系』月報第二期最終回配本、昭和四十二年三月、のち『坂本太郎著作集』第二巻〈吉川弘文館、昭和六十三年十二月〉所収、二三〇頁）、注釈担当者の技倆に左右されるところも大きいと思う。それゆえ、注釈の体裁や内容についてあれこれ評言されるのは、作業を担当されたかたがたにとっては、不本意なことかも知れない。

ただ、おなじ風土記の研究に携わるものとして率直な感想を開陳し、その是非を読者に問うことは無意味だとは思えない。毛を吹いて瑕をもとめようとは思わないが、筆者の所感が本書の利用に役立てば、幸いである。

『常陸国風土記』

22頁注2「国司」

注釈の説明では「第三十六代孝徳天皇の大化以後、都から赴任して、任命国の統治に当たった官人」とある。これではまるで大化以後、国司という名称の官職が存在したかのような印象を与えてしまうが、事実はそうでない。辞典類にも「初期の国司はミコトモチとよばれ、宰、使者などと記された。これに国司の字をあてるのは大宝令施行以後のこと」（『国史大辞典』ジャパンナレッジ版）と書いている。いま少し慎重に記述してほしい。

22頁注7「造・別」

「別《わけ》」の説明については、景行天皇紀四年二月甲子条に「夫天皇之男女。前後并八十子。然除二日本武尊・稚足彦天皇・五百城入彦皇子一之外。七十餘子。皆封二国郡一。各如二其国一。故当今時。謂二諸国之別一者。即其別王之苗裔焉」とあることに言及すべきであろう。なお、注釈の内容から推すと、注番号は、「別」の字の下にあるべきか。

22頁注11「物領めしめき」

「全部あわせて統括すること」とのみ注するが、『常陸国風土記』にみえる「物領」及びこれと関聯する「国宰《みこともち》」については、いま少し叮嚀な解説が必要なはず。すなわち、総領（物領）は、大宰とも呼ばれるもので、「筑紫総領」

（『続紀』文武天皇四年十月十五日条）をはじめとして、「吉備大宰」（天武天皇八年三月九日条）・「周芳総令」（同十四年十一月二日条）・「伊予総領」（持統天皇三年八月二十一日条）・「総領」（『播磨国風土記』揖保郡条）などの例がある。薗田《そのだ》香融《こうゆう》氏によれば、『常陸国風土記』『播磨国風土記』では、総領・国宰・国司をはっきり使い分けており、その記載は信用できるという（「律令国郡政治の成立過程」『日本古代財政史の研究』〈塙書房、昭和五十六年六月〉所収）。すなわち、在任年代のあきらかなものとしては、「総領」では高向臣・中臣幡織田連（『常陸国風土記』）、国宰では道守臣・上（野）大夫（『播磨国風土記』）、国司では采女朝臣（『常陸国風土記』）であって、これによって、大宝以前の国司には、総領と国宰の二種の存したことがわかるという。『日本書紀』大化元年八月に派遣された東国国司を総領とみて、『常陸国風土記』にみえる高向臣や中臣幡織田連を東国国司と考える説もあるが、東国国司は、やはり国宰として理解すべきであろう。この総領（大宰）については、右にあげた史料の分析から、地方行政上重要な地域に置かれ、近隣数国を管轄する地方行政官のことであると考えられているが、薗田氏によれば、総領（大宰）の制度が採用された理由は、①大化前代にすでに大宰―宰という二重組織ができあがっていた、②国郡編成には国を越えた上級官司が必要であった、という二点にもとめられるという。とくに、②は『常陸国風土記』の下文に登場する建評記事とのかかわりで重要な点である。

ただし、総領については異論もあり、たとえば、松原《まつばら》弘宣《ひろのぶ》氏は、『常陸国風土記』における総領・国宰の書き分けを認めつつも、これらが同時期に並存したことを記す記事はないとして、孝徳天皇朝における総領―大宰の二重組織は存在しなかったと考えているなど（「総領と評領」『日本歴史』四九二、平成元年五月）、諸説ある。

なお、380頁注14では、この『常陸国風土記』の総記に言及しているので、当然ここでも、『播磨国風土記』揖保郡を参照する旨の注記が望まれる。

23頁・25頁「国造毗那良珠命」「新治の国造が祖、名は比奈珠命」

ともに注釈はないが、『国造本紀』に「新治国造。志賀高穴穂朝御世。美都呂岐命児比奈羅布命定二賜国造一。」とあって、ここにみえる比奈羅布命が風土記の毗那良珠命・比奈珠命にあたることは、古典大系本などでも注記されているので、ここは書くべきである。

24頁注8「駅家」

本書『常陸国風土記』の項で注目されるのは、『萬葉集註釈』巻二に「常陸国風土記云。新治郡。駅家。名曰大神。所二以然称一者。大蛇多在。因名二駅家一云々」として引用される「大神《おおかみ》の駅家《えきか》」の逸文を「『萬葉集注釈』より復原」として本文の新治郡のところに組み込んだ点である。かかる処置は、29頁にも二箇所みえる。新治郡については、従来、

新治郡。（東那賀郡堺大山。南白壁郡。西毛野河。北下野・常陸二国堺。即波大岡。）古老曰。昔。美麻貴天皇馭宇之世。為レ平二討東夷之荒賊一。（俗云阿良夫流尔斯母乃。）遣二新治国造祖。名曰比奈良珠命一。此人罷到。即穿二新井一。（今存二新治里一。随レ時致レ祭。）其水浄風流。仰以レ治レ井。因著二郡号一。自レ尓至レ今。其名不レ改。（風俗諺云白遠新治国。）（以下略之）

自レ郡以東五十里。在二笠間村一。越通道路。称二葦穂山一。古老曰。有二山賊一。名称二油置売命一。社中在二石屋一。俗歌曰（許智多鶏波乎婆頭勢夜麻能伊波帰尔母為鬱許母郎奈牟奈古非叙和支母。以下略之。）」。

という筑波郡の直前までを同郡の記事ととらえていたが、本書では、「自レ郡以東五十里」以下を白壁郡のそれとみる。このように解釈すると、「大神の駅家」の逸文も、当然ながら、郡名の由来を説いた記事のあと、すなわち、諸本が「以下略之」としている部分にあったことになる。しかし、「自レ郡以東五十里」以下を白壁郡の記事とすることには異論もあるので、ここはやはり、後述の二条とともに逸文として別扱いがよかったのではあるまいか。げんに、『播磨国風土記』では、『釈日本紀』所引の「爾保都比売命」「速鳥」という二条の逸文について、前者が適当な位置に復

元できないことを理由に、赤石郡に存したことが確実な後者まで別扱いしている（四二四～四二六頁）。

なお、本書は、『常陸国風土記』原文として、いわゆる「菅政友本」を掲げているが、ここに復原記事をそのまま組み込んでいる。読み下し文に附した注ではその旨断っているとはいえ、原文でもなんらかのコメントが欲しいところである。

26頁注11「新粟初嘗」・

この「粟」について、注釈は「粟はアワではなく、もみがら着きの米」と書く。古典大系本も「粟は脱穀しない稲実の意。」と同意の解釈（三九頁）。いずれも、『和名抄』巻十七、粟の項の引く『崔禹《さいう》錫食経《しゃくしょっけい》』の説明によったものかと思われるが、「新粟」の表記は、稲作が普及する以前には粟が主食で、新嘗祭もその粟の新穀を神に供する儀式であったことの名残りだとする、井上辰雄氏の説もある。

29頁注４「古老曰はく」・10「黒坂命」

この二条も、①『釈日本紀』巻十（新訂増補国史大系本、一四四頁）所引の「信太郡《しだぐん》の沿革」と②『萬葉集註釈』の引く「信太の郡」（萬葉集叢書本、八一頁）を復原記事として本文に組み込んで順に排列したものである。そして、さきの「大神の駅家」と同様、原文でもそのままこの復原本文を掲げているが、ここもなんらかのコメントが欲しかったところである。ちなみに、①については、はやくに西野《にしの》宣明《のぶあき》『訂正常陸国風土記』（天保十年刊、『日本古典全集　古風土記集』〈日本古典全集刊行会、大正十五年十一月、のち昭和五十四年二月に現代思潮社より復刻〉所収）が、これを本文としている。同書の頭注には「按自古老曰以下至日高見国。諸本欠。今拠戊本補之。釈日本紀所引与此小異矣」とあるが、ここにいう「戊本」は、同校訂本の「凡例」によれば、「備中笠岡祀官小寺清先所校訂」の一本で、現存しない。この「戊本」が原本の形態を伝えたものであれば、宣明の校訂のとおりであろうが、「戊本」そのものが、すでに『釈日本紀』によって補っていた可能性も考えられる。『訂正常陸国風土記』を底本とする日本古典全書本『常陸国風土記』は、「古老曰……日高見国也の一条は現傳本の祖本には無かつたらう。底（西野宣明『訂正常陸国風土記』）は小寺本によつて此の一条を採つた」（五七頁）とのべている。

29頁注14「輸轜車」

養老喪葬令《ようろうそうそうりょう》8、親王一品条に貴人の葬具として「轜車《じしゃ》」がみえ、集解には「釈に云ふ。（中略）轜車は喪車なり。或は云ふ。轜は謂ふこころは葬屋なり。車は謂ふこころは之を載せる車」とある。「轜」「車」を別のものとする解釈のあることは、ここで紹介すべきであろう。ついでにいえば、風土記下文にみえる赤旗・青旗についても、喪葬令同条に葬具として旗のみえることに言及すべきかと思う。

30頁注26「器杖」

養老軍防令《ようろうぐんぼうりょう》41、出給器杖条の「器杖」の義解注に「謂ふこころは、器は軍器なり。杖は儀杖なり」とあるのを引くべきであろう。また、風土記下文によれば、器杖のなかに楯がふくまれているが、郡内の式内社楯縫《たてぬい》神社（旧稲敷郡美浦村大字木原に鎮座）は、この伝承と関聯があるかも知れない。

32頁注18「多祁許呂命に子八人あり」

注釈には「『先代旧事本紀』の国造本紀には六人の子が国造に任じられたとある」とする。これは、下記の六つの記載を指すのであろう。

・師長《しなが》国造。志賀高穴穂朝御世。茨城国造祖建許呂命児宮富鷲意彌命定㆓賜国造㆒。
・須恵《すえ》国造。志賀高穴穂朝。茨城国造祖「紀記」建許侶命児大布日意彌命定㆓賜国造㆒。
・馬来田《うまきだ》国造。志賀高穴穂朝御世。茨城国造祖建許呂命・深河意彌命定㆓賜国造㆒。

・道奥菊多《みちおくのきくた》国造。軽嶋豊明御代。以㆓建許呂命児屋主乃禰㆒。定㆓賜国造㆒。
・道口岐閇《みちのくちのきへ》国造。軽嶋豊明御世。建許呂命児宇佐比乃禰。定㆓賜国造㆒。
・石背《いわせ》国造。志賀高穴穂朝御世。以㆓建許侶命児建彌依米命㆒。定㆓賜国造㆒。

ただし、「国造本紀」には、いま一つ石城国造に関して、

石城《いわき》国造。志賀高穴穂朝御世。以㆓建許呂命児屋主乃禰㆒。定㆓賜国造㆒。

という記述がある。これは、栗田《くりた》寛《ひろし》が『国造本紀考』巻二において「建許呂命ハ、師長国造の下にいてゝ其処にいへり、さて師長須恵、馬来田国造なとの条に、みな茨城国造祖とあり、常陸風土記にも、茨城国造初祖見えたれハ建許呂命定㆓賜国造㆒」とあるハ疑はし、建許呂命の下、児某命なとの字脱たるにや、志からすハ茨城国造初祖なる人の、此の国造なるへき謂なし、かにかくに疑はしけれハ、此文の誤りにハ非るか、然るハ古事記に、神武皇子、神八井耳命者、意臣云云、陸奥石城国造云云等之祖也とあれハなり」（神道大系本、三一三頁）とのべるように、まず脱文の可能性が考えられる。だとしたら、「国造本紀」には建許呂命の児が各地の国造に任じられた例が都合七つあることになる。これに『常陸国風土記』にみえる筑波使主《つくばのおみ》を加えれば、とにもかくにも風土記が建許呂命の子を八人とする記載に符合することは注目してよいと思う。

32頁「湯坐連」

注釈はない。湯坐は皇子の養育料のための部のことで、湯坐連氏はその管掌氏族をいう。前項で説明したように、建許呂命の子の一人に須恵国造がいるが、この国造は上総国周淮郡一帯を支配し、そこに湯坐郷（現千葉県君津市上湯江・下湯江附近）が存したところより推せば、建許呂命一族と湯坐連氏は強い関聯性が考えられる。後掲360頁注33「他田」のような不要と思われる氏族の出自の注釈を附すくらいなら、ここの湯坐連氏についての解説のほうが風土記の理解の

ためにはより重要なのではあるまいか。

35頁注3「茨城の郡の八里を割き」

ここも、さきの総領との兼ね合いで、『常陸国風土記』に散見する建郡（正しくは「建評」）記事についてふれておく必要があろう。『常陸国風土記』によれば、信太郡《しだぐん》の場合は、物部河内らが筑波《つくば》・茨城郡《うまらきぐん》の七百戸を分かって信太郡を新置、行方郡《なめがたぐん》の場合は、茨城国造・那珂国造が、両国造部内の十五里七百戸を割《さ》いてべつに郡家を新置、香島郡《かしまぐん》では中臣□子らが下総国海上《うなかみ》国造の部内一里と那賀国造の部内五里を割き神郡として新置、多珂郡《たかぐん》の場合は、多珂国造と石城評造が旧多珂国を多珂・石城二郡に分かち、多珂郡を常陸国に、石城郡を陸奥国に属《つ》けた（里数・戸数は不明）とある。

これらの建郡記事については、鎌田元一《かまたもとかず》・井上辰雄《いのうえたつお》両氏は、建郡（建評）のことを記した史料の分析から、孝徳天皇朝に全面的に施行されたとする。とくに、鎌田氏は、香島郡条にみえる己酉年（六四九）に一般諸郡の建郡がおこなわれ、信太・行方・多珂郡の建郡記事にみえる癸丑年（六五三）は、「新置のコホリ」が分出された年だとされる。ただし、このとき、郡の下級行政単位として里制が実施されたかどうかについては確証がなく、鎌田氏は、孝徳天皇朝に五十戸単位の編戸制が進められていたが、五十戸一里制は天武天皇四年（六七六）の部曲《かきべ》廃止を待って徐々に進められ、庚午年の造籍によって全国的な実現をみたと考えている。

なお、薗田香融《そのだこうゆう》氏によれば、『常陸国風土記』は立郡の申請人の名を記録しているが、多くの場合、かれらが初代の郡領に就任したという。こうした在地豪族は、父祖以来管掌してきた屯倉、あるいはあらたに造建した屯倉《みやけ》を朝廷に献上し、これを郡家となすことによって、以後長く譜代郡司となる途をえらんだのであろう（前掲「律令国郡政治の成立過程」）。

36頁「郡家の南の門に」

風土記には、郡の政庁である郡家（グンケ・グウケ・コホリノミヤケなどと訓む）についての記載が多数ある。とくにある場所を示すのに、「郡家北三十里」などと郡家を起点とした書法をとっていることは、当時郡家が各郡においてセンター的な役割を果たしていたことを示唆している。ところで、本条は、行方郡家の構造を記した文献として貴重であるが、これによれば、郡家には庁とその前庭があり、庁の南には門が配置される構造になっていたことがわかる。また、べつな史料には「垣」がみえるから、郡家のある場所は塀などで区劃されていたのであろう。足利健亮《あしかがけんりょう》氏の推定では、こうした郡家の規模は、基本的には方二町、実質的には方三町近くにおよんだという（「郡衙の境域について」『（大阪府立大学）歴史研究』一一、昭和四十四年三月）。八～九世紀の郡家に関する文献は少ないが、これを補うものとして長元三年（一〇三〇）の『上野国交替実録帳《こうずけのくにこうたいじつろくちょう》』（国司交替の際の事務引継ぎ関係書類の草案）がある。この文書には同国の郡家の建物群がかなり詳しく記載されている。前沢和之《まえざわかずゆき》氏の指摘によれば、この文書は、もともと郡単位で作成されたものであり、記載が整理されていない草案であること、内容が破損もしくは無実の列記であるという基本的性格を有しており、かならずしも現状を反映した史料ではないが（「上野国交替実録帳」にみる地方政治」『群馬県史』通史編2〈群馬県、平成三年五月〉六七六頁）、それでも郡家全体の構造をうかがう貴重な文献である。『上野国交替実録帳』をもとにした郡家の復元については、竹内理三《たけうちりぞう》・福山敏男《ふくやまとしお》・吉田晶《よしだあきら》諸氏の研究があるが、いまこれらによりつつ、当時の郡家の構造をしるすと、つぎのとおりである。『上野国交替実録帳』によれば、郡家には郡ごとに①正倉・②郡庁・③館《たて》・④厨家《みくりや》に区分され、この順で記載されている。こうした区分は、儀制令集解《ぎせいりょうしゅうげ》17所引の古記が、郡家を郡院・倉庫院・厨院に、また、『朝野群載《ちょうやぐんさい》』国務条々事が、郡家を郡庫院・駅館・厨家・諸郡院に、それぞれ用途別に区分していることとおおむね一致するという。

なお、現在、各地で郡家遺跡と考えられる遺構の発掘調査が進み、各地の郡家の実態があきらかになりつつあるが、それらの事例によると、館や厨家の実態はじつにさまざまで、山中敏史《やまなかとしじ》氏によれば、『上野国交替実録帳』の館や厨家の記載はかならずしも全国的な傾向を反映したものではないという（山中敏史・佐藤興治『古代日本を発掘する5　古代の役所』

〈岩波書店、昭和六十年六月〉一二四頁）。

36頁「郡家の南の門に」

郡家《ぐうけ》の門前に大きな槻《つき》の木があったことは、山城国葛野《かどのの》郡家《ぐうけ》にも例がある（『続日本後紀』承和十四年六月条）。槻は、その特異な樹形ゆえに聖木とされ、その木をシンボルとするかたちで郡家がこの地にいとなまれたのであろう。『日本書紀』皇極天皇四年六月条によれば、乙巳《いっし》の変の直後、皇極上皇・孝徳天皇・中大兄皇子は、飛鳥寺の西にある大槻の下に群臣を集め、皇室と群臣の一心同体を天神地祇に誓わせたが、これなども高槻が神の依《よ》り代シロとして神聖視されたことを示す記事である（辰巳和弘『風土記の考古学』〈白水社、平成十一年九月〉四二～四四頁）。

37頁注6「虵の身にして頭に角あり」

「中国文献に「龍の角のないのを蛇という」」とあるが、「中国文献」などという漠然とした出典注記はやめてほしい。『尚書大伝』洪範五行伝の「時則有竜蛇之孽。〔注〕蛇竜之類也。或曰竜無角者曰蛇。」などを引くべきか。

40頁「塩を焼く藻」

注釈はないが、説明の必要な箇所であろう。いうまでもなく、「塩を焼く藻」とは海藻を使う製塩法のことで、「藻塩法《もしおほう》」と呼ばれるものである。具体的にどのように藻を利用するかは諸説あって、①乾燥藻を焼き、その灰を海水にいれ、あるいは海水を注ぎ、鹹水《かんすい》（濃厚な塩水）を得てこれを煮詰める、②乾燥藻を焼き、その灰を海水で固め灰塩を作る、③乾燥藻を積み重ね、うえから海水を注ぎ鹹水を加えてこれを煮詰める、④乾燥藻を海水に浸して鹹水を得てこれを煮詰める、などの方法が想定される（廣山堯道《ひろやまぎょうどう》『日本製塩技術史の研究』〈雄山閣出版、昭和五十八年二月〉・佐原真『食の考古学』〈東京大学出版会、平成八年十月〉七六頁）。藻塩法による製塩のことは、信太郡浮島村条・行方郡板来村条にみえるほか、『萬葉集』にも多くみえる（二七八・九三五・九三六・三一七七）。『萬葉集』には、このほかにも「塩焼く」という表現が多くみえるが（三五四・四一三・九三八・一二四六・二六二二・二六五二・二九三二・二九七二）、これらも、あるいは藻塩法を指すか。

44頁「西は流海」

この部分は、『萬葉集註釈』巻八に「常陸ノ鹿島ノ崎ト、下総ノウナカミトノアハヒヨリ、遠クイリタル海アリ。末ハフタナガレナリ。風土記ニハ、コレヲ流海《ながれうみ》トカケリ。今ノ人ハ、ウチノ海トナン申ス」として引用されるので、これにふれるべきであろう。

46頁注20「大坂山」

以下、「俗曰はく」のところでは、崇神天皇が大坂山の頂上において白い服を着て白い杖を持った神に会い、託宣を受ける話が記されているが、『日本書紀』崇神天皇九年三月十五日条には「九年春三月甲子朔戊寅。天皇夢有㆓神人㆒。誨㆑之曰。以㆓赤盾八枚。赤矛八竿㆒。祠㆓墨坂神㆒。亦以㆓黒盾八枚。黒矛八竿㆒。祠㆓大坂神㆒。」とあり、『古事記』中巻、崇神天皇段にも意富多多根古を探し求めて大物主神を祭らしめた記述の直後に「又於㆓宇陀墨坂神㆒。祭㆓赤色楯矛㆒。又大坂神祭㆓黒色楯矛㆒。（中略）又於㆓坂之御尾神及河瀬神㆒。悉無㆓遺忘㆒。以奉㆓幣帛㆒也。因㆑此而役気悉息。国家安平也」とある。関聯記事なので、古典全集本などに倣って注記の欲しかったところである。

46頁注28「神戸」

注釈は「神領の課戸の租の全てを神社に寄せることを認められた神社所有の民戸」と説明するが、神社の造営や神に供する調度料のために神戸が出すのは調・庸・租であって、『神祇令義解』神戸条にも「凡神戸調庸及田租者。並充㆘造㆓神宮㆒及供㆑神調度㆖。其税者。一准㆓義倉㆒。」とあるとおりである。直後の「修理ふこと絶へず」の注もそうだが、もう少し丁寧に調べられないものか。読んでいて不快感さえ覚える。さきに引いた高島氏の一文にも「注釈することがらについて一通り調べ、デタラメを書かない」とあったではないか。

46頁注30「庚寅年」

注釈は、庚寅年が持統天皇四年（六九〇）であることを書くのみだが、『日本書紀』によれば、この年九月に飛鳥《あすか》浄《きよ》御原令《みはらりょう》の戸令にもとづく、初の戸籍が完成している（前年三年閏八月に作成開始）。これが「庚寅年籍《こういんねんじゃく》」である。この戸籍は、『続日本紀』和銅四年（七一一）八月四日条に「酒部君大田。粳麻呂。石隅三人。依二庚寅年籍一賜二鴨部姓一。」とあることから、庚午年籍同様、氏姓の基本臺帳として利用されたことがわかる。ほかにも、『続日本紀』和銅六年（七一三）五月十二日条に「但庚寅校籍之時。誤渉二飼丁之色一。」とあり、おなじく天平宝字八年（七六四）七月十二日条にも「後至二庚寅編戸之歳一。三綱校二数名一爲二奴婢一。」とみえるなど、庚寅年籍では良賤の身分が明確に区別されていたことなどが知られる。なお、『播磨国風土記』によれば、里名の改正も、庚寅年籍のときにおこなわれたことがわかる（餝磨郡少川里条・揖保郡越部里条・少宅里参照）。

46頁注33「修理ふこと絶へず」

注釈に「『続日本紀』によれば式年遷宮が行われていたらしい」とあるが、これは意味不明。鹿島神宮の造替《ぞうたい》については、『日本後紀』弘仁三年（八一二）六月辛卯条に、「神祇官言。住吉・香取・鹿嶋三神社。隔二廿箇年一。一皆改作。積習為レ常。其弊不レ少。今須除二正殿一外。随レ破修理。永為二恒例一。許レ之」とあり、改造は、以後正殿に限定されたというが、『日本三代実録』貞観八年（八六六）正月二十日条には「又（鹿島神宮司）言。鹿島大神宮惣六箇院。廿年間一加二修造一。所レ用材木五万餘枝。工夫十六万九千餘人。料稲十八万二千餘束（後略）」とあるように、実際は正殿に止まらず、大規模な造替がおこなわれたようである。なお、延喜臨時祭式59、神社修理条には「凡諸国神社随レ破修理。但摂津国住吉・下総国香取・常陸国鹿嶋等神社正殿。廿年一度改造。其料便用二神税一。如無二神税一。即充二正税一。」とあり、造替の費用には神税を用いる旨がしるされているが、『延喜交替式』には「凡諸国神宮。随レ破修理。其料便用二神税一。如无二神税一。即充二正税一。但摂津国住吉・下総国香取・常陸国鹿島等神社。以二正税廿以上一改造」とあり、住吉・香取・鹿嶋らについては正税を用いることが定められている。

47頁注２「中臣巨狭山命」

注釈は「中央から派遣されている神官」とするが、これはいかなる根拠にもとづくものか。中臣巨狭山命《なかとみのおおさやまのみこと》は、『尊卑文脈』「藤原氏系図」や『鹿嶋大宮司系図』に中臣鹿嶋連の初祖としるされる人物である。中臣鹿嶋連は、『続日本紀』天平十八年（七四六）三月二十四日条に「常陸国鹿嶋郡中臣部廿烟。占部五烟。賜二中臣鹿嶋連之姓一。」とあるように、鹿嶋郡にいた中臣部（もしくはその伴造氏族）や占部がそのもととなっており、古くからこの地に盤踞していたと考えられる。これを「中央から派遣」と言い切ってしまうのは、いかがなものであろう。また、『続日本紀』天応元年（七八二）七月十六日条に「右京人正六位上栗原勝子公言。子公等之先祖伊賀都臣。是中臣遠祖天御中主命廿世之孫。意美佐夜麻之子也」とあるのも引くべきであろう。

47頁注10「卜部」

前掲『続日本紀』天平十八年（七四六）三月二十四日条に「常陸国鹿嶋郡中臣部廿烟。占部五烟。賜二中臣鹿嶋連之姓一。」とあり、正倉院宝物の天平勝宝四年十月の白布人参袋墨書に「常陸国鹿嶋郡高家郷戸主占部手志戸占部鳥麿調曝布壹端」（松嶋順正編『正倉院宝物銘文集成』〈吉川弘文館、昭和五十三年七月〉三〇一頁）の名がみえることから、香嶋郡に卜部が居住していたことは確実である。これらは注でふれてほしい史料の一つである。

53頁注２「大櫛」

ここでは、巨人が捨てた貝が集積してできた岡が、現存する大串貝塚《おおぐしかいづか》にあたることを云わねばならない。大串貝塚は、茨城県水戸市東部、大串町（旧東茨城郡常澄村大字塩崎）にある貝塚。同地に鎮座する下居《おいり》明神の北西臺上畑地、神社の南西、前者より一段下がった低臺地上など、神社の周辺部に分布する貝塚を総称してよぶ。縄文時代の貝塚のことが記録に残された古い例である（齋藤忠『古典と考古学』〈学生社、昭和六十三年二月〉二二二～二二六頁）。

54頁「瓫」

那賀郡の晡時臥之山《くれふしのやま》の伝承にかかわって、努賀毗咩《ぬかびめ》が生んだ蛇の子を祭壇に安置するくだりで、「瓫」という容器が登場する。読み下し文では、「ひらか」と読んでいるが、この字は「ほとぎ」であって、「瓫」ではない。本書が底本としている菅政人本をはじめ諸本も「瓫」に作る。「ひらか」は文字通り平たい器で、「ほとぎ」は腹の太い、口の小さい湯水を入れる容器である。風土記後文に「所レ盛瓫甕。今存二片岡之村一。」とあるところからすると、いよいよもって「ひらか」ではしっくりこない。なぜ校注者があえてこれを「ひらか」と読むのか、その根拠を示すべきであろう。

59頁注7「片岡大連」

注釈には「『新撰姓氏録』に中臣方岳連がある。祭祀に関る氏族」とある。ただ、この片岡大連が、複姓の中臣方岳連《なかとみのかたおかのむらじ》とおなじ氏族かは即断できない。栗田寛『新撰姓氏録考証』がこの条を引いて「もしくは中臣方岡連にて其名の脱たるにはあらざるか」（神道大系本、三三八頁）と慎重を期しているように、断定はできない。

60頁注19「宰」

注釈には「天皇のお言葉を受けて地方統治に当たる高官」と記すが、これがのちの国司に先行するものであったことを書く必要がある。↓22頁注2「国司」

61頁注15「石城評造部志許赤等」

注釈は「他にみえない。「評造」は郡の首長」と書く。「郡の首長」という表現も厳密を欠くが、ここは石城評造部氏という氏族名について解説すべきであって、「評造」だけを説明するのは適切ではない。石城評造に所属する部を管掌する伴造氏族のことをいうのであろう。

61頁注18「石城郡は、今、陸奥国の堺の内に存り」

注釈は「福島県側に入っている」とありきたりのことしか書かないが、この記事は『常陸国風土記』の成立年代を考えるうえで重要な記事である。石城国《いしきのくに》の建国については、『続日本紀』養老二年（七一八）五月二日条に「割㆓陸奥国之石城。標葉。行方。宇太。曰理。常陸国之菊多六郡㆒。置㆓石城国㆒。割㆓白河。石背。会津。安積。信夫五郡㆒。置㆓石背国㆒。割㆓常陸国多珂郡之郷二百一十烟㆒。名曰㆓菊多郡㆒。属㆓石城国㆒焉」という記事がみえている。当時、対蝦夷政策の一環として、浜通《はまどお》り一体を陸奥国から切り離し、建国に踏み切ったのであろうが、その後、養老四年（七二〇）九月からはじまる蝦夷の反乱と鎮圧の過程で、石背国とともに陸奥国に併合されたとみられている（土田直鎮「石城石背両国建置沿革再考」『奈良平安時代史研究』〈吉川弘文館、平成四年十一月〉所収）。風土記のこの注を、養老二年の石城国分置以前の状態を指すものととれば『常陸国風土記』は養老二年以前の成立とみられるのに対し、陸奥国への併合後の状態をいったものと考えれば、風土記は養老五年（七二一）以後の成立となる。「今は」という表現は、かつては「石城国」だったが、今は陸奥国に併合されているとう意味にも取れるので、むしろ後者の可能性のほうが大きいと思うが、いかがであろう。

『出雲国風土記』

123頁注18「駅家」

おなじ語の注釈が直後の124頁注4にあり、どちらかを削除または「カラ注」にする必要があろう。

123頁注20「霊亀元年の式」

律令制下の地方行政単位は当初「里」（原則として一律に五十戸で構成）と称されていたが、それが霊亀元年（七一五）に「郷」と改称され、その郷の下に新しい里（コザト）が置かれた。この記載は、そのことが式によっておこなわれたことを示す貴重な史料であることは、注釈の指摘するとおり。なお、この郷里制は、天平十一年（七三九）末から翌十二年初頭にかけての時期に、郷の下部の里が廃止された。その結果、当初の里が郷に解消され、以後はこの郡―郷制がながく継続した。ただし、近年、平城京跡から出土した和銅八年の計帳軸《けいちょうじく》や長屋王家木簡《ながやおうけもっかん》をてがかりに、郷里制の施行を霊亀三（七一七）年にまで繰り下げる説が提出され、『出雲国風土記』のこの記事も「元年」は「三年」の誤写ではないかと疑われている。このことは、解説ではふれられているが、ここでも注記が欲しかった。

123頁注21「神亀三年の民部省の口宣」

口宣《くぜん》は口頭による命令をいうが、本条以外には、職員令集解《しきいんりょうしゅうげ》27、鼓吹司条所引の伴記《ともき》にみえる右大弁宣、儀制令集解8、祥瑞条所引の古記・釈説にみえる弁官口宣、『古語拾遺』天平勝宝九歳条に左弁官口宣があり（このほか、多胡碑にみえる「弁官符」も、弁官の口宣による命令とともに作成された文書であるとする説がある）、天平六年（七三四）の『出雲国《いずものくに》計会帳《けいかいちょう》』にも口宣の語がみえる。計会帳の口宣は節度使口宣であるというが（坂本太郎「出雲国風土記の価値」『坂本太郎著作集』四〈吉川弘文館、昭和六十三年十月〉所収、五八頁）、それはともかく、このときの口宣によって、従来三字もしくは一字の郷名を二字にしたこと、また二字のものもだいたいは畫数の多い、厳《いかめ》しい字に改めたことが、風土記にみえる地名変更の実例に徴して判明する。なお、現存本風土記を再撰本とみる説によれば、下文の地名表記の直後に「本の字は……なり」「今も前に依りて用ゐる」とあるのは、初撰本との対比を注記したものになるので、ここでもコメントが必要であろう。

129頁注26「語臣猪麻呂」

出雲国に語部《かたりべ》が存在したことは、天平十一年（七三九）の『出雲国大税賑給歴名帳《いずものくにたいぜいしんごうれきみょうちょう》』は、出雲郡・神門郡の語部君小村以下三十四人の語部を名乗る人物がみえ、また、天平六年（七三四）の『出雲国計会帳』に逃亡した出雲国進上の雇民《こみん》二人のかわりの者を率いて上京した人物として「語部広麻呂」の名がみえることからも知られる。いずれもふれてほしい史料である。

130頁注2「正倉」

注釈の「朝廷に納める税（穀物・塩）などを保管しておく倉庫」という説明は、植垣節也校注・訳新編日本古典文学全集5『風土記』（小学館、平成九年十月、以下「新編全集本」と略する）とまったく同じ。しかし、正確には、正倉とは、正税を貯えておく倉庫を云う。『国史大辞典』にも「古代の律令制のもと、各国の正税を収納するために郡ごとに設置された倉」とある（ジャパンナレッジ版による）。正倉については、『類聚三代格《るいじゅうさんだいきゃく》』巻十二所収の延暦十四年（七九五）閏七月十五日附官符に「如聞。諸国建郡倉。元置二一処一。百姓之居。去レ郡僻遠。跋二渉山川一。有レ労二納貢一。加以倉舎比近。甍宇相接。一倉失火。百倉共焼」とあって、郡内の一箇所にまとめて設置されていたことがわかる。また、天平年間の正税帳《しょうぜいちょう》にも郡毎に正倉をまとめて記している例があり（『和泉監正税帳』）、やはり正倉は一処にまとまって存在したのではないかと考えられる。ところが、『出雲国風土記』では、本条をはじめとして、正倉は各郷に散在していた（とくに、国府の在った意宇郡では四郷と一神戸に散在）。坂本太郎氏は、①これは郡ごとに一処というのが原則であったが、国によりそうでない場合があって、出雲はそうした特例であったか、あるいは、②郡ごとに一処の倉は別にあって、そのほかの倉がこの程度諸郷に分散していたか、いずれにも解せられるという（「出雲国風土記の価値」『坂本太郎著作集』四〈前掲〉所収）。②であれば、郡単位で存在した正倉についてもなんらかの記載があってしかるべきだが、『出雲国風土記』にはそれがない。坂本氏は、右の官符で郡内一処の弊《へい》を考えて毎郷一院をおくことを令したが、同年九月十七日早くもこれをやめ、隣接する郷の中央に一院をおけと改められているのをみると（『類聚三代格』巻十二、延暦十四年九月十七日官符）、毎郷一院ということの実行はかなり困難であったとみるべきで、「奈良時代の一般例として郷に倉が散在したことはありそうもないのであり、出雲は特殊の例ではあるまいか」とする。ただし、いっぽうで、「特殊の例にしても後年延暦に至って公に令せられたような事実の濫觴が、天平においてすでに存在したことを知るのはこの風土記の賜である。一体この時代に格や式の法令で立てられる新制は、社会的事実としては、その一部または前身が早くより存在し、実行せられている場合が多い。これはそうした場合の一つであろう」（前掲論文、六一頁）とする。いずれにしても、出雲地方の正倉については、こうした問題が存するので、一言コメントが欲しいところである。

131頁注8「倉舎人の君」

注釈は「舎人は天皇や皇族に近似《ママ》する役割をもつ者」とのべるが、正確にはここの「倉舎人」は氏族名であり、適切な解説とはいえない。

133頁注13「忌部の神戸」

注釈は書かないが、忌部の神戸とは、『古語拾遺《こごしゅうい》』巻首に「櫛明玉命。〈出雲国忌部玉作祖也〉」とみえる忌部玉作氏が居住することに由来する。彼らは祭祀用の忌玉《いみたま》を作る伴造氏族であり、大殿祭や出雲国造の神賀詞奏上の際に献じられる玉は、この玉作氏が製作したものであることも、ここでふれるべきであろう。ちなみに、延喜臨時祭式74、富岐玉《ふきたま》条には「凡出雲国所進御富岐玉六十連 三時大殿祭料卅六連。臨時廿四連 毎年十月以前令㆓意宇郡神戸玉作氏㆒造作。差㆑使進上」とある。

133頁注14「国造」

注釈には「古くは、有力豪族が各地を領有していた」とある。国造を説明したつもりなのだろうが、ここは奈良時代のいわゆる「新国造（律令国造）」のことなので、注釈は的外れ。

133頁注15「神吉詞」

出雲国造が朝廷に赴き、天皇の御世を讃える寿詞のことをいい、神賀詞《かむよごと》の文言は、延喜祝詞式29、出雲国造神賀条に掲げられている点は注釈の云うとおり。ただし、延喜臨時祭式36、神寿詞条には、「右国造賜二負幸物一。還国潔斎一年。斎内不レ決二重刑一。若当二校班田一者亦停。訖即国司率二国造諸祝并子弟等一入朝。即於二京外一便処。修二餝献物一。神祇官長自監視。預卜二吉日一。申レ官奏聞。宣二示所司一。又後斎一年更入朝。奏神寿詞如二初儀一。事見二儀式一。」とあって、出雲国造が新しく補任《ぶにん》されたのち、負幸物《おいさちもの》を下賜されていったん帰国し、その後潔斎一年ののちふたたび入朝して神賀詞を奏上することがみえている。国史における神賀詞奏上の初見は、『続日本紀』霊亀二年二月丁巳条で、その後も頻出する。なお、仁多郡三沢郷条にも、神賀詞奏上の際の潔斎に関する記述がある。

133頁注17「御沐の忌玉作りき」

注釈ではふれていないが、景行天皇記に倭　建　命《やまとたけるのみこと》と出雲建《いずもたける》が、崇神天皇紀六十年七月条に出雲振根《いずもふるね》とその弟の飯《いい》入根《いりね》が、それぞれ肥の河の止屋の淵（出雲国神門群塩冶郷）で沐浴したことがみえる。斐伊川に沿った塩冶郷の川は、古くから禊の場所だったのであろう。

135頁注6「新造の院一所」

注釈は「寺号の決まっていない新しい寺」とする。『出雲国風土記』のなかには、仏教関係施設として教昊寺《きょうこうじ》と新造院がみえている。教昊寺は五重塔をもち僧の居住する寺院であるのに対し、新造院は寺を称するに至らない、寺よりも規模の小さい施設、すなわち道場のようなものであったと考えられる（森田悌説）。ただし、新造院のなかにも三層の塔を有するものもあり、かならずしも、その区別は明確でなかったようである。とくに飯石郡《いいしぐん》少領出雲臣弟山《いずものおみおとやま》の建立した新造院は出雲国分寺に代用されたともみられているので（野津左馬之助「出雲国分寺」角田文衞『国分寺の研究』下巻〈考古學研究會、昭和十三年八月〉参照）、ここには注記が必要ではないかと思う。

144頁「郡家」

注釈はなし。ただし、『日本三代実録』元慶元年（八七七）正月十六日条には、出雲国に来着した渤海使《ぼっかいし》百五人を嶋根郡に安置し供給したことがみえるが、これは嶋根郡の郡家のことであり、郡家は公使の宿泊や接待の機能をも有していたことが知られるとともに、郡家にもこれだけの設備が存したことをうかがわせる。

150頁注25「蜛蝫嶋」

田中卓「出雲国風土記の成立」「原出雲国風土記の成立年代」（ともに『田中卓著作集』第八巻〈国書刊行会、平成五年五月〉所収）は、『出雲国風土記』を養老年間原撰、天平五年（七三三）再撰とみて、後者を前年に設置された山陰道節度使《さんいんどうせつどし》の附帯事業ととらえる。田中氏は、天平五年原撰とみた場合、完成までに時間がかかりすぎているという外的徴証ともに、内的徴証として、本条に「蜛蝫嶋。（中略）古老伝云。出雲郡杵築御埼在蜛蝫。天羽合鷲。掠持飛来。止二于此嶋一。故云二蜛蝫嶋一。今人猶誤栲嶋号耳」とある点をあげる。氏によれば、冒頭の「蜛蝫嶋」は正確には「栲嶋」とあるべきところだが、それを「蜛蝫嶋」と表記するのは、もともと「蜛蝫嶋。……（中略）……故云二蜛蝫嶋一。土地豊沃……（後略）」とあったからだという。すなわち、「栲嶋」と呼ばれるようになったので、編者は「今人猶誤栲嶋号耳」の一句を挿入させたが、本来ならそれにともない、「蜛蝫嶋」も「栲嶋」に改めねばならなかったのを編者が遺失したのだという。これらの点から、田中氏は、原『出雲国風土記』の存在を想定するのだが、この条は氏の説の拠りどころとなっているので、「解説」とのかかわりでふれておくべきであろう。

151頁注29「牧」

「牧場」というかんたんな注があるが、このようなありきたりの注釈がはたして必要だろうか。古代の牧の説明であれば、ほかに書きようがあるはず。これ以外にも、「官軍」に対する「天皇の軍隊」（41頁注12）、「神衣」に対する「神が着る着物」（401頁注34）、「烏賊」に対する「海の生物」（402頁注51）、「倦み」に対する「あきる。いやになる」（420頁注58）、「極刑」に対する「死刑」（下巻84頁注61）、「我が子孫」に対する「子子孫孫。後代の子孫に及ぶまで」（下巻37頁注19）、「御膳」に対する「天皇のお食事」（下巻33頁注23）などという注釈は、現代語訳で対応できると思う。誰でもわかるようなことを書くスペースがあれば、ほかに書かねばならぬ注がたくさんあると思う。

156頁注55「隠岐渡千酌駅家」

巻末記に「隠岐渡千酌駅家」とあることから、この駅が紀伊国賀太駅《かたのえき》・淡路国由良駅《ゆらのえき》などとならぶ渡津の駅家であったことがわかる。注では、養老雑令《ようろうぞうりょう》13、要路津済条に「凡要路津済。不レ堪二渉渡一之処。皆置レ船運渡。依二至レ津先後一為レ次。国郡官司検校。及差二人夫一。充二其度子一。二人以上。十人以下。毎二二人一。船各一艘」とあることを紹介すべきではないか。ちなみに、秋本吉郎氏校注釈の日本古典文学大系2『風土記』（岩波書店、昭和三十三年四月、以下「大系本」と略する）などは、この駅を令に規定する水駅《すいえき》のことと理解するが、水駅は川に沿って置かれた駅で、水路を上下する駅船の継替場所のことをいうのであって（坂本太郎『古代の駅と道』〈吉川弘文館、平成元年五月〉二〇〇頁）、千酌駅は水駅にはあたらない。

166頁注33「養老元年……」

ここも、『出雲国風土記』を養老年間原撰、天平五年（七三三）の再撰とみる田中《たなか》卓《たかし》説の根拠の一つ。田中氏は、秋鹿郡条に「恵曇陂。（中略）自二養老元年一以往。荷幅。自然叢生太多。二年以降。自然亡夫。都無レ茎。（後略）」とある

「二年」を養老二年のこととし、「自二養老元年一以往」と「二年以降」を截然と区別する書法は、原『出雲国風土記』の撰進を養老元年とみることによってはじめて理解できるとする。重要な論点なので、やはり、注でのコメントが必要であろう。

209頁「諸の郷より出る鉄」

注釈はないが、「出すところの鉄」とは製鉄をさすと考えてよいであろう。中国山地は、花崗岩《かこうがん》の風化が進み、砂鉄採取に恵まれたところであり、古くから蹈鞴《たたら》による製鉄が盛んであった（広島県三原市の小丸遺跡からは三世紀のものと推定される製鉄炉が発見されている）。風土記でも、仁多郡《にたぐん》のほか飯石郡《いいしぐん》にも鍛鉄のことがみえる。「八岐の大蛇伝承」において、大蛇の尾から草薙の剣が出現するという物語は、この地方の砂鉄の精錬と関係があるといわれている（山田新一郎「神代史と中国鉄山」『歴史地理』二九―三・五・六、三〇―一・二〈大正六年三月〜八月〉・松前健『日本神話の形成』〈塙書房、昭和四十五年五月〉ほか）。

210頁注1「鳥上山」

注釈には所在地の注記しかないが、『日本書紀』神代紀第八段第四の一書に「一書曰。素戔嗚尊所行無状。故諸神。科以二千座置戸一。而遂逐之。是時。素戔嗚尊。帥二其子五十猛神一。降二到於新羅国一。居二曾尸茂梨之処一。乃興言曰。此地吾不レ欲レ居。遂以二埴土一作レ舟。乗レ之東渡。到二出雲国簸川上所在。鳥上之峯一。時彼処有二呑レ人大蛇一。素戔嗚尊。乃以二天蝿斫之剣一。斬二彼大蛇一。時斬二蛇尾一而刃缺。即擘而視之。尾中有二一神剣一。素戔嗚尊曰。此不レ可二以吾私用一也。乃遣二五世孫天之葺根神一。上二奉於天一。此今所謂草薙剣矣」とあり、『古事記』上には追放された速須佐之男命が「故。所二避追而一。降二出雲国之肥〔上〕河上。名鳥髪地一。」とあり、ここで八俣の大蛇を退治した話がみえる。

226頁注34・35・36「意宇の軍団」「熊谷の軍団」「神門の軍団」

本条は、意宇《おう》軍団・熊谷《くまがい》軍団・神門《かんど》軍団という、出雲国内三箇所の軍団の所在についての記載である。注釈には、軍団のかんたんな説明と所在地の比定とがしるされるが、軍団そのものの解説はいささか舌足らずの感がある。養老軍防令3兵士簡点条によれば、一戸の正丁のうち三丁ごとに一丁を点兵することになっており（天平四年八月に四分の一の点兵率に改正）、これらの兵士を組織して非常時の防衛にあてたのが軍団である。軍団は全国的に設置され、兵士一千人以上から構成される軍団を大軍団と称し、以下、六百人以上のものを中軍団、五百人以下のものを小軍団と称した。弘仁四年八月九日の官符（『類聚三代格』巻十八所収）には、九州六国の軍団数がみえるが、これによれば、筑前四、筑後三、豊前二、豊後二、肥前三、肥後四とある。諸国の郡数は、筑前が十五、筑後が十、肥前が十一、豊前・豊後八であるから、出雲国に三軍団あることその郡数（九郡）からいえば妥当（坂本太郎「出雲国風土記の価値」『坂本太郎著作集』四〈前掲〉所収、六五頁）。養老職員令79、軍団条に「軍団　大毅一人。掌。検㆓校兵士㆒。充㆓備戎具㆒。調㆓習弓馬㆒。簡㆓閲陳列㆒事。少毅二人。掌同㆓大毅㆒。主帳一人。校尉五人。旅帥十人。隊正廿人」とあり、また、同条職員令集解所引の八十一例に「兵士満千人者。大毅一人・少毅二人。六百人以上。大毅一人・少毅一人。五百人以下。毅一人」（これは『延喜兵部式』もおなじ）とあって、軍団の規模に応じて軍毅の数がことなった。校尉・旅帥・隊正は、それぞれ二百人・百人・五十人の兵士を統領するところから、二百長・百長・五十長とも表記された（後掲計会帳参照）。各地の軍団のことは断片的な史料にみえるが、風土記の以下の記載は、一国の軍団すべてについてその名称・所在地のわかる稀有の事例として貴重。坂本氏は、三軍団の所在地について、その位置が郡家と一致するのは意宇軍団だけである点に留意し、二つの軍団がともに相隣る二郡の境界近くにあることは徴兵管下の諸郡よりなるべく便利のよい地点をえらんでおかれたのではないかと推測する（前掲論文、六五頁）。

なお、出雲国の三軍団に関しては、天平六年度の『出雲国計会帳』に、衛士《えじ》の交替などのことを記した文書のことがみえている。参考までに列挙しておくと、まず、意宇軍団については、天平五年（七二八）九月六日の官符に「熊谷団兵士紀打原直忍熊、意宇団兵士蝮部臣稲主、出射馬槍試練定却還状」（『大日本古文書』一―五九三）、同五年十二月十六日の官符に「一十六日進上意宇郡兵衛出雲臣国上等参人勘五□籍事　一同日進上兵衛出雲臣等参人事　右二条、附朝集使掾従七位上勲十二等石川朝臣足麻呂進上」（同上一―五九九）、同六年（七二九）四月八日の官符に「一八日進上衛士逃亡并死去出雲積首石弓等参人替事　右、意宇軍団二百長出雲臣広足進上」（同上一―五九九）、熊谷軍団については、さきの天平五年九月六日の官附のほか、同六年七月二十六日の官符に「一廿三日進上衛士私部大嶋死去替事　右附熊谷軍団百長大私部首足国進上」（同上一―六〇〇）、神門軍団については、天平五年十一月二十四日の官符に「一廿日進上勝部建嶋二目盲替事　右、差神門軍団五十長出雲積友麻呂充部領□□」（同上一―五九九）、同六年四月二十日の官符に「一廿日進上衛士勝部臣弟麻呂逃亡替事　右附神門軍団五十長刑部臣水刺進上」（同上一―五九九）などがある。

226頁注37・38・39・40「馬見の烽」「土椋の烽」「多夫志の烽」「布自枳美の烽」「暑垣の烽」

　天平五年（七三三）二月に勘造された『出雲国風土記』には、意宇郡・嶋根郡にそれぞれ暑垣烽《あつがきのとぶひ》・布自枳美烽《ふじきみのとぶひ》の記載があるが、それとは別に、巻末記のこの部分には馬見烽以下、国内五カ所の烽が列挙される。注釈は、例によって、烽の所在地の比定のみを記すが、じつはこの烽の記載については問題がある。風土記と同じころ作成された『出雲国計会帳』には、天平五年（七二八）九月条に①「同日（二十七日）出雲与神門弐郡置烽三処申送事」、同六年（七二九）二月条に②「出雲国与隠伎国応置烽状」、同六年三月条に③「置烽期日辰放烽試互告知隠伎共試状」という、やはり出雲国内の烽に関する記載がある。これらの記事で問題となるのは、『出雲国風土記』出雲郡条にみえる馬見烽《まみのとぶひ》・多夫志烽《たぶしのとぶひ》、神門郡にみえる土椋烽《とくらのとぶひ》の三烽と、①にみえる三烽との関係である。坂本太郎「出雲国風土記についての二、三の問題」（『坂本太郎著作集』第四巻〈前掲〉所収）・瀧川政次郎《たきかわまさじろう》「律令時代の国防と烽燧《ほうすい》の制」（『法制史論叢』第四冊、昭和四十三年十月）のように、天平五年（七二八）二月の時点で存在した三烽に加えて、さらに同年九月に三烽が設置されたとみることもできようが、関和彦《せきかずひこ》氏は「出雲・神門郡の空間に六烽が存在したとは考えにくい」（「古代出雲国の烽」シンポジウム「古代国家とのろし」宇都宮市実行委員会・平川南・鈴木靖民編『烽［とぶひ］の道』〈青木書店、平成九年十二月〉所収）所収）とする。田中卓氏は、この点について、馬見・多夫志・土椋烽が『出雲国風土記』完成ののちおなじ年の九月に設置されている点に注目し、風土記の記述はのちに増補されたものだとする（田中卓「出雲国風土記の成立」『田中卓著作集』第八巻〈前掲〉所収）。たしかに、馬見・多夫志・土椋三烽のことは本文にみえず、巻末記のみにみえることを考えると、この説も捨てがたく、田中氏は、これを『出雲国風土記』再撰説の根拠の一つとしているほどである。しかし、関氏によれば、巻末記の軍事関係の記事には一つの特色があり、意宇郡家・国庁に附随した意宇軍団を除き、防衛という認識にもとづき、遠方より記載するという方針がみられるという。三烽を追記とすれば、増補者がこうした風土記勘造者《かんぞうしゃ》の方針に留意し、布自枳美・暑垣烽のまえに三烽を挿入したことになるが、そこまでは考慮したとは考えがたいという。また、関氏によれば、五烽の名称は、漢字二文字が三例、三文字・四文字がそれぞれ一例あるが、『出雲国風土記』にみえる官（国家）に属する（組織）は神社を除きすべ漢字二文字で表記されており、多夫志・布自枳美烽は異例であるという（馬見・土椋・暑垣はたまたま二字で表現されたと考える）。関氏は、こうした、「官」的名称統制がなされていない事実は、たんに名称にかかわるものではなく、烽の性格を反映していると考え、『出雲国計会帳』にみられた天平五年（七二八）九月の「出雲与神門弐郡置烽三処」は土椋・馬見・多夫志烽の、布自枳美・暑垣烽への国家的編成（設置）を物語っていると理解し、『出雲国風土記』編纂段階における烽は、律令以前の出雲国造時代の系譜をもった烽であると想定している。

347頁

「久松潜一『風土記』（朝日古典全書）」は「久松潜一『風土記』下（日本古典全書）」の誤り。

348頁7・8行目

『出雲風土記』は『出雲国風土記』の誤り。

『播磨国風土記』

354頁注1「賀古郡」

注釈は「底本三条西家本は、巻首と賀古郡冒頭が欠損している」と記すが、「解説」では「この風土記の古写本であり唯一の伝本である三条西家本は、冒頭記事賀古郡より前の記事が切断されているため明石郡の記事を欠いている」と、欠落部分に明石郡（風土記ではおそらく「赤石郡」とあったはず）の記事もふくまれていたとする。いずれの記載が正しいのか。

354頁注4「一鹿」

『播磨国風土記』には、この話をはじめ、鹿にかけて地名の由来を語る伝承が数多くみえているので、それらについて言及する必要があろう。いまそれらをすべて示すと、a賀古郡《かこぐん》（郡名）、b同郡（日岡）、c餝磨郡《しかまぐん》（郡名）、d揖保郡《いいぼぐん》（鹿咋山）、e同郡（香山里）、f讃容郡《さよぐん》（郡名）、g同郡（筌戸）、h宍禾郡《しそうぐん》（郡名）、i託賀郡《たくまぐん》（都麻里比也山）、j賀毛郡《かもうぐん》（伊刀嶋）、の十例である（『肥前国風土記』のk松浦郡遇鹿駅も類例である）。岡田《おかだ》精司《せいじ》「古代伝承の鹿」（直木孝次郎先生古稀記念会編『古代史論集』上〈塙書房、昭和六十三年一月〉所収）によれば、鹿（ニホンジカ）の毛色の変化や角の生長・脱落が稲の季節と対応していることから、稲を中心とした農耕儀礼にかかわる動物として神聖視される風があったという。そして、鹿の姿をみたり、声を聴いたりすることは、稲作にかかわる秋の首長儀礼であり、稲魂の増殖にかかわる一種のタマフリ（霊力のあるものをみることが生命力を強化するという光明面の信仰）と考えられるという。岡田氏によれば、風土記に語られる鹿にかかわる地名伝承のなかに、土地の神または大王が鹿と出会ったり、鹿の声を聴いたことをもって土地に命名している例（e・h・jおよびkが前者の例、b・c・iは後者の例）が目立つことも、土地の精霊としての鹿をみたり、その声を聴いたりすることが、その土地の支配権にかかわっていたことを示すという。とくに、e・hのように、土地の神の「国占め」の際に、鹿と出会ったことで土地に命名している例があることは、鹿の姿をみる、声を聴くという行為に呪術的な意義があったことをうかがわせる。こうした、風土記内での関聯記事との有機的な関係や、文献としての本質的な解釈にかかわる説明を施してこそ、古典の真の注釈ではあるまいか。

355頁注11

ここをふくめ、『播磨国風土記』の注釈で何度か引用される「風土記研究会例会記録」のような、CiNiiでもヒットしないような稀覯《きこう》資料については、「解説」でなんらかの説明が需められよう。また、「例会記録」何号からの引用か明記も必要である。ご存じないかたのために、申し添えておくと、ここにいう風土記研究会は、吉永登《よしながゆたか》・秋本吉郎《あきもときちろう》・小島憲之《こじまのりゆき》・田中卓の四氏が発起人となって昭和二十九年（一九五四）十一月に発足した研究会のことで、昭和六十一年（一九八六）に植垣節也氏の呼びかけで発足した風土記研究会とは別の組織。当時、田中氏の勤務先であった大阪社会事業短期大学で定期的に例会がもたれ、毎回の記録を整理したものを「風土記研究会例会記録」として発行した（二一号まで継続刊行。第一・二回の分は「風土記研究会例会要旨」が正式な名称で、念のためいうと、第一回分はこの「要旨」が二種ある）。

355頁注16「供進」

注釈は「天子に献上する。「又遽簡閲以供進是」（『北史』王世充伝）。……」と書くが、ここでなぜ『北史』を引用するのか、よくわからない。「供進」の用例なら、養老職員令ほかに国内の文献にいくらでもあるので、こちらのほうが適切であろう。第一、『北史』の用例は『隋書』の記事をそのまま利用したものなので、どうしても中国の典籍を引きたいのなら、『隋書』のほうを紹介すべきである。

357頁「出雲の臣比須良比売」

『続日本紀』延暦十年（七九一）十一月六日条に「授二播磨国人大初位下出雲臣人麻呂外従五位下一。以レ献二稲於水児船瀬一也」とあるなど、播磨国には出雲臣が分布していたことにふれるべきであろう。出雲国と播磨国の交流が深かったことについては、餝磨郡餝磨御宅条・揖保郡佐比岡条・讃容郡筌戸条など参照。この点には、拙稿「播磨と出雲」（拙著『風土記研究の諸問題』〈国書刊行会、平成二十二年三月〉所収）でも詳しくのべている。

357頁「褶墓」

注釈はないが、加古川市の日岡《ひおか》古墳群の日岡丘陵に位置する褶墓がこれにあたるとされている点を逸してはならない。

358頁「印南の大津江」

これも注記がない。「印南《いなみ》の大津江《おおつえ》」とは、おそらく、加古川（風土記の印南川）河口附近の港をいうのであろうが、『日本書紀』応神天皇十三年九月条にみえる「播磨《はりまの》鹿子《かこの》水門《みなと》」、『続日本紀』延暦八年（七八九）十二月八日条にみえる「水児船瀬《かこのふなせ》」は、これとおなじ場所を指していると思われる。なお、『続日本紀』天応元年（七八一）正月二十日条に「授二播磨国人大初位下佐伯直諸成外従五位下一。以レ献二稲於造船瀬所一也」とある「造船瀬所」は、風土記にみえる阿閇津《あへつ》・榭津・印南の大津江・赤石郡の林潮《はやしのみなと》（以上、賀古郡）や宇須伎津・御津・室原泊《むろはらのとまり》を管掌した機関かも知れない。瀬戸内海に面した播磨国沿岸部については、港津についての記載が多いので、なんらかの言及が必要であろう。

359頁注50「駅家の里」

ここにいう駅家は、賀古駅家を指すはずなのに、注釈では「加古川市野口町」と所在地のみ記す。賀古駅についてては、延喜兵部式83、山陽道駅馬条に「播磨国駅馬（中略）賀古卅疋」とある。駅馬四十疋は、全国最大。養老厩牧令16、置駅馬条には「凡諸道置二駅馬一。大路廿疋。中路十疋。小路五疋。（中略）毎レ馬各令二中中戸一養飼」とあり、また、同田令33駅田条「凡駅田。皆随近給。大路四町。中路三町。小路二町」とあることから判断すれば、駅馬四十疋に対しては四十戸の駅戸、四町の駅田が必要であった。「駅家里」のように、駅家の名を冠する里があることは、賀古駅家が大規模な施設であったことを示している。なお、賀古駅の位置については、『日本《にほん》往生《おうじょう》極楽記《ごくらくき》』に「我はこれ播磨国賀古郡賀古駅の北の辺に居住せる沙弥教信なり」とあることから（『後拾遺《ごじゅうい》極楽記《ごくらくき》』にこれを貞観八年丙戌八月十五日夜半のことと記している）現在の加古川市野口町野口に現存する教信寺の南側にあったと推定され、同寺の南に位置する「駅ヶ池」に南接する古大内《ふるおうち》遺蹟（野口町古大内字中畑）に比定する説が有力である（『加古川市史』第一巻〈加古川市史編さん専門委員、平成元年三月〉四一七～四二六頁）。

360頁「讃岐の国羽若」

羽若は『和名抄』にも「阿野郡羽床《はわか》郷」とみえ、旧綾歌郡綾南町（現香川県綾歌郡綾川町）羽床上《はゆかかみ》・羽床下《はゆかしも》として名をとどめる。注記が必要なところであろう。石材をわざわざ讃岐にもとめた伝承は、播磨と讃岐の海を越えた交流の一端を示す記事として興味深いので、この点にふれる必要もあろうか。

360頁注18「聖徳王」

注釈は「推古天皇の摂政、聖徳太子」とのみ記すが、これは厩戸王《うまやとのおおきみ》を「聖徳」と書いたもっとも古い用例なので、それをいうべきであろう。

361頁注32「私部弓取」

注釈は「皇后のために置かれた部民」とのみ記すが、これは部としての私部《きさきべ》の説明であって、人名としての私部弓取の説明になっていない。新編全集本の頭注を抄出したのであろうが、抄出のしかたが拙劣で原意を損ねてしまっている。

361頁注33「他田」

注釈に「『姓氏録』に膳臣と同祖とする」とある。風土記のこの条の理解に「他田《おさだ》」という氏族の由来が必要だとは思われない。どうしても『新撰姓氏録』を引くのであれば、「『新撰姓氏録』和泉国皇別に「膳臣同祖」とあり、膳臣は同じく和泉国皇別に「阿倍朝臣同祖。大鳥膳臣等。并大彦命之後」とある」とでも書かないと、祖先が具体的に誰なのか、読者には見当もつかないであろう。

363頁「讃芸国」

361頁「含藝の里」が「藝」であれば、こちらも「讃藝国」とすべきであろう。479頁の原文には「讃藝国」とある。

366頁注16「これに依りて罪を赦したまへきと……塩代の塩田」

注釈に「罪を贖うために塩田を献上した、の意」とあるが、その程度の解説ならば、現代語訳をみれば理解できる。したがって、これは不要。それよりも、ここは類話をあげるべきであろう。贖罪《しょくざい》に土地や子女を貢納して罪を免れる話は、『日本書紀』仁徳天皇四十年是歳条に「即将レ殺二阿俄能胡一。於是。阿俄能胡。乃献二己之私地一。請レ贖レ死。故納二其地一赦二死罪一。是以。号二其地一曰二玉代一。」とあり、また、履中天皇即位前紀にも「則吾子籠愕之。献二己妹日之媛一。仍請レ赦二死罪一。乃免之。其倭直等貢二采女一。蓋始二于此時一歟。」とあり、ほかにも雄略天皇三年八月条には葛城円大臣《かずらきのまよわのおおおみ》が死罪を贖うために娘の韓媛《からひめ》と葛城の家七箇所を奉ろうとして許されなかった話や、安閑天皇元年閏十二月条には、三嶋の県主《あがたぬし》であった飯粒が大伴金村に子の鳥樹《とりき》を献上して僮竪《しとべわらわ》としたことなど、その例が多い。なお、『日本書紀』仲哀天皇八年春正月己卯朔壬午条には「幸二筑紫一。時岡県主祖熊鰐。聞二天皇之車駕一。予抜二取五百枝賢木一。以立二九尋船之舳一。而上枝掛二白銅鏡一。中枝掛二十握劒一。下枝掛二八尺瓊一。参二迎于周芳沙麼之浦一。而献二魚塩地一と岡県主が天皇に塩地を献上した話がみえる。むろん、すべては紹介できないであろうが、『日本書紀』に類話が散見することぐらいを書くスペースはあると思う。

369頁注31「庚寅の年」

持統天皇四年（六九〇）にあたり、前年閏八月より飛鳥《あすか》浄御原令《きよみはらりょう》の戸令にもとづくはじめての造籍が全国的におこなわれ、この年九月に完成したことは（いわゆる庚寅年籍）、おおむね注釈の記すとおり。ただ、ここにみえる里名の改正が、このときの造籍と連動したものと考えられることにも言及する必要があるし、おなじ『播磨国風土記』では揖保郡越部里条・揖保郡少宅里条に、また、『常陸国風土記』では香島郡神戸条に関聯記事がみえることも注記すべきである。

370頁注43「海を泳りて」

注釈は「上代に「およぐ」の確例がない。ここでは「くくり」と訓む」とだけあるが、家島《いえじま》諸島の男鹿島では近世にも多数の鹿が棲息していたことを紹介すべきではないか。この伝承は、鹿が海を泳ぎ渡るという知見をもとにしていると考えられる。鹿が海を泳ぐ習性をもっていたことは、『摂津国風土記』逸文の夢野条や『日本書紀』応神天皇十三年九月条の髪長媛《かみながひめ》入内伝承の異伝などからうかがうことができる。なお、揖保郡伊刀嶋条にも、本条とほぼ同じ内容の説話がみえる。

372頁「馬の墓」

注釈はとくにないが、桃崎祐輔《ももさきゆうすけ》「古墳に伴う牛馬供犠の検討」（『古文化談叢』三一、平成五年十二月）や松井《まつい》章《あきら》・神谷《かみや》正弘《まさひろ》「古代の朝鮮半島及び日本列島における馬の殉殺について」（『考古学雑誌』八〇―一、平成六年十二月）が、豊富な考古学的実例をあげて指摘するように、古代の朝鮮半島および日本では馬の殉殺・殉葬の風習が広くおこなわれていた。これは、五世紀ごろ朝鮮半島から馬と馬をめぐる文化複合（飼育・増殖・調教・騎乗・運搬・耕作・肉食・儀礼・信仰など）として渡来系集団によってもたらされ、のちには彼らと交渉のあった近隣の在来集団にも受容されたと考えられるので（平林章仁『三輪山の古代史』〈白水社、平成十二年六月〉一六〇頁）、ここでもふれる必要がある。

377頁注24「土師弩美宿禰」

注釈は「土師氏は土器などを作ることを職とした氏族」とある。当たらずとも遠からじといった注だが、土師氏は天皇や皇族のために古墳を築き、埴輪を焼いて、喪葬に奉仕することによってヤマト政権に奉仕していたのであって、葬喪関係の職掌を負っていたことを書くべきであろう。

380頁注22「額田部連久等々」

注釈に「古事記によれば額田部湯坐連は天津日子根命を祖とする氏族」とあるが、まず問題なのは、どうして額田部連《ぬかたべのむらじ》氏の説明に額田部湯坐連《ぬかたべのゆえのむらじ》氏を持ち出すのか。額田部連氏の祖先を説くのであれば、『日本書紀』神代上、第七段の一書に「次天津彦根命。此茨城国造。額田部連等遠祖也」とあるのを引くべきであろうし、のちに宿禰《すくね》姓を賜った額田部宿禰氏については、『新撰姓氏録』右京神別上・山城国神別・摂津国神別にそれぞれ「額田部宿禰。明日名門命三世孫。天村雲命之後也」「額田部宿禰。明日名門命六世孫、天由久富命之後也。」「額田部宿禰。同神〈角凝魂命〉男。五十狭経魂命之後也」という記載がある。新編全集本のこの部分をみると、直前の「出雲の御蔭の大神」に注して「額田部の連久等々に祈らせたとあるので、額田部一族の祖神で、天の御影の命を指すか、という敷田年治の説がある。『姓氏録』に「額田部湯坐《ゆゑ》の連《むらじ》天津日子根の命の子、明立天の御影の命の後なり」。」（五六〜五七頁）という説明を施している。これなら、額田部湯坐連氏を持ち出す理由もよく理解できるのだが。

384頁注24「教令」

注釈は「律令用語。訓令」とする。これは、新編全集本の注を踏まえたものだと思う。『唐律疏議《とうりつそぎ》』では、擅興律《せんこうりつ》11・戸婚律《ここんりつ》46には「教令」が命令の意で用いられているので、誤った説明とはいえないが、賊盗律《ぞくとうりつ》15・闘訟律《とうしょうりつ》11の「教令」

は教唆《きょうさ》、すなわちそのかすことを云うので、注釈はいささか厳密を欠く。ちなみに、風土記には律令用語が、後掲の『筑後国風土記』逸文の「磐井君」条をはじめとしてかなりみえるが、注釈が附くのがこれだけというのは不可解。

384頁注28「神人腹の太文」

注釈は「『姓氏録』に「大国主命五世孫、大田々根子命の後なり」とある」と書く。『新撰姓氏録』摂津国神別の「神人」条のことであろうが、河内国神別・未定雑姓《みていざつせい》（和泉国）にもそれぞれ「神人。御手代首同祖。阿比良命之後也。」「神人。高麗国人、許利都之後者。不レ見。」とある。また、本書では「神人腹《みわびとばら》の太文《おほふみ》」とするが、『播磨国風土記新考』は「文」を衍とみて「神人」を氏族名、「腹太」を名とみて「神人腹太《みわびとはらた》」と解釈する（二六三頁）。古典大系本は「神人腹太文《みわびとはらのたも》」とし、左傍に「ふくたのあや」と傍訓し、「腹は氏の名か。出雲国に上腹首がある（一一一頁）。或は腹太が氏の名か。続紀に大和国人腹太（フクタ）得麿が見える」（二九九頁）。古典全書本は「神人腹《みわびとばら》の太文《おほふみ》」と訓むものの、頭注で「其の名の訓は判然としない」（一三九頁）とする。また、新編全集本は、「神人腹太文《みわひとはらたも》」（六三頁）としているが、「神人」を氏族名と理解していたかどうかは頭注による限り不明。いずれにしても、解釈が定まらない人名だけになんらかのコメントのほしいところである。

385頁注36「大帯日売命」

注釈はただ「神功皇后」とのみ注記するが、直後には「息長帯日売命」とあるので、二つの表記のちがいについてはぜひとも言及すべきであろう。『続日本後紀』承和十年（八四三）四月二十一日条に「神功皇后之陵倭名大足姫命皇后」とあり、『日本三代実録』貞観十二年（八七〇）二月十五日条にも「大帯日姫乃彼新羅人乎降伏賜時尓」とあり、また『住吉大社神代記』にも「一帯須比女之命」（一は大の誤記か）とあるので、ここにいう大帯日売命《おおたらしひめのみこと》は神功皇后の別称と考えてよかろう。塚口義信《つかぐちよしのぶ》氏によれば、記紀に語られる神功皇后に関する伝説は、古くから朝廷に伝えられていた朝鮮半島南部平定の物語に、海神信仰にもとづくオホタラシヒメの伝承やオキナガヒメを主人公とする息長氏の伝承などが習合し、さらに七〜八世紀に古代天皇制のイデオロギーによる潤色を経て、やがて記紀に定着したものであるという。ところが、記紀とは直接の関係をもたない『播磨国風土記』に、神功皇后の別称としてオホタラシヒメの名がしるされていることは、神功皇后の名で語られている説話が、本来、オホタラシヒメを主人公とする伝承であったことを示唆している。記紀のオキナガタラシヒメという名も、このオオタラシヒメの伝承がオキナガヒメの伝承と習合する過程で生まれた後代的な名であった可能性が大きい。塚口氏によれば、神功皇后の名で語られている説話が、播磨国の海岸沿いに分布しているのも、『八幡宇佐宮御託宣集』などに香椎宮《かしいのみや》の祭神としてみえるオオタラシヒメにまつわる伝承に、海神信仰的要素が濃厚にみられることと思想的に一致しているという（「大帯日売考」『神功皇后伝説の研究』〈創元社、昭和五十五年四月〉所収）。

ちなみに、『常陸国風土記』茨城郡にみえる「息長帯比売天皇」などについても、たんに「神功皇后のこと」（32頁注16）というような、表面的な語注にとどまるのは遺憾である。

389頁注77「川原若狭」

注釈は「『姓氏録』によると、「広階連と同じき祖。陳思王植の後なり」とある」とする。栗田寛の注をそのまま採ったのであろうが、川原氏には「忌寸」姓のものや無姓のものも存したし、『新撰姓氏録』摂津国皇別には火焔王《ほのおのみこ》の後とされる、非渡来系の「川原公」もみえるので、ここにいう「川原若狭」がいずれにあたるのかは判断がむつかしい。

393頁注15「黄連」

注釈には「薬草」とだけあるが、延喜典薬寮式《えんぎてんやくりょうしき》2臘月御薬条・86美作年料雑薬条などを引くとか、『伊呂波字類抄』に「黄連 ワウレン 亦 カヒナクサ」とあるのを引くとか、もう少し情報のほしいところである。ほかにも、清熱・止瀉《ししゃ》・

消炎・解毒などの作用があり、出血・下痢・赤痢・胃病などに効くという効能を書くことも必要であろう。『播磨国風土記』は、『出雲国風土記』とならんで薬草が頻出するが、もう少し説明に工夫がほしい。

395頁注45「引船山」

船を山中で造り、完成後に引き下ろすことは、『日本霊異記』下巻、憶持法花経者、舌著曝髑髏中不朽縁、第一に「逕二送二年一。熊野村人。至二于熊野阿上之山一。伐レ樹作レ船。（中略）後歴二半年一為レ引船レ人入レ山。聞之読レ経音猶不レ止」と類例があるので、紹介すべきか。なお、『肥前国風土記』曰理郷の郷名の由来譚にみえる「船山」（下巻74頁注10）もこのたぐいか。

409頁注2「大人」

巨人伝説にふれているのはいいことだと思うが、風土記の注釈書であれば、『常陸国風土記』那賀郡の大櫛之岡の類話に言及すべきであろう。

410頁注13「天目一命」

216頁注18「目一つの鬼」において『播磨国風土記』の「天目一命」に言及しているので、こちらにも『出雲国風土記』大原郡阿用郷を参照せよとの注記は必要であろう。

413頁注45「大甕」

古典の理解のためには、やはり類話の例示がもとめられるところ。国境に甕《かめ》をすえて神を祭る、いわゆる境界祭祀については、『古事記』孝霊天皇段に、大吉備津日子命《おおきびつひこのみこと》と若建吉備津日子命《わかたけきびつひこのみこと》とが、針間《はりま》の氷河《ひかわ》の前に忌瓮《いわいべ》を据えて、針間を道口《みちのくち》として、吉備国を言向《ことむ》け和《やわ》したことがみえ、『日本書紀』崇神天皇十年九月条に「復遣二大彦与和珥臣遠祖彦国葺一。向二山背一。撃二埴安彦一。爰以二忌瓮一。鎮二坐於和珥武診坂上一。則率二精兵一。進登二那羅山一而軍之」という類話がある。

414頁注5「品遅部」

注釈では「当麻の品遅部の君前玉」の「品遅部《ほむじべ》」だけを取り上げて「『古事記』垂仁天皇の皇子、本牟智和気王の御名代として品遅部を定めたとある。その部民であろう」という説明を加えている。しかし、ここで必要なのは品遅部君氏の解説である。品遅部が本牟智和気王《ほむつわけのみこ》の名代にもとづくものであることはそのとおりなのだが、品遅部君氏はその伴造氏族をいうのだから、この注釈の書き方は誤解を招く。ちなみに、当麻品遅部君氏という複姓については類例がなく不明。

418頁注40「日向の肥人」

注釈は「南九州を本拠とする人々」とあるのみでいささか喰い足りない。肥人は「ヒヒト」「ウマヒト」「コエヒト」などと訓む説もあるが、西大寺本『最勝王経』が土地の肥沃を表現する動詞「壌濃」に「コマダツ」「コマヤカ」の訓みを与えていること、『名義抄』にも「肥」を「コマカ」と訓《よ》んでいる例があることから判断して「コマビト」と訓むのが正しい。この肥人については、「肥の国の人」と解する説もあるが、ここでは日向の肥人と称しているので、「肥」を肥国の意味にとるのはむつかしい。井上辰雄氏の指摘するように、肥人は駒との結びつきが強いことから、隼人のなかで駒の飼養にあたっていた部族をいったものであろう（『隼人と大和政権』〈学生社、昭和四十九年二月〉一〇五一～一一頁）。

421頁注5「阿波の国和那佐」

注釈は「『延喜式』神名帳阿波国に「和奈佐意富曾神社」がある」とのみ記すが、ここは和那佐の位置を的確に示すことのほうが大切なはず。古典大系本のように、まず「徳島県海部郡海部町鞆浦の古名」（三四八頁）と書くのが妥当。『倭名類聚鈔《わみょうるいじゅうしょう》』に阿波国那賀郡の郷として「和射」がみえることや、『平城宮出土木簡概報』二七に「長郡和社里」とみえることをあげ、那賀郡の郷（里）名であることがわかるような情報を提供すべきところか。

424頁注４「国造」

注釈は「『先代旧事本紀』に、針間国造は稲背入彦命の孫伊許自別命とする」とのべる。ここにいう「国造」は、本条が明石郡《あかしぐん》の逸文であることを考えると、明石国造を指すと考えたほうがよいのではあるまいか。同国造については、『国造本紀』に「明石国造。軽嶋豊明朝御世。大倭直同祖。八代足尼児都弥自足尼。定二賜国造一。」とある。古典大系本が指摘するように（四二八頁）、ここにみえる石坂比売命は明石国造の同族であろう。

425頁注11「其の土を天の逆鉾に塗りて」

注釈は「赤く塗って船の前後に逆さに立てた矛」と文意のみあげるが、ここは赤土を塗ることの呪術性にふれておきたいところである。『日本書紀』神代下、第十段第四の一書にも、兄の火酢芹《ほのすせり》命《のみこと》が弟の火折尊《ほのおりのみこと》の威力に屈した際に、褌《ふんどし》をし、赤土を掌に塗り顔に塗ったという話がみえるし、神武天皇記で大物主神《おおものぬしのかみ》が勢夜陀多良比売《せやだたらひめ》に婚するために丹《に》塗《ぬ》りの矢と化した話、『萬葉集』巻九にも「さ丹塗りの小船を設け」という表現がある。これらは、古墳石室の壁面を赤色に塗布したり、丹塗りの土器・木製品の出土例とも相俟って、赤色を塗布することに呪性がふくまれていたことを示している（齋藤忠『古典と考古学』〈前掲〉二三一～二三五頁）。

425頁「明石の駅家」

注釈はない。しかし、明石駅のことは、高山寺本『和名類聚抄』にも駅名がみえる。『菅家文草《かんけもんそう》』仁和四年（八八八）条に「播州明石駅」、『菅家後集《かんけこうしゅう》』昌泰四年（九〇一）条に「明石駅亭」、『時範記《じはんき》』承徳三年（一〇九九）二月十一日条にも「明石駅家」とあり、十一世紀にこの駅が存続していたことが知られる。なお、現存本『播磨国風土記』にはこのほか、賀古郡賀古駅家・揖保郡邑智駅家についての記載があるので、明石駅家についても注記が望まれる。

499頁『播磨国風土記』解説

『播磨国風土記』編者の候補者として大石王のみをあげているが、新編全集本は和銅五年（七一二）七月当時、播磨大目だった渡来系の楽浪河内《さざなみのこうち》を「最も有力」としている（五九八頁）。大石王説を採るにしても、有力な先行学説は紹介してもよいのではあるまいか。

『豊後国風土記』

26頁「駅は玖所」

本書は概して駅の記述についての説明に乏しいが、それでは国内の交通路についての知識が得られない。『豊後国風土記』でいえば、各郡の記述から、日田・球珠・直入・海部・大分の五郡にそれぞれ一駅、大野・速見二郡にそれぞれ二駅あったことがわかる。こうした駅の総数は、延喜兵部式《えんぎひょうぶしき》85、西海道駅伝馬条に、「豊後国駅馬　小野十疋。荒田・石井・直入・三重・丹生・高坂・長湯・由布各五疋。（後略）」とあるのに一致し（高山寺本『和名抄』もほぼおなじ）、風土記が撰進された八世紀段階から十世紀に至るまで、豊後国の駅数は一定していたことがわかる。

30頁注1「垂氷」

写本の字は垂氷あるが、字形の相似から、「桑木」と校訂する説が多い。当地に桑のついた地名は、荻町桑木・直入町長湯の桑畑・竹田市会々《あいあい》の旧七里村桑木原など多いので、あるいは「桑木」としたほうがよいか。

33頁注1「白水郎」

『萬葉集』巻十六に「豊後国白水郎《あま》歌一首」として「紅に染めてし衣雨降りてにほひはすともうつろはめやも」（三八七七）とあるのは、あるいは当郡の白水郎と関係があると思われるので、この頁のように下欄に餘白がある場合は、こうした注記を盛り込めば読者の役に立つと思う。

33頁注2「朱沙」

「朱色の顔料にする沙土」としか説明がないが、『続日本紀』文武天皇二年（六九八）九月乙酉二十八日条に「令二近江国一献二金青一。（中略）豊後国真朱」とみえるのはこの丹生郷産出のものではあるまいか。ここもずいぶん餘白もあるので、これくらいの情報は書き込んでは如何。

34頁「寺は弐所なり」

これについては、注記がない。天平十三年（七四一）勅命により国分寺が建立されたが、これらの寺院はそれ以前の寺と考えられ、当時の遺物が出土する金剛宝《こんごうほう》戒寺《かいじ》旧所在地と、永《よう》興寺《こうじ》旧所在地の二か所にあった可能性が大とされているので、これについてもふれるべきか。

37頁注14「頸の峯」

以下の伝承については若干解説が必要であろう。鹿は、狩猟が中心であった時代には、重要な食料であったが、農耕の発展にともない、田を荒らす害獣となる。しかし、田の主人に服従することによって、田の豊饒《ほうじょう》を予祝する存在と化していく。この伝承は、害悪をなす神が祭られることによって、一転して守護霊としての威力を発揮する例。なお、鹿と稲作の関係については、『播磨国風土記』賀古郡条を参照すべきことも注記の必要があろう。

『肥前国風土記』

68頁「肥前国は、本、肥後国と合せて一つの国為りき」

注釈はないが、この、冒頭に掲げられた「火の国」の名称の由来を語る伝承は、『釈日本紀』十の引く『肥後国風土記』逸文とほぼ同文。このことは、これらの風土記が一括して編纂された徴証の一つとされる。

74頁注2「海部直鳥」

注釈では『新撰姓氏録』左京神別に「但馬海直。火明命之後也」とある史料をあげる。新編全集本に倣った解説であろうが、ここにいう海部鳥《あまべのとり》が但馬海直氏だという保証はなく、こういう書き方は読者を惑わせる。

75頁注11「物部若宮部」

注釈は「経津主の神の分祠を立てるための物部の人びとを若宮部というのであろう。新羅征討軍編成のためにこの地方の人びとも動員されて、鎮神としてフツヌシの神が祀られた」と書くが、じゅうぶんとはいえない。本書でも同頁の注8でふれているように、『日本書紀』推古天皇十年（六〇二）春二月己酉朔条に「来目皇子為レ撃二新羅将軍一。授二諸神部及国造伴造等并軍衆二万五千人一。」とある。これによれば、このときの来目皇子《くめのみこ》の率いる軍隊のなかに「諸の神部」と呼ばれる集団のいたことがわかるのであって、これは、その名称より推して、なんらかの神祭りに従事する職能集団であったと考えられる。遠山美都男《とおやまみつお》氏の指摘するように、本条にみえる「物部若宮部」はこの集団の一部であった可能性が大きい。このことにふれないと畫竜点睛を缺く。

79頁注9「人形・馬形」

「人馬の身代わりとして供える土偶・埴輪」と注釈は書くが、この条では、シャーマン的な土蜘蛛《つちぐも》の女性二人が祭祀をおこなうということとともに、馬形と祭祀が不可分であることを説かねばならない。『続日本紀』神護景雲三年（七六九）二月十六日条に「乙夘。奉二神服於天下諸社一。（中略）毎レ社男神服一具。女神服一具。其太神宮及月次社者。加之以二馬形并鞍一。」とあって、諸社に馬形と鞍を奉じたことがみえ、『皇太神宮儀式帳《こうたいじんぐうぎしきちょう》』にも神財に「土馬」や「鞍」が散見する。これらは、『肥前国風土記』にみられる原始宗教の一つの形態が奈良時代以降に伝承されたものと考えられる（齋藤忠『古典と考古学』〈前掲〉二四四～二四九頁参照）。

81頁注28「褶振の烽」

本書では、この部分の原文を「烽家名曰褶振烽」とするが、読み下し文・現代語訳ではなぜか「烽の処の名を褶振の烽と曰ふ」「烽の処の名を褶振の烽という」とする。おそらくは、太田《おおた》晶《しょう》二郎《じろう》説により、「烽処」に意改したのであろうが、この意改については議論がある。近年、栃木県宇都宮市郊外の飛山城《とびやまじょう》跡から、底部内部に「烽家」と墨書された九世紀代の須恵器坏が出土した。これによって、猪熊本《いのくまぼん》などの『肥前国風土記』の「烽家」を記載を正しいとする説が有力になりつつある。ただし、①猪熊本には「処」とあるべきところを「家」に誤った例が二例あること、②養老軍防令71、置烽処条や天平六年『出雲国計会帳』には「烽処」の用例があること、などから判断すると、やはり、「烽処」と意改すべきか。

84頁注57「就中」

注釈に「風土記で他にみえない用語」とあるが、風土記にはなくても「就中」自体は古代の文献ではさほど珍しい用語とはいえず、わざわざ注記して読者の注意を喚起する意味がよくわからない。

85頁「木綿」

松浦郡値嘉郷の物産を記したなかに木綿《ゆう》がみえる。『萬葉集』に「肥人《こまびと》の額髪《ぬかがみ》結へる染木綿《しめゆふ》の染みにし心我れ忘れめ一には「忘らえめやも」」（二四九六）とあって、肥人（隼人の一部族）に額の前髪を木綿で結ぶ習慣があったことがわかる。また、隼人司に属する隼人は赤白の木綿を身につけて朝儀に列している（延喜隼人式1、大儀条）。値嘉嶋の特産物の木綿はこうした隼人の習俗と関聯があるか。なお、他の物産についても、書くべきことは多いように思う。

85頁注70「容貌隼人に似て」

「南九州の土着の人。大和朝廷は異種族とみなした」とある。しかし、そうした、表面的な説明よりも、小近の候補にあげられる小値賀嶋《おぢかじま》の黒島には、弥生時代中期から古墳時代後期におよぶ神ノ崎古墳群があり、約三十基の古墓は、薩摩隼人の地域に分布する地下式板石積石室墓であることを紹介したほうが（森浩一『考古学と古代日本』〈中央公論社、平成六年三月〉一四一頁）、この部分を読み解くためにはどんなにか有益であろう。

風土記逸文

逸文については、本書は、古風土記でないものまでひろく蒐めて注釈を施している。しかし、筆者としては、古風土記逸文以外にはあまり興味がわかないし、第一、本書でこれをわざわざ取り上げていることの意味も理解しかねる。それゆえ、逸文の注釈についてのコメントは、最低限にとどめることにしたい。

136頁注2「賀茂県主」

注釈には「県主は地方首長。県は朝廷と密接な関係を有し、祭祀集団とも」とあって、県・県主について書くが、これも的外れな解説。ここは逸文本文に「妋、玉依日子は、今の賀茂県主等の遠つ祖なり」とあることからもわかるように、「賀茂県主」は氏姓として使われている。賀茂（鴨）氏は、山城国愛宕郡賀茂郷《やましろこくおたぎぐんかもごう》に居住する氏族で、その氏名《うじな》は居住地に因んだものである。県主の姓は、賀茂氏がもと葛野主殿県主といわれ、県主の職を世襲していたことから、職名がそのまま姓に転じたものである。ここで県主について説明するなら、この点を書く必要があろう。

136頁「卜部、伊吉の若日子に卜へしむ」

壱岐に壱岐直・伊吉島造の同族の卜部が居住し、神祇官において卜兆を掌っていたことは養老職員令1、神祇官条や延喜臨時祭42、宮主卜部条にみえている。若日子なる人物ついては、壱岐の卜部氏が神官をつとめた松尾大社所蔵の『松尾社家系図』にも十握命の子としてみえる「若彦」がこれにあたると思われる。先行する注釈書にも出ているようなことなので、やはり、書いておいたほうがよいと思う。

160頁注2「父老相伝へて云ふ」

注釈が指摘するように、『日本書紀』仁徳天皇三十八年七月条には以下の風土記の説話とよく似た、つぎのような記事がしるされている。「秋七月。天皇与二皇后一。居二高台一而避暑。時毎夜。自二菟餓野一。有レ聞二鹿鳴一。其声寥亮而悲之。共起二可怜之情一。及二月尽一。以鹿鳴不レ聆。爰天皇語二皇后一曰。当二是夕一。而鹿不レ鳴。其何由焉。明日。猪名県佐伯部献二苞苴一。天皇令二膳夫一以問曰。其苞苴何物也。対言。牡鹿也。問之。何処鹿也。曰。菟餓野。時天皇以為。是苞苴者。必其鳴鹿也。因語二皇后一曰。朕比有二懐抱一。聞二鹿声一而慰之。今推二佐伯部獲鹿之日夜及山野一。即当二鳴鹿一。其人雖下不レ知二朕之愛一。以適逢獮獲上。猶不レ得レ已而有レ恨。故佐伯部不レ欲レ近二於皇居一。乃令二有司一。移二郷于安藝渟田一。此今渟田佐伯部之祖也。俗曰。昔有二一人一。往二菟餓一。宿二于野中一。時二鹿臥レ傍。将レ及二鶏鳴一。牡鹿謂牝鹿曰。吾今夜夢之。白霜多降之覆二吾身一。是何祥焉。牝鹿答曰。汝之出行。必為レ人見レ射而死。即以二白塩一塗二其身一。如二霜素一之応也。時宿人心裏異之。未レ及二昧爽一。有二猟人一。以射二牡鹿一而殺。是以。時人諺曰。鳴牡鹿矣。随二相夢一也」。佐伯部が献上した牝鹿は、天皇が鳴き声を楽しんでいた鹿だったので、それを恨んだ天皇が、佐伯部を猪名県から安芸の渟田に移郷させたという前半の話は、風土記にはみえず、また、夢野の地名が登場しないこと、牝鹿が海を泳ぐ部分も欠落している。これは、『日本書紀』の説話が佐伯部の移郷を中心とした物語に仕立てられたために生じた相違点であって、後半の「俗の曰へらく」以下の部分が前半とうまく繋がっていないのも、そのためであろう。にもかかわらず、『日本書紀』が後半をあえてカットしなかったのは、この部分こそが本来的な伝承であったことに原因があると考えられる（平林章仁『鹿と鳥の文化史』〈白水社、平成四年九月〉一三頁）。こうした異同についても、かんたんに言及すべきではないだろうか。

なお、『日本書紀』の伝承では、地名の起源説話や鹿の渡海のことが缺落していることからもわかるように、土地から切り離された不確かな内容になっており、その意味では、風土記の記事のほうが、刀我野地域の在地伝承としては独自の内容を多くふくんでいるといえる（平林氏前掲書、一三頁）。

160頁注7「塩を舂き」

注釈は「白塩（食塩）とも」とする。たしかに、『日本書紀』仁徳天皇三十八年七月条に載せる類話では「白塩」とあるが、ここは前田育徳会尊経閣文庫所蔵本の「舂塩」とするのが原型であろう。「塩を舂く」とは固形の塩（いわゆる堅塩《きたし》）を粉砕することをいうのであって、新編全集本の云うように、塩を塗るのは、防腐のため。『日本霊異記』中巻、貸用寺息利酒不償死作牛役之償債縁第卅二に「是人存時。不レ中レ矢。猪念二我当射一。舂レ塩往荷見之无レ猪」とある。

162頁注1「比売嶋」

注釈は「大阪市西淀川区姫島」とする。ただし、新編全集本が諸説をあげつつも「明確な場所は不明」（425頁）としたように、比売嶋の比定には議論が多い。ただ、拙稿「『摂津国風土記』「比売嶋」小考」（拙著『風土記研究の諸問題』〈前掲所収〉）をご覧いただければ、姫島説は成立しないことがわかりいただけると思う。

188頁注2「癸酉、分ちて伊賀国と為す」

『倭姫世記』は『倭姫命世記』の誤り。

189頁注8「清見原の天皇」

注釈に「天武天皇。伊賀国を建てる（天武紀）。」とあるが、『日本書紀』天武天皇上・下（巻第二十八・二十九）には伊賀国建国のことはみえない。あるいは『扶桑略記』の誤りであろうか。

216頁注１「日本武命」

「記紀に同様の説話」という注があるが、ここはやはり、風土記をもとにしたとみられる記述が、鎌倉時代初期に成った『尾張国熱田太神宮縁起《おわりのくにあつただいじんぐうえんぎ》』に引かれていることは紹介すべきであろう。

219頁注２「三宅寺」

注釈に「三宅連の氏寺。氏寺には寺領があり、特別収入が入る」とある。寺領があるのは、べつに氏寺に限ったことではないのに、どうしてこのようなことをわざわざ書くのか。第一、この逸文を読むのに、寺領がどれだけ関係するというのか。

241頁注２「准后親房の記」

注釈は、ここで「准后」「親房」についてかんたんに説明するだけであるが、肝腎なのは『伊豆国風土記』逸文をふくむ『准后親房記』がいかなる書物かという点である。ところが、本書ではその点についてはふれるところがない。それもそのはず、『准后親房記』はこの『鎌倉実記』以外には絶えてみえない、疑わしい書物なのである（平泉澄《ひらいずみきよし》「伊豆国風土記逸文と伝えられるものは偽作であろう」『日本上古史研究』三―四、昭和三十四年四月）。そのことをはっきりと書いておかないと、読者は逸文の真偽を判断できない。古典全書本が「親房の記は何を指すか不明」（下巻―二五六頁）と書いているのは適切なコメントである。

279頁注６「正倉」

注釈は正倉そのものについての説明だが、むしろ、正倉の有無を記載する筆法が『出雲国風土記』のそれと酷似している点を云うべきであろう。

279頁注7「神亀三年、字を八槻と改む」

前条におなじ。これが『出雲国風土記』の地名に対する注記とまったく同文であることを指摘すべきである。これらの諸点は、本逸文の偽作説の根拠となるもので、それを云わないのは不親切であろう。

305頁注14「豊宇加能売命」

豊宇加能売命の「豊（トヨ）」は豊饒をあらわす美称、「宇加（ウカ）」はウケの古語で、穀霊神《こくれいしん》に共通する名辞。ゆえに、「豊宇加能売命」とは豊かな穀物の女神の謂であることは、注釈の説くとおりである。周知のように、伊勢の外宮の祭神を丹波から迎えたという伝承は、はやく『止由気宮儀式帳』にみえている。竹野郡の奈具社の「豊宇加能売命」が伊勢に遷ったとする解釈も古くから存在するので、この点には言及すべきであろう。「豊宇加能売命」と外宮祭神の「豊受比神」をおなじものとみてよいかはむつかしいが、神宮側の史料である『倭姫命世記』がこの『丹後国風土記』逸文を部分的に引用していることは重要である。これを根拠に豊宇加能売命＝豊受大神であるとはいえないまでも、「豊宇加能売命」を外宮祭神に結びつける伝承がはやくから存在したことを認めねばなるまい。

337頁注4「薗臣」

注釈は「他にみえない。『正倉院文書』天平宝字七年（七六三）に備前国津高郡大領の「薗臣」が見える」とある。「『正倉院文書』天平宝字七年」だけでは、一般の読者はおろか、専門家でも出典にあたるのはむつかしい。筆者もわからなかった。『正倉院文書』では、宝亀七年（七七六）十二月十一日附の「備前国津高郡津高郷陸田売買券」（唐招提寺文書）には「大領外正六位上薗臣」某の名がみえる。薗は備中国下道郡曾能郷《しもみちぐんそのうごう》（現吉備郡真備町岡田を中心とした地域）であろう。

338頁「迩麿郡」

本条については、これが『本朝文粋』二所載の「三善《みよし》清行《きよゆき》意見《いけん》封事《ふうじ》」の一節であることを引かないと、現代語訳で「私、（三善清行）は」云々とあることがよく理解できないであろう。

338頁注3「蘇定方」

注釈は「『旧唐書』によると、唐初期の武将」と書くが、せめて『旧唐書』巻八十三列伝第三十三と、『新唐書』巻一百一十一、列伝第三十六に、それぞれ伝があることぐらいは書いてほしい。

339頁注2「吉備建日子命」

注釈は「『姓氏録』に孝霊天皇皇子吉備稚武彦命の子、または孫と伝える」と、大系本四八八頁の頭注とほぼ同じ記載だが、これだけでは説明不足。大事なのは、『新撰姓氏録』左京皇別・右京皇別に、それぞれ「下道朝臣。吉備朝臣同祖。稚武彦命之孫。吉備武彦命之後也」、「廬原公。笠朝臣同祖。稚武彦命之後也。孫。吉備武彦命」とあって、ともに吉備《きび》武彦命《たけひこのみこと》（吉備建日子命）を稚武彦命《わかたけひこのみこと》の孫としており、風土記下文の「此の三世王の宮」という表記と世系が一致する点であろう。

357頁注13「伊社迩波の岡」

いわゆる道後温泉碑については、原碑が寛政六年に発見され、その後松山市内の義安寺《ぎあんじ》（松山市道後姫塚）に運ばれたという記録がある（齋藤忠『古典と考古学』〈前掲〉二三九～二四四頁）。碑文についてのべるのであれば、この情報は逸してはならないであろう。

361頁「湯桁の数」

ここでは國學院和学講談所本『河海抄』空蝉「いよのゆげた」によって、「けたの数五百三十九歟云々素寂説」という逸文を紹介しているが、これではなぜこの一文が風土記逸文なのか、皆目見当がつかない。『河海抄』が『源氏物語』の注釈書で、ここは「空蝉」の「いよのゆけたもたと〳〵しかるましうみゆ」という一文の注釈であること、写本によっては当該箇所の傍書に「風土記曰」とあること、を書かないと、読者はこれを『伊予国風土記』の逸文とは認識しがたいであろう。

　ところで、ここで不審な点がある。すなわち、本書が國學院和学講談所本『河海抄』によったとしている点である。筆者は未見だが、武田祐吉編『風土記』によると、同本には「風土記」という傍書が存するというが、おなじ写本によりながら、本書では「風土記」または「風土記曰」の文字がない。いずれが正しいのであろうか。ちなみに、本書巻末の「風土記逸文出典一覧」であげている玉上琢彌編『紫明抄　河海抄』（角川書店、昭和四十三年六月）は、天理図書館所蔵本を底本としているが、「風土記曰イ」とい傍書があるといい、副本に用いた桃園文庫本にも「風土記曰」の書き入れが存するようである（二三四頁）。

378頁「筑紫風土記」

　注記はないが、この表現は乙類の成立年代を考えるうえで重要な史料なので、先行学説の紹介がほしかったところ。たとえば、坂本太郎「風土記と日本書紀」（『坂本太郎著作集』四〈前掲〉所収）は、九州を総称した筑紫が他の諸国に対して一国に准ずるものと観念せられたことは古い慣行であって、そのことは、賦役令集解《ぶやくりょうしゅうげ》の古記に引いた民部省式が国の遠中近を定めて、遠国十六国として上総・常陸・武蔵・下総・上野・下野・陸奥・佐渡・周防・石見・土左・越後・安藝・長門・隠岐・筑紫国と記していることによっても知ることができるという。この民部式は和銅五年に分立した出羽国を載せていないから、それ以前のものと考えられるが、坂本氏は「筑紫風土記という名からその風土記の作られた背景として、この民部式に見えるような筑紫の位置を起想することは不合理ではあるまい」として、筑紫風土記の名を負った風土記が、各国別々の名を負った風土記よりも古いものとみておられる。

397頁「磐井君」

逸文に記された磐井の墓墳が、福岡県八女市《やめし》に現存する岩戸山《いわとやま》古墳《こふん》を指すことは、周知のとおりである。この古墳の周囲には周湟と周堤がめぐらされ、後円部の周堤に接して、一辺四五メートルの方形別区が存在し、これが、風土記にいう別区・衙頭にあたると考えられることもよく知られている。またさらに、墳丘や別区からは、多数の埴輪とともに石製品が出土しており、墳丘に並べられた石製品は、風土記に「石人石盾各六十枚。交陣成行。周㆓帀四面㆒」とあるものに相当し、また、別区にあるものは、おなじく逸文が「其中有㆓一石人㆒。縦容立㆑地。号曰㆓解部㆒。前有㆓一人㆒。躶形伏㆑地。号曰㆓偸人㆒。生為㆑偸㆑猪。仍擬㆑決㆑罪。側有㆓石猪四頭㆒。号曰㆓贓物㆒。贓物。盗物也。彼処亦有㆓石馬三疋。石殿三間。石蔵二間㆒。」としるすものにあたると考えられている。注釈がこれらの事実にまったくふれていないのは、どうしたことか。いったい、この「磐井君」は、研究の蓄積が多い逸文にもかかわらず、注が貧相。下段は空白が目立つ。大判の注釈書との比較は気の毒かも知れないが、古典大系本にはこの条の注が二十三あり、新編全集本にも二十四ある。四六判の古典全書本でさえ十五も注が附されているので、本書の五つはいかにも寂しい。

397頁「墓墳有り。高さ七丈」

この逸文をはじめ九州地方の乙類風土記には、漢文による凝った修飾が顕著だが、学識のある役人の手にかかるものらしく、当時の法律用語とおぼしきものが多用されている。この「墳高《ふんこう》」や下文にみる「墓田《ぼでん》」については、『唐令《とうれい》拾遺《しゅうい》』の復原する喪葬令18に、「諸百官葬。墓田。一品方九十歩。墳高一丈八尺。（後略）」とある（八三〇頁）。「墳高」や「墓田」は、養老喪葬令にはみえない用語であって、ここから、本条の作者は、唐令にも通じた人物であったことがわかる。

餘談だが、風土記逸文の「上妻県。々南二里。有筑紫君磐井之墓墳高七丈」という箇所は、古典大系本などでは「上妻の県。県の南二里に筑紫君磐井の墓墳有り。高さ七丈」云々と読み下されていたが、これは、「筑紫君磐井の墓有り。墳高七丈」と解するのが正しい（森浩一『考古学と古代日本』〈前掲〉三八四〜三八五頁）。本書も訂正の欲しかったところである。

405頁「気長足姫尊」「鏡山」

他の注釈の基準でいうと、これらの用語には「神功皇后のこと」「福岡県田川郡香春町《かわらまち》鏡山」などという注があるべきだが、なぜか附されていない。前述の「磐井君」でもふれたが、西海道風土記の逸文についてはあるべき注を欠いているケースが多い。まさか息切れしたわけでもあるまいが、406頁の「神亀四年」、409頁の「氷室」、にも西暦や用語説明がないし、409頁「豊後国速水ノ郡」・410頁「豊後ノ国球珠ノ郡」・422頁「玉名郡」・440頁「必志里」・440頁「大隅郡。串卜郷」・445頁「鯨伏郷」などの地名説明も缺いている（とくに五つ目の「大隅郡」の記載には疑問がある）。また、419頁の「肥後国号」の項のところも注釈はほとんどなく、『肥前国風土記』総記との共通性についてもふれていないなど、疎漏が目立つ。

463頁4行目

「野本邦夫」は「野木邦夫」の誤記。

その他

わずかな字数の逸文まで掲載するのであれば、拙稿「国造本紀所引の『山城国風土記』について」（拙著『風土記逸文の文献学的研究』〈前掲〉所収）で紹介した断片も掲載すべきではないかと思う。

○

以上、個々の注釈を検討しつつ、私案をのべてきた。注釈に対する所感をことごとく書き上げていくとキリがないので、このあたりで切り上げたい。

繰り返し云うが、これらは、あくまで自分ならこう書くという趣旨のものであって、それを書き込んでいない本書が駄目だというのではない。ただ、風土記を古代史料や上代文学作品としてより深く読者に理解してもらうためには、もう少し説明したほうがいいところもあるという筆者の主張は、おわかりいただけると思う。その意味では、本書に先行する古典大系本・古典全書本・新編文学全集本は、いずれもよく練れた、良心的な注釈書である。このたび、叮嚀に読み返して、さらにその感を強くした。

本書の場合、文庫サイズという限られた紙面では、割愛せざるをえない注釈も少なくなかったと思われるが、それでも、筆者のみるところ、まだまだ餘白も多い。右に書いたような情報を悉く脚注に盛り込むのは不可能だとしても、そこは校注者の腕の見せどころ。言葉を切り詰めれば、主要な問題点に言及することは可能だと思う。

それに、脚注のスペースは、工夫次第でまだまだ確保できると思う。たとえば、『日本書紀』一つとってみても、あるところでは「『日本書紀』巻第二十五」とし（上巻22頁注12）、べつのところでは「『神代紀　下』第九段正文」（上巻371頁注59）、「『垂仁紀』三十二年」（上巻378頁注24）、「天智紀四年八月」（下巻68頁注4）・「『日本書紀』巻第七景行天皇十八年条」（下巻69頁注21）・「『日本書紀』雄略天皇二十二年」（下巻300頁注28）・「『日本書紀』神代巻一書」（下巻433頁注4）といった具合である。あまにも表記にばらつきがあり、なおかつ冗長である。

ほかにも、小島瓔禮校注『風土記』（前掲）についていうと、上巻364頁注22では「旧版角川文庫」、365頁注2では「旧角川文庫」、396頁注49では「角川文庫旧版」などと不統一である。これらはいずれも、執筆者のあいだで申し合わせをすれば統一できるはずだし、略称を工夫すれば、ずいぶん字数の節約になるはずである。

文献の引用方法の話が出たのでついでに云うと、『新撰姓氏録』を引くのに「左京皇別」「山城国諸蕃」などの細目をあげていないところが多々あるのも不親切である。姓氏録については便利な「録番号」があるのに、なぜこれを利用しないのか。これなどは、字数を切り詰めるのにも有効なはず。

○

最後に、本書の編輯方針にかかわる本質的な問題を取り上げておきたい。それは、本書の風土記逸文の取り扱いについてである。

逸文末尾の「風土記逸文　解説」（飯泉健司氏）をご覧いただけばおわかりのように、本書は、瀧口泰行《たきぐちやすゆき》氏らによって提唱された、風土記を奈良時代に限定しないでとらえる見方を継承する。そして、「奈良時代以降のまでも本書では風土記逸文として載せることにし」、「古風土記か否かの判定は保留した」（四五三～四五四頁）のである。また、「逸文を通じて風土記世界が時間的・空間的に広がりをもたんことを念じ、あえて幅広く掲載することを選んだ」とものべている（四五四頁）。

風土記のテキストや注釈書を作る際に、もっとも頭を悩ませるのが逸文の取り扱いである。古風土記に絞るにしても、若干はグレーゾーンの逸文が残り、その採否には研究者によって多少の温度差がある。筆者も、自身の判定結果を一覧にして公開したことがあるが（「風土記逸文一覧」拙著『風土記逸文の文献学的研究』〈前掲〉所収）、わずかながら判断に苦しむ逸文があったことは事実である。古典大系本・新編全集本をはじめ、過去の注釈書をみても、その苦労のほどがよくしのばれる。

本書のような方針を採れば、取捨選択であれこれ悩む必要はない。読者の判断に委ねようというのだから、ある意味、賢明なやりかたである。

ただ、いわずもがなのことながら、現存する風土記逸文は重層的である。

まず、奈良時代の古風土記がある。これも九州地方の甲乙二種に象徴されるように、複数回の提出が想定しうる。ついで、延長風土記だが、これが古風土記そのものか、あるいはそれを補綴したものか、はたまた延長年間の新作かは、もはや容易に判別しえない。そこにいわゆる後世の風土記が加わり、それには古風土記に擬した偽作も交じるのだから、そうした「風土記類文書」の流れを正確に把握することは相当むつかしい。

そのため、本書のような方針をとった場合、以下のような、いくつかの問題が浮上する。

まず、「風土記」という名称で引用されていないものまで包括していいのかという問題がある。「風土記類文書」とは便利なことばだが、「某国風土記云」という記載さえない、断片的な文章を「風土記類文書」と断定する根拠はなんなのか。内容がいかにも風土記的なら、それで問題ないというのか。

たとえば、下巻232頁・264～265頁に引く『駿河国風土記』逸文「白羽官牧」や『近江国風土記』逸文「伊香小江」「竹生嶋」の逸文は、いずれも「古老伝へて曰ふ」とあるだけで、風土記とは書いていない。内容はいかにも「風土記」風だが、こうした出典も成立年代もよくわからない記事を、はたして風土記逸文に包括してよいか、筆者は疑問に思う。それは、下巻136頁『山城国風土記』逸文「賀茂乗馬」などの場合も同様である。

ただそれでも、本書が、風土記と断らないものまでひろく収載する方針を貫くのであれば、なにも云わないが、ならば、『国名風土記』『日本物国風土記』『丹後国風土記残缺』も掲出する必要があろう。もし、不掲載の理由が後世の偽作だからというのなら、偽作の疑いのもたれている「逸文」（たとえば、後述の『伊豆国風土記』逸文諸条・『陸奥国風土記』逸文諸条・『豊前国風土記』「宮処郡」など）をなぜあげるのか、そのあたりの基準が筆者にはよく理解できない。

また、ひろく掲出するというのであれば、ほかにもあげるべき「逸文」はたくさんある。先学が拾っていない（あるいはあえて無視した）「逸文」が諸書に散見することを、本書の編者もご存じないわけではあるまい。

「逸文を通じて風土記世界が時間的・空間的に広がりをもたんことを念じ、あえて幅広く掲載」という意図はある程度理解できるにしても、掲載した個々の逸文の氏素姓《うじすじょう》については頬被《ほおかむ》りというのは、いささか無責任な気がする。巻末には「風土記逸文　出典一覧」が掲げられているが、これも典籍の著者や成立年代を掲出しているだけで、その本がいかなる性格の書物かはまったくふれていない。

たとえば、「一覧」四六四頁に掲げられている『鎌倉実記』。同書の信用できないことはすでに伊勢貞丈《いせさだたけ》も『貞丈雑記《ていじょうざっき》』「書籍の部」で指摘しているが（島田勇雄『貞丈雑記』4〈平凡社、昭和六十一年二月〉二六三頁）、なかでも『伊豆国風土記』を引く『准后親房記』に疑わしい点が多々あることは、平泉氏の「伊豆国風土記逸文と伝えられるものは偽作であろう」（前掲）に詳しい。同様に、「一覧」四六七頁にあげられた多田義俊《ただよしとし》の『中臣祓気吹抄《なかとみはらえいぶきしょう》』も、偽作の疑いがもたれている（安本美典『高天が原の謎』〈講談社、昭和四十九年七月〉三七～四三頁）。多田は、「凡テ強博ノ人ナレドモオニ任セテ人ヲ欺ムク説モアリ」と評された人物で（『古事類苑』文学部二十五、九一五頁）、その著書にもいかがわしいものが多い。さらに、四六九頁にみえる『陸奥白河郡八槻村大善院旧記』などは、原本はこれを伴信友に書き送った岡部春平《おかべはるひら》しかみたことのない書物で、もとより原物は存在しない（新編全集本「「逸文」所収文献解題」六二七～六二八頁、廣岡義隆・荊木美行「風土記逸文の認定について」植垣節也他編『風土記を学ぶ人のために』〈世界思想社、平成十三年八月〉二七九～二八一頁）。

これらは、逸文の信憑性を考えるうえで必要な知識である。にもかかわらず、そうした情報提供なしに、逸文の吟味を読者に委ねるのは、いかがなものであろう。

古風土記、後世の風土記的地誌、さらには偽作風土記。本書では、そんな多様な文献が、国ごとに括られているだけで、あとは雑然と排列されている。―これでは、風土記世界の時間的・空間的広がりを実感する前に、そもそも編者のいう「広がり」とはなんなのか、おそらく読者は理解できないと思う。

冒頭で紹介した武田祐吉編『風土記』の「風土記逸文」は、蒐集の範囲が拡大の傾向にあった風土記逸文を、

第一類　何国風土記と明記して、大体その原文の儘に引用したと認むべきもの。
第二類　単に風土記と記して所属の国名を明記しないが、大体原文の儘に認められるもの。
第三類　何国風土記、或は単に風土記と記して、原文を完全に引用せず、抄出したり、国文に書き下したり、又は大意を要約したりして記したと認められるもの。
第四類　風土記とは記してゐないが、先哲が風土記逸文と認めたもの。
第五類　風土記類似の書籍より出で、先行の逸文集が採録したもの、及びその類。
第六類　漢籍の風土記の引用と認められるもの。
第七類　風土記とは記してゐるが、疑はしいもの。

という七種に分類し（「例言」七頁）、「交通整理」したものである。同様の試みは、佐佐木信綱『新訂　上代文学史』上巻（東京堂、昭和二十三年二月）三四八～三六五頁にもみられるが、「風土記類文書」まで視野に入れた風土記逸文の研究を目指そうとするのならば、こうした括りで逸文を分類・整理しなければ、研究は進捗しないような気がする。個々の逸文が武田氏の分類のどれに当て嵌るかは、本書でも注釈に示されているが、「先学の判断はこうです、あとは各自

判断してください」といわんばかりの態度は、やはり無責任といわれても致し方ない。

ちなみに、卑見をいえば、武田氏のような分類だけでは、「風土記世界の時間的広がり」がみえてこないと思う。その意味で、かつて秋本吉郎氏が、「風土記逸文の検討（一）（二）」（『大阪経大論集』一六・一七、昭和三十一年六・九月、のち秋本氏『風土記の研究』〈大阪経済大学後援会、昭和三十八年十月〉所収、引用は後者による）として発表した論文に附された「年代別　引用書別風土記記事引用書項目一覧」は示唆に富む。

この表は、風土記逸文を、「古代官撰風土記よりの引用」（さらに「風土記よりの直接引用」と「先行書よりの孫引引用」とに分類）と「別種の「風土記」と称する書よりの引用」「「風土記」以外のものよりの引用」の四段階に分類しつつ、それら逸文を、その引用書の成立年代によって排列した労作である。表組みの都合で、逸文は標目しか掲げられていないが、こうした表に改良を加え、原文まで参照できるような形にして示せば、古風土記の逸文がいかに伝存してきたか、またそれとは別種の地誌がいつごろどんな形で登場してくるのかが、時系列で把握できよう。

風土記研究の多様化とともに、従来どちらかというと軽視されてきた「風土記類文書」に光を当てる研究があらわれたことは、風土記受容史の新たな扉を開くものとして慶賀すべきであろう。しかし、こうした新視点からの研究には新たな手法が需《もと》められるべきであって、これまで捃摭《くんせき》された逸文を並べてそれで終わりというのでは、研究の進捗は望むべくもあるまい。その点、本書にはいささか物足りなさを感じるのであって、あえて一言した次第である。妄言多謝。

第二章　『出雲国風土記』の校訂本

――角川ソフィア文庫『風土記』上の刊行に寄せて――

はじめに

いわゆる古風土記を対象とする注釈書の歴史は古い。これまで刊行された五風土記と風土記逸文を対象とする注釈書は枚挙に遑《いとま》がないし、近世のもののなかには、写本の形で流布したものも少なくない。注釈書は、いってみれば、個別研究のエッセンスであり、現今の風土記研究もこうした注釈書の存在に負うところが大きい。それゆえ、われわれは、先人の注釈作業に敬意と感謝の念を払うことを忘れてはならない。

そうしたなか、最近になって、角川ソフィア文庫の一つとして、ハンディサイズの中村啓信監修・訳注『風土記』上・下（角川書店、平成二十七年六月、以下「本書」と略称）が上梓された。まことに慶ぶべきことである。

本書が、風土記研究の最新の成果を盛り込んだ注釈書であることはいうまでもないが、それが文庫という、廉価な形で提供されたことは、古典の普及という視点からも慶賀すべきである。意外に思われるかたも多いだろうが、これまで、五風土記と風土記逸文について、原文・読み下し文・現代語訳・注釈の四拍子揃った文庫は皆無であって、すべてを備えた注釈書は本書をもって嚆矢《こうし》となす。

本書は、上巻には『常陸国風土記』(中村啓信校注・訳)・『出雲国風土記』『播磨国風土記』(ともに、橋本雅之校注・訳)を収め、下巻には『豊後国風土記』『肥前国風土記』(ともに谷口雅博校注・訳)と風土記逸文(飯泉健司、谷口雅博校注・訳)を収める。さらに、上巻冒頭には中村氏による「風土記総解説」があるほか、各風土記と風土記逸文については個別の解説があり、地図や逸文の出典一覧、さらには主要語句索引(両巻の分を下巻に一括して掲げる)まで掲載するという、行き届いた配慮である。各巻五百頁を超えるとはいえ、コンパクトな文庫のなかによくもこれだけの情報を盛り込んだものである。

本書については、さきに「風土記の注釈について―中村啓信監修・訳注『風土記』上下の刊行によせて―」と題する書評を『皇學館論叢』第四八巻第四号(平成二十七年八月、本書所収)に寄せた。そこではおもに、注の解説や風土記逸文の取り扱いを中心に論じたので、風土記本文については、わずかに『播磨国風土記』のそれについて若干言及しただけであった。

そこで、このたび、木本好信先生から『史聚』への寄稿の誘掖をたまわったのを奇貨とし、さきの書評では割愛した『出雲国風土記』の本文について所感を開陳し、あわせて風土記テキストの今後の課題についてもふれたい。

一、『出雲国風土記』の写本系統

角川ソフィア文庫の『出雲国風土記』の本文(以下、原則として「橋本校訂本」と略称する)の検討に入るまえに、『出雲国風土記』のテキストと写本系統について振り返っておきたい。この点については、秋本吉徳編『出雲国風土記諸本集』(勉誠社、昭和五十九年二月)に同氏の執筆にかかる「解説」がある。ここに、写本系統に関しても簡にして要を得た紹介があるので、これを参照しつつ、簡単にのべておく。

田中卓氏の研究によれば、こんにち残る『出雲国風土記』の写本は、岸崎時照『出雲国風土記鈔』本・今井似閑『萬葉緯』所収本・倉野憲司旧蔵本・細川幽斎自筆奥書本という四類に分類することが可能だという（「出雲国風土記の諸本解題」『歴史公論』六八、昭和五十六年七月、のち『田中卓著作集』第八巻〈国書刊行会、昭和六十三年五月〉所収、以下、引用は著作集による、四四六～四四八頁）。これを図示すれば、以下のとおりである。

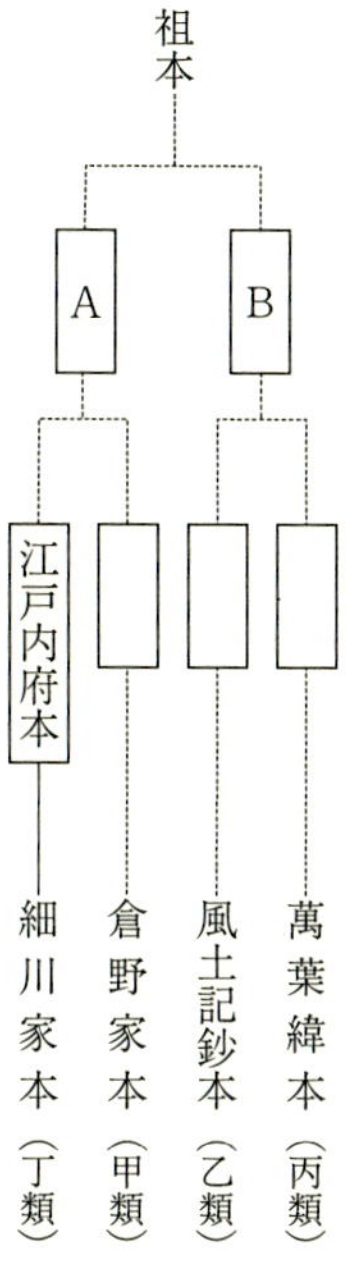

『出雲国風土記』の写本四十数種を精査された田中氏の結論だけに説得力があるが、現存する『出雲国風土記』の写本が二系四類に分類できること、このうち、倉野家本・細川家本は書写も古くきわめて近い関係にあること、などは田中氏の指摘のとおりであろう。のちに秋本吉郎氏は、基本的に田中氏の二系四類を認めたうえで、萬葉緯本・風土記鈔本の二類を「出雲国風土記伝来の国である出雲国に伝えられた伝本」という意味で「出雲系」と称しておられる（「風土記の伝播祖本と伝播初期の伝本系譜」同氏『風土記の研究』〈大阪経済大学後援会、昭和三十八年十月、のち平成十年十月にミネルヴァ書房より復刊〉所収）。

さらに、加藤義成氏は、自身の独自の調査から、原撰進本からの伝写の過程で島根郡の神社の大部分を脱落した「初脱落本」が生じ、それをもとに「補訂本系」「再脱落本」「初脱落継承本」の系統の写本が生じたとされる（『校本出雲国風土記』〈報光社、昭和四十三年十二月〉の参考篇第一部～第三部参照、『修訂出雲国風土記参究』〈今井書店、昭和五十六年五月改訂三版〉）。すなわち、延長三年（九二五）の風土記再撰進の通達を受けて、出雲国庁において神名帳を用い島根郡の神社名の缺落を補訂し、一応の完本としたものが「補訂本系」で、風土記鈔本や萬葉緯本はこの系統に属するという。また、「初脱落本」のうち、島根郡加賀郷の記事を脱落し、生馬郷の記事を加賀郷のそれに誤写したものが「再脱落本」で、細川家本や倉野家本はこの系統に属する。また、これとはべつに、島根郡の神社の脱落は他とおなじであるが、加賀郷の脱落の少ないものが「初脱落継承本」である。いま、加藤氏の継承関係を図示すれば、つぎのとおりである。

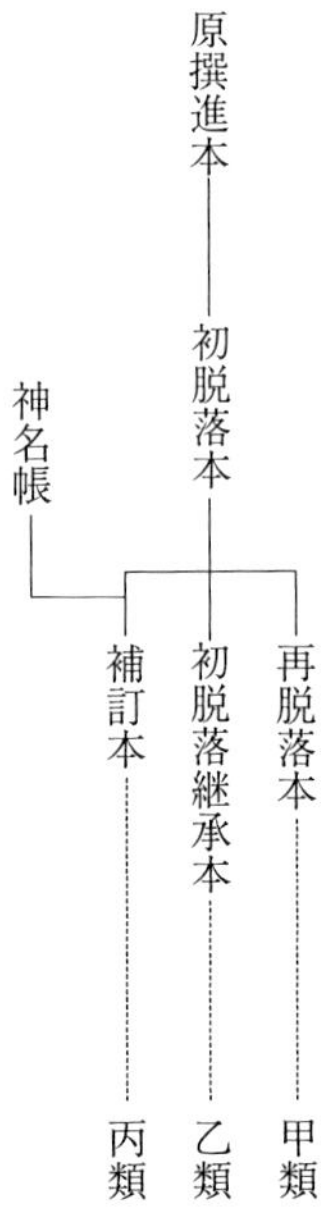

このように、写本系統の推定は諸氏によってことなり、それにともなって写本の評価もちがってくるのであって、このことが、校訂本作成の際の底本選定にも影響してくる。

たとえば、『田中卓著作集』第八巻（前掲）所収の「校訂・出雲国風土記」は岸崎時照『出雲風土記鈔』を底本に採用しておられるし（『出雲国風土記の研究』〈出雲大社、昭和二十八年七月〉所収のものを改稿したもの）、秋本吉郎氏校注釈の日本古典文学大系2『風土記』（岩波書店、昭和三十三年四月）は『萬葉緯』本である。また、加藤義成『校本出雲国風土記』（前掲）・『修訂出雲国風土記参究』（今井書店、昭和五十六年五月改訂三版。昭和三十二年十月、至文堂発行の本書の初版では、『出雲風土記鈔』を底本とした平泉澄監修『出雲国風土記の研究』〈出雲大社、昭和二十八年七月〉所収の「校訂・出雲国風土記」を底本としていた）や植垣節也校注・訳新編日本古典文学全集5『風土記』（小学館、平成九年十月）、さらには近刊の沖森卓也・佐藤信・矢嶋泉編『風土記 常陸国 出雲国 播磨国 豊後国 肥前国』（山川出版社、平成二十八年一月）は、いずれも細川家本を採用している。これとはべつに、久松潜一校注『風土記』（朝日新聞社、昭和三十五年十月）は、小野田光雄氏が萬葉緯本・風土記鈔本・倉野家本・細川家本にみえる相互の異同事例の分析から、倉野家本を底本に選択しておられる。

底本の異なる複数の校訂本が存在することは、後学を惑わせる面もあるが、『出雲国風土記』の場合、それほど底本の選択がむつかしいということである。

二、橋本校訂本とその底本

ところで、橋本校訂本は、このうちの細川家本を底本としている。橋本氏が、なぜ細川家本を採用したかは文庫ではのべられていないが、同写本は、年紀の明示された写本としては現存最古で、慶長二年（一五九七）の細川幽斎自筆の奥書を有する、由緒正しい写本なので（ただし、倉野本は室町時代末の写本といわれ、書写は細川家本より古い）、あるいはそのあたりを評価しているのかも知れない。

ただし、細川家本で注意しなければならないのは、巻頭から秋鹿郡までと楯縫郡から末尾までで筆写者が異なる点である。前半はわりにしっかりした右肩あがりの楷書体で写されているのに対し、後半はやわらかな書風で、かなりくずした字体も見受けられる。前後で手がちがうのは、田中氏の推測されたとおり、親本たる「江戸内府御本」が二冊仕立てだったことに由来すると思われるが（「細川家本出雲国風土記の出現」『藝林』九―一、昭和三十三年二月、のち『田中卓著作集』第八巻〈前掲〉所収、四三〇～四三二頁）、こうした細川家本の書写のありかたは、校訂にも大きく影響を及ぼしている。この点については、のちに詳しくのべる。

最初に、橋本校訂本の「凡例」を確認しておきたいが、これは簡単なものなので、以下にその全文を掲げる。

一、本文は、慶長二年（一五九七）細川幽斎自筆奥書本、いわゆる細川家本（複製）を底本とし、諸本を対校して校訂本文を作成した。

一、本文は可能な範囲で底本の形態および字体を尊重して活かすことに努めた。

しかし、これだけではわからない点がいくつかある。

第一に、橋本校訂本の場合、いわゆる校異注がまったくないので（ただし、それに相当するものは、読み下し文の注に若干みえる）、どこが底本を校訂した部分なのか、一見しただけでは見当がつかない。また、対校に利用した諸本がなんなのかも、まったく不明である。したがって、他本（副本）を以て底本を補ったり、文字を改めた部分があったとしても、それが何本《なにほん》にもとづく改訂かが明確でない。また、諸本に対する、校訂者の評価も記されていないので、いかなる副本を是とし、いかなる副本を非としているのか、その基準すら判然としない。

そこで、以下は、橋本校訂本の問題点について、具体例をあげつつ検討したいが、最初に取り上げたいのが、右の「凡例」に「底本の形態および字体を尊重して活か」したとある点である。

橋本氏が底本とした細川家本は、倉野本とともに、『出雲国風土記』の古い写本で（両者には共通点も少なくない）、これを底本としたのは同氏の見識である。そして、その形態や字体の保存に努めたことも、やはり校訂者の見識である。というのも、これらの写本は、書写の年代や写本系統、さらには原本の体裁を推測する大きな手がかりだからである。いま少し具体的に云えば、『出雲国風土記』は、その伝写の過程において、一度かなり解読の困難な草体の一本を経てこんにちに伝わったと考えられるが、古い字体を伝える細川家本は、もとの文字の推定や写本系統の研究において、貴重な材料を提供してくれるのである（加藤氏『校本出雲国風土記』〈前掲〉参考篇第三部「伝写経路の推考」参照）。

ところが、橋本校訂本をみると、「凡例」の原則が貫かれていないケースがまま見受けられる（以下、底本は丁数とオ・

ウ、さらには行数で示すが、二行の割注は一行に数えている）。

まず、「形態」のほうでいうと、たとえば、島根郡の河川記載の部分は、底本ではベタの追い込みであるが（一七ウ）、橋本校訂本では、なぜか「野浪川」以下が改行されている（三二二頁）。そのまえの意宇郡では底本のとおり組版されているから、こうした不揃いは不審である。読み易さを重視して、底本にない改行を施すことはあるかも知れないが、これは不統一である。

こうした改行は、大原郡にもみえる。橋本校訂本では、底本の六〇オから六〇ウにかけての河川の記載を、いずれもベタの追い込みにするが、「佐世小川」以下は改行している（三三五頁）。あるいは、「川」と「小川」を区別したのかも知れないが（神門郡などはそうした配慮によると思われる改行が存する）、ならば、直前の飯石郡や仁多郡の河川のところも同様に処理すべきなのだが、実際はそうはなっていない。

つぎに、字体である。

橋本校訂本が底本の字体を尊重していることは、一目瞭然である。それは、「坐」「昕」「濵」などの字体を、かなり忠実に飜刻しているところからも看取される。では、こうした原則で首尾一貫しているかというと、ところどころ曖昧な箇所がある。たとえば、底本では、「鹿」「形」「美」「蘇」「勢」「而」の異体字である「麻」「𢒈」「羙」「穌」「勢」「与」などが多用されている。このなかで、「鹿」は通用字と異体字との混用がみられるが、橋本校訂本はことごとく「鹿」に揃えている。「凡例」にはとくに断りもないで橋本氏の真意は推測しねるが、筆者には、異体字を温存した字とそうでない字の区別がよくわからない。この点、ご教示たまわれば幸いである。

また、これとはべつに橋本校訂本には、字体の飜刻の誤りも少なくない。たとえば、底本では、「体」はおおむね「體」だが、稀に「軆」もある（三九オ第二行）。ところが、これも校訂本では「體」に直している。

同様に、底本の「虽」（三七オ第二行）・「蠇」（二二ウ第七行）・「圡」（一九オ第二行・六三オ第一行）・「坐」（六オ第四行・同第八行・二四ウ第七行）・「穗」（二七ウ第七行）・「边」（一八オ第三行・第六行）・「叓」（二四オ四行）・「葛」（二二オ第四行・五〇ウ第一行）を、それぞれ「虫」「蛎」「坐」「穂」「辺」「土」「吏」「葛」に改めた例がある。このうち、「圡」や「坐」や「边」については、底本どおりに翻刻しているところもあるので（「圡」については二五ウ二行、「坐」については八オ第一行・同第三行・二三ウ第七行・二四オ第二行・同第六行・二四ウ第二行・同第七行、「边」については二一ウ第五行・二二ウ第三行・二五オ第三行では、それぞれ異体字がそのまま翻刻されている）、あるいは単純な誤植かも知れないが、誤植でないとしたら、一部の文字だけあえて通用字に改めた理由をうかがいたいところである。

ところで、細川家本の場合、底本の字体を尊重するうえで大きな障碍がある。それは、前半と後半で筆写者が異なるという点である。前述のように、後半の楯縫郡以降の書風は柔らかで、崩した字体も少なくないのだが、そのために、字体の判別のむつかしいケースが少なくない。

思いつくままに、いくつか実例をあげると、まず「参」（六〇ウ第八行）。橋本校訂本は「參」に翻刻するが、影印で確認したかぎり、この字は「参」にみえる（ちなみに、前半部分でも二オ第二行・二ウ第六行などは、いずれも底本ではあきらかに「参」だが、橋本校訂本は「參」に作る）。

つぎに「熊」。校訂本三二九頁・三三〇頁ではいずれも「熊」に作るが、底本を点検すると（四八オ第八行・五〇ウ第四行）、いずれの字形も「熋」に近い。旁の部分が崩してあるので判定は微妙だが、五七オ第八行の「能」などもほぼおなじ崩し方なのに、こちらのほうは、底本の字体に近い「䏻」に翻刻している（三三四頁）。これを参考にすると、「熊」も「熋」としてもよいように思う。

「恵」も、同様の事例である。校訂本三三三頁では「恵」だが、底本五五ウ第六行・同第七行を確認すると、「由」

と「心」の間に「厶」の筆畫がみてとれる（ちなみに、前半部分でも五オ第一行・同第六行・同第八行などの「穗」の旁は、いずれも底本ではあきらかに「惠」だが、橋本校訂本はこれを「恵」に作る）。

さらに、「所」の字の扱いも問題が残る。この字は前半にも多数みえるが、校訂本は一貫して「昕」に作る。これについて異論はないが、後半になってくると、いささか事情が異なる。すなわち、おなじ異体字でも「盯」に近く、前半とはあきらかに字体が異なる。にもかかわらず、校訂本は後半も「昕」に統一している。これなどは、底本の字体尊重を謳う凡例の原則から乖離しているようで、いささか抵抗を感じる。

以上、いくつかの実例をあげつつ、橋本校訂本の問題点を指摘したが、これによって、活字本において細川家本、とりわけ書体の崩れた後半の字体を活字であらわすことのむつかしさがおわかりいただけると思う。あえて活字化しようとすれば、そこに校訂者の主観的な判断が介入する危険が伴うのである。

ちなみに云うと、書体の判別は、おなじ手になる前半部分に限ってもむつかしい点がある。たとえば、「處」の字。校訂本前半はことごとく「處」に作るが、底本の八オ第六行・九オ第一行・一五オ第七行・二四オ第三行・同第七行にあたると、どちらかといえば「處」に近い。いずれとも決めかねるが、これも判断に苦しむところである。

三、橋本校訂本の校異注をめぐって

さて、以上は、もっぱら字体の問題だが、橋本校訂本でさらに気になるのは、校異の注記である。

前述のとおり、この校訂本には校異注がないので、底本のどの文字を改めたかがわからない。繰り返すが、橋本校訂本は、「底本の形態および字体を尊重して活かす」ことを「凡例」に謳っている。しかし、細川家本もけっしてよいところばかりではなく、他本によって文字を改めたり、文を補ったりする必要があることは、周知のとおりである。

まず、細川家本でもっとも深刻な問題は、島根郡の加賀郷とそれに続く神社の記載の缺落であろう。同様の缺落は倉野家本にもあり、この系統の写本の一つの特徴でもある。他本にこの部分が存するのは、のちの補綴だといわれている。

橋本校訂本もこれを受けて、この缺落部分を人工的に復原することは避け、読み下し文の脚注でその旨断っている。これなどは、底本の形態を尊重した事例である。

では、橋本校訂本は他本によって補うことをまったくしていないのかといえば、そのようなことはない。「諸本を対校して校訂本文を作成」したことは「凡例」に謳っているので、底本を改めること自体は基本方針に背くものではない。しかし、校異の注記のないために、改訂箇所がわからないのである。

たとえば、三〇四頁一八行目の「黒田驛家」の四字は底本にはないし、三一一頁三行目の「高二百七十丈周二十里」も底本にはない五字を、他本によって補ったものである。さらに、三一一頁一八行目〜三一二頁一行目の「河内郷郡家一十三里一百歩」は、底本に「三百九十歩」とあったものを改めているし、三三六頁一五〜一六行目の「備後國堺至遊託山」も、底本にはない字を他本によって補った例である（これらの補字については、読み下し文の注でも言及されていない）。

このほか、一字単位の誤字の訂正は枚挙に遑がないほど夥しいが、それらは悉く校訂本文に埋没してしまっており、校異注のあるほかの校訂本を座右に置かないかぎり（その場合、もっともよいのは、おなじ細川家本を底本とする『校本出雲国風土記』〈前掲〉や『修訂出雲国風土記参究』〈前掲〉であろう）、それらは読者にはわからず仕舞いである。

校訂者がいかに本文を再建したかは、校訂者自身がその部分をどう読んだかということと結びついている。だからこそ、われわれとしては底本を改訂した場合にはその根拠を知りたいのである。

例をあげて説明すると、たとえば、意宇郡の「宍道郷」（三ウ第一行）・「宍道驛家」（三ウ第四行）については、校訂本三〇四頁一五行目・三〇五頁一行目では「宍道郷」「宍道驛家」だが、底本は「完」である。他の写本でも「完」が多い。『新撰姓氏録』などの写本（たとえば、京都大学菊亭文庫本）では「宍人部」「宍人臣」は「完」と書かれており、『色葉字類抄』などの古辞書のたぐいにも「完」は「宍」だと説明する。だから、「完」はけっして誤字ではないのである。

もし、橋本校訂本が原本の字体に拘泥しないという方針であれば、筆者はなにも云わない。しかし、わざわざ凡例に底本の尊重を云うのであれば、やはり、「完」を「宍」に改めた根拠――「尊重」が不可能というのであればその理由――を提示しなければなるまい。

ほかにも、些細なことだが、神門郡の山名を列記したなかには「□□山郡家東南五里五十六歩」（三二七頁七行目）とある。しかし、この「山」の字はいったい何本によって補ったのであろうか。ここに脱落があることは、読み下し文の注記にもあるとおりだが、「山」の字の残る写本を、筆者は寡聞にして知らない。これなども、校異の注記があれば直ちに解決する問題だが、それがないから不明のままである。

むろん、文庫判という限られたスペースでは、校異注を書き込むことはむつかしかったのかも知れない。植垣節也校注・訳新編日本古典文学全集５『風土記』（前掲）は、これよりはるかに大判の注釈書でありながら、やはり校異の注記は省かれている（ただし、同書の場合、かなり詳しい「凡例」があるし、頭注で校異を説明している場合がある）。

しかし、主要な改訂を示すのに大きなスペースは必要ないから、若干のコメントを挿入することは可能だと思う。それでも校異注は載せられないと云うのであれば、せめて、底本の字句を改めたところは右傍に●を附すとか、また、補った字には◎を附すとか括弧に括るとか、ちょっとした工夫を施せば、読者は校訂本が底本を改めた箇所を知ることができるであろう。

おわりに

このようにみていくと、無理を押してまで底本の細かな字体の区別に配慮することや、校異注を記さずに校訂本を作ることには限界があるように思う。そもそも、「底本の形態および字体を尊重して活かす」ことと「諸本を対校して校訂本文を作成」することとは矛盾する方針であって、両立はむつかしい。

現今の学界に目を転じても、『日本書紀』の古写本をはじめとして、つぎつぎと貴重な古典籍の影印複製が出版されている。これらは、研究者のあいだで、活字本に頼る研究はもはや限界に達した、という認識が昂揚してきた結果でもある。

校訂が原本そのものの影印と、読み易さを追求した活字本とに二極化していくであろうことは、すでに三十年以上前に田中卓氏が予見されたことであるが（「日本紀天武天皇紀〝改訂本〟」『田中卓著作集』第五巻〈国書刊行会、昭和六十年九月〉所収、一一～三頁）、近年の影印本の盛況を目の当たりにすると、まさに田中氏の慧眼どおりの方向に進んでいるかの印象を受ける。

こうした学界の動向に鑑みるとき、やはり、風土記研究においても、多くの研究者が手軽に原本、またはその複製を確認できるようになることが望ましい。その意味で、植垣節也氏が主宰された風土記研究会の会誌『風土記研究』が、主要写本の文字を並べた「豊後国風土記四本集成」や「常陸国風土記四本集成」を掲載したことは、その先鞭をつけたものである。近年、三條西家本『播磨国風土記』のカラー版影印本が新天理善本叢書として刊行されたことなども、本文研究を促進する有意義な企畫だと思う。

いかに印刷技術が進もうとも、異体字や訓点・傍訓まで原本どおりに再現することは不可能である。しかも、その最終的な識別をおこなうのは人間だから、前述のように、どうしても主観の介在する懼れがある。だとすると、労多くして益の少ない難作業に時間を費やすよりは、影印本を公開して各自それを参照してもらうほうが、はるかに公正であろう。各地の図書館や研究機関が、所蔵資料のデジタルデータをＨＰでアップロードしていることも、右に紹介した影印本の刊行とおなじ方向性をもつといえよう。

筆者は、校訂そのものを否定するものではない。むしろ、その恩恵に蒙ってきた一人として、校訂本の価値を高く評価するものである。ただ、橋本校訂本に接して、校訂本の限界と今後のテキスト研究の方向性について考えさせられるところがあったので、あえてこの一文を草した次第である。微意をお汲み取りいただければ、幸甚である。

第三章　風土記の現代語訳について（一）

――谷口雅博氏訳『豊後国風土記』をめぐって――

一、はじめに―古典の現代語訳とは―

古典の現代語訳を実現するためには、クリアすべきいくつかの問題がある。一つには、まず訳のもととなる原文を確定しておく必要がある。正確な現代語訳を作るためには、正しい本文が需《もと》められることは云うまでもないが、そのためには底本を決め、諸本を博捜して校訂をおこなわねばならない。幸い、風土記ではこの方面のテキスト研究はずいぶん進捗しているが、それでも風土記によっては原文の復元がむつかしいケースもある。

たとえば、『出雲国風土記』は、その複雑な転写の過程が災いして、脱文や誤字が少なくない。また、『播磨国風土記』なども、唯一の伝本である三條西家本に誤脱や判読不能の字体が多くあり、原文の確定がむつかしい場合がままある。『播磨国風土記』の記述の大部分は地名の起源説話で占められており、しかも大半は語呂合わせによるものだが、原文のままではなぜそのような地名が導かれるのか、よくわからないケースも少なくない。

他の風土記の場合でも、実際に現代語訳をこころみると、あらためて原文の文字がこれでよいのかが気になることも少なくないのであって、風土記の現代語訳化は、スタート時点で大きなハンディを負っていると云えよう。

いま一つ問題なのは、風土記――実際には風土記だけでなく、漢文体の日本の古典全般に共通の問題だが――の現代語訳が、原文からの直接の飜訳ではなく、いわゆる読み下し文を介しておこなわれていることである。

読み下し文とは、漢文訓読の原則にしたがった古典中国語→日本語という一種の「飜訳」であって、日本では外国語の読解方法として長い歴史がある。漢文訓読についてはいろいろと批判もある。たしかに、「君子は其の知らざるところに於ては、蓋し闕如《けつじょ》す」（『論語』子路）、「豈《あに》身を愛すること桐梓に若《し》かざらんや。思わざるの甚だしきなり」（『孟子』告子上）といった一定の型に嵌った漢文調の文語文では、その場の雰囲気や会話の味をじゅうぶん出すことができない憾みがある。しかしながら、そもそも漢文訓読とは、本来外国語である中国古典語を日本語で読み解くための便法であって、生硬な飜訳と考えて使えば、それはそれで有用なものだと思う。

もっとも、『古事記』『日本書紀』、そして風土記といった古典の読み下し文では、中国の古典や漢詩とはちがう、独自の訓読文がひろく用いられている。たとえば、原文に敬語であることを示す文字がない場合でも、主体が神や天皇の場合、「したまふ」「のたまふ」と補読するのがつねである。現代語訳ではそれをそのまま「なさる」「仰せになる」などと敬語体に訳すことが定着している。ただ、実際はこれも原文の真意をどこまで反映したものかは疑わしい部分もある。山田宗睦《むねむつ》氏の『日本書紀』の現代語訳では、原文に敬語を示す文字が存在する場合のみそれを訳出する方針で臨んでいるが、それはそれで一つの見識である。

また、「詔《の》りたまはく」「曰《いわ》く」ではじまる会話文の末尾に「とのりたまふ」「といふ」などと補読するようなケースもある。会話・引用を示すカギ括弧などの符号のなかった時代においては、引用・会話がそこで終わることを示すために、こうした補読は缺かせないものであった。ただ、それをそのまま現代語訳に反映させてしまうと、ややくどいとの印象を免れないのであって、こなれた現代語訳にするには訓読文から乖離する勇気もときとして必要である。『古事記』『日本書紀』は長期間にわたる研究の蓄積があり、現代語訳もかなりの数出版されている。それでは、風土記の場合はどうか。

風土記の現代語訳としてよく知られているのは、吉野裕《ゆたか》『風土記』（平凡社、昭和四十四年八月、のち平成十二年二月に平凡社ライブラリーに収録）である。同書は、五風土記については『古風土記集』（日本古典全集刊行会、大正十五年）を、逸文については久松潜一校注『風土記』（朝日新聞社、昭和三十五年十月）をそれぞれ底本としつつ、秋本吉郎校注日本古典文学大系2『風土記』（岩波書店、昭和三十三年四月）を参照した現代語訳で、風土記全般にわたる現代語訳は、本書をもって嚆矢となす。しかも、吉野訳はよく考え抜かれたものであって、風土記の現代語訳としては秀逸である。

その後、橋本政次編『現代文播磨国風土記』（播磨史籍刊行会、昭和三十四年十一月）・岡村広法『肥前国風土記考』（肥前国風土記考出版委員会、昭和四十五年十月）・河野辰男『口訳常陸国風土記』（崙書房、昭和五十三年十二月）・秋本吉徳『風土記（一）常陸国風土記』（講談社、昭和五十四年十二月）・人見暁郎『常陸国風土記入門』（敬文館、昭和五十五年二月〈序による〉）・『図説播磨国風土記への招待』（柏書房、昭和五十六年九月）・荻原千鶴全訳注『出雲国風土記』（講談社、平成十一年六月）・松本直彦『新典社注釈叢書13　出雲国風土記注釈』（新典社、平成十九年十一月）など、個別の現代語訳が出ているが、五風土記・逸文にわたる現代語訳を附した新訳としては、植垣節也校注・訳新編日本古典文学全集5『風土記』（小学館、平成九年十月）を待たねばならなかった。同書は、風土記とその逸文の原文・読み下し文・現代語訳・注釈を備えており、当時における風土記研究の到達点を示すものとして高く評価できる。こうした、すぐれた現代語訳が出たためか、その後、現代語訳まで完備した風土記の注釈書はなかなか刊行されることがなかった。

そうしたなか、近年、角川ソフィア文庫の一つとして中村啓信監修・訳注『風土記』上・下（角川書店、平成二十七年六月、以下「本書」と略称する）が上梓された。まことに慶ぶべきことである。同書は、文庫サイズでありながら、五風土記と風土記逸文について、原文・読み下し文・現代語訳・注釈、さらには索引まで、五拍子揃った注釈書である。意外かも知れないが、これらすべてを備えた注釈書は、本書以前には存在しなかったのである。

それだけに刊行前から、本書に対する期待は大きかったのだが、実際に手にとってみると、失望させられる点が少なくなかった。その一端は、拙稿「風土記の注釈について―中村啓信監修・訳注『風土記』の刊行によせて―」（『皇學館論叢』第四十八巻第四号、平成二十七年八月）と「『出雲国風土記』の校訂本―角川ソフィア文庫『風土記』上の刊行に寄せて―（『史聚』第五十号、平成二十九年四月）で披露したとおりだが、これだけ風土記研究が飛躍的に進み、すぐれた研究の蓄積がなされているにもかかわらず、少なくとも同書は、そうした研究の先端をゆく注釈書だとは云いがたかった。

上記の二書評で取り上げたのは、おもにテキスト（とくに橋本雅之担当の『播磨国風土記』『出雲国風土記』）と全体にわたる用語の注釈だったが、もっとも遺憾に思ったのは、現代語訳、具体的には谷口雅博氏担当の『豊後国風土記』『肥前国風土記』の現代語訳である。なにが遺憾かと云うと、この新訳が前述の植垣節也校注・訳新編日本古典文学全集５『風土記』の現代語訳をほぼそのまま借用したものだったからである。

谷口氏の新訳を「盗用」よばわりすることは気が進まず、この点についてはあえて拙評では言及しなかった。しかし、最近になって、同書については紙媒体だけでなく、Kindle版までが刊行されている事実を知り、このまま放擲するのもいかがなものかと考えるに至った。

ただ、筆者がここで両訳が酷似していると主張しても、現物をご覧になったことのないかたには、その異同がよくわからないだろうし、ことによると、筆者があらぬことを言い立てて谷口氏を貶めようとしているのではないかとさえ勘ぐられかねない。

そこで、小論では、谷口氏による新訳が植垣氏の旧訳とどこまで一致しているのかを、全文にわたって比較・検討し、転用の有無について検証したいと思う。小論では、紙幅の都合から、ひとまず『豊後国風土記』を取り上げ、『肥前国風土記』については別途発表する予定である。

二、谷口訳と植垣訳の比較・検討

まず、植垣訳と谷口訳について上下対照できるような表を作成した。両訳の異同がよくわかるように、行間を調整したところはあるが、改行箇所などは原文のままである。下段の谷口訳でゴチック体にしたところが植垣訳とほぼ文言が一致する箇所である。

『豊後国風土記』現代語訳対照表

植垣節也訳	谷口雅博訳
〔一〕豊後の国。 郡《こおり》は八所、〔郷《さと》は四十、里《こざと》は百十〕駅《うまや》は九所、〔みな小路《しょうろ》〕 烽《とぶひ》は五所、〔みな下国《げこく》〕寺は二所〔一つは僧の寺、一つは尼 の寺〕である。 豊後の国は、本《もと》、豊前《ぶぜん》の国と合わせて一つの国であっ	豊後《ぶんご》の国。 郡《こおり》は八所、郷《さと》は四十、里《こざと》は百十。駅《うまや》は九所、みな小路《しょうろ》 烽《とぶひ》は五所、みな下国《げこく》 寺は二所 僧の寺と、尼の寺。 豊後の国は、本《もと》、豊前《ぶぜん》の国と合わせて一つの国であっ

た。昔、纏向《まきむく》の日代《ひしろ》の宮で天下をお治めになった大足彦《おおたらしひこ》の天皇（景行《けいこう》天皇）が、豊国《とよくに》の直《あたい》らの祖先である菟名手《うなで》にお言葉を賜って、豊の国を治めさせられたところ、豊前の国仲津《なかつ》の郡の中臣《なかとみ》の村に到着した。ちょうどその時、日が暮れてそこに泊まった。明くる日の早暁、突然に白い鳥があらわれ、北からやって来て、この村（の空）に飛びかけり集まった。菟名手が、そこで部下の者に命じてその鳥を見させたところ、鳥は、餅に姿を変えた。あっという間に、また、里芋数千株に変わって、花も咲き葉も茂り、生き生きと栄えた。菟名手は、見てふしぎだと思い、こおどりして喜んで言ったことには、「白鳥から姿を変えた芋は、昔からまだ見たことがない。まことに、（天皇の）御徳の高いこと、天地の（神々の御心の）動いたしるしであるぞ」といった。やがて朝廷に参上して、自分の見たありさまを全部申し上げた。天皇は、ここに、大喜びなさって、菟名手に仰せられたことには、「それは、天の神からのよい知らせ、地上豊かにみのる

た。昔、纏向《まきむく》の日代《ひしろ》の宮で天下をお治めになった大足《おおたらし》彦《ひこ》の天皇（景行《けいこう》天皇）が、豊国《とよくに》の直《あたい》らの祖先である菟名《うな》手《で》にお命じになって、豊の国を治めさせなさった。豊前の国仲津《なかつ》の郡の中臣《なかとみ》の村に到着した。その時、日が暮れてそこに泊まった。明くる日の夜明け前に、突然白い鳥があらわれ、北から飛んで来て、この村に集まった。菟名手が、そこで従者の者に命じてその鳥を見させたところ、鳥は餅に姿を変え、あっという間にまた里芋数千株に変わって、その花と葉は冬も栄えた。菟名手は、見てふしぎだと思い、喜んで言ったことには、「白鳥から姿を変えた芋は、昔からまだ見たことがない。まことに天皇の御徳の高さへの、天地のめでたいしるしであるぞ」と言った。やがて朝廷に参上して、このありのさまをすべて天皇に申し上げた。天皇は、ここに、大喜びなさって、菟名手に勅しておっしゃったことには、「それは、天からのよいしるしもの、地上豊かにみのる象徴である。おまえの治める国は、豊国というがよい」とおっ

草の話だな。おまえの治める国は、豊国と言うがよい」とおっしゃった。その上に姓《かばね》を賜って、豊国の直《あたい》といった。こういうわけで豊国というのである。後《のち》、（豊前・豊後の）二つの国に分けて、こちらは豊後の国を名とするようになった。

〔二〕日田《ひだ》の郡《こおり》。郷《さと》は五所、〔里《こざと》は十四〕駅《うまや》は一所である。

昔、纏向《まきむく》の日代《ひしろ》の宮で天下をお治めになった大足彦《おおたらしひこ》の天皇（景行《けいこう》天皇）が、珠磨贈於《くまそ》を征伐して凱旋《がいせん》なさった時に、筑後の国生葉《いくは》の行宮《かりみや》を出発され、この郡においでになった。ここに神がいて、名を久津媛《ひさつひめ》という。人の姿になってお出迎え申し、この地域の状態を整然とご報告申した。これによって久津媛の郡といった。今、日田《ひだ》の郡というのは、訛《なま》ったのである。

石井の郷《さと》。〔郡の役所の南にある〕昔、この村に土蜘蛛《つちぐも》のとりでがあった。石を使わず、土で築いていた。これによって名づけて無石《いしなし》のとりでと言った。後《のち》の人が石井の郷というのは、誤っているのである。

しゃった。その上に姓《かばね》を賜って、豊国の直《あたい》といった。こういうわけで豊国というのである。後《のち》、豊前・豊後の二つの国に分けて、こちらは豊後の国を名とした。

日田《ひた》の郡《こおり》。郷《さと》は五所、里《こざと》は十四　駅《うまや》は一所。

昔、纏向《まきむく》の日代《ひしろ》の宮で天下をお治めになった大足彦《おおたらしひこ》の天皇（景行《けいこう》天皇）が、球磨贈於《くまそ》を征伐して凱旋《がいせん》なさった時に、筑後の国生葉《いくは》の行宮《かりみや》を出発し、この郡においでになった。ここに神がいた。名を久津媛《ひさつひめ》という。人の姿となって参上してお出迎えし、この土地の状態を整理してご報告申し上げた。これによって久津媛の郡といった。今、日田《ひた》の郡というのは、訛《なま》ったのである。

石井の郷《さと》。郡の役所の南にある　昔、この村に土蜘蛛《つちぐも》のとりでがあった。石を使わず、土で築いていた。これによって名づけて無石《いしなし》のとりでと言った。後《のち》の人が石井の郷というのは、誤っているのである。

郷《さと》の中に河が流れていて、名を阿蘇川《あそがわ》という。その源は肥後の国の阿蘇の郡《こおり》の少国《おぐに》の峰から出て、流れてこの郷に来て、球珠川《くすがわ》に通じ、合流して一つの川になって名を日田川《ひだがわ》と変える。年魚《あゆ》がたくさんいる。最後は、筑前・筑後などの国を通り過ぎて、西の海に入る。

鏡坂《かがみさか》。〔郡の役所の西にある〕昔、纏向《まきむく》の日代《ひしろ》の宮で天下をお治めになった大足彦《おおたらしひこ》の天皇（景行《けいこう》天皇）が、この坂の上に登り、地域の形勢をご覧になって、そこで仰せられたことには、「この地の形は、鏡の面にとてもよく似ているなあ」とおっしゃった。これによって鏡坂という。これがその由来である。

靫編《ゆぎあみ》の郷。〔郡の役所の東南にある〕昔、磯城嶋《しきしま》の宮で天下をお治めになった天国排開広庭《あめくにおしはるきひろにわ》の天皇（欽明《きんめい》天皇）のみ世に、早部《くさかべ》の君《きみ》らの祖である邑阿自《おおあじ》が、靫部《ゆぎべ》としてお仕え申した。その邑阿自が、この村に来て、家を造って住んでいた。これによって名を靫負《ゆぎおい》の村という。後世の人が名を改めて靫編の郷という。

郷《さと》の中に河が流れている。名を阿蘇川《あそがわ》という。その源は肥後の国の阿蘇の郡《こおり》の少国《おぐに》の峰から出て、流れてこの郷に来ている。球珠川《くすがわ》に通じ、合流して一つの川となっている。名を日田川《ひだがわ》と言う。年魚《あゆ》がたくさんいる。最後は、筑前・筑後などの国を通り過ぎて、西の海に入る。

鏡坂《かがみざか》。郡の役所の西にある　昔、纏向《まきむく》の日代《ひしろ》の宮で天下をお治めになった天皇（景行《けいこう》天皇）が、この坂の上に登り、土地の形状をご覧になって、勅しておっしゃったことには、「この地の形は、鏡の面に似ているなあ」とおっしゃった。これによって鏡坂という。これがその由来である。

靫編《ゆぎあみ》の郷。郡の役所の東南にある　昔、磯城嶋《しきしま》の宮で天下をお治めになった天国排開広庭《あめくにおしはるきひろにわ》の天皇（欽明《きんめい》天皇）のみ世に、早部《くさかべ》の君《きみ》らの祖である邑阿自《おおあじ》が、靫部《ゆきべ》としてお仕え申した。その邑阿自が、この村に来て、家を造って住んでいた。これによって名を靫負《ゆぎおい》の村という。後の人が名を改めて靫編の郷という。

郷の中に川が流れていて、名を球珠川《くすがわ》という。その源は球珠の郡の東南の山から出て、流れて石井の郷に来て、阿蘇川に通じ、合流して一つの川になる。今、日田《ひだ》川《がわ》というのは、この川である。

五馬山《いつまやま》。〔郡の役所の南にある〕昔、この山に土蜘蛛《つちぐも》がいて、名を五馬媛《いつまひめ》と言った。これによって五馬山という。飛鳥《あすか》の浄御原《きよみはら》の宮で天下を治めになった天皇（天武《てんむ》天皇）のみ世《よ》、戊寅《つちのえとら》の年（六七八）に、ひどく地震で揺れて、山も岡も裂けて崩れた。この山の一つの谷間は崩れ落ち、怒り狂った泉が、あちこちに（ほとばしり）出た。湯の気は火傷《やけど》しそうなほど熱く、飯を炊くのに使えば早く蒸し上がる。ただ、一所の湯は、その穴が井に似ている。口の直径は一丈余り、深いか浅いかはわからない。水の色は濃い藍色《あいいろ》のようであるが、ふだんは流れない。人の声を聞けば、驚き怒って泥を奔騰《ほんとう》させること、一丈余りほどである。今、いかり湯というのは、ここである。

郷の中に川が流れている。球珠川《くすがわ》という。その源は球珠の郡の東南の山から出て、流れて石井の郷に来て、阿蘇川に通じ、合流して一つの川となる。今、日田川《ひたがわ》というのは、訛っているのである。

五馬山《いつまやま》。郡の役所の南にある　昔、この山に土蜘蛛《つちぐも》がいた。名を五馬媛《いつまひめ》といった。これによって五馬山という。飛鳥《あすか》の浄御原《きよみはら》の宮で天下を治めになった天皇（天武《てんむ》天皇）の御世、戊寅《つちのえとら》の年（六七八）に、大きな地震で揺れて、山も岡も裂けて崩れた。この山の一つの谷間は崩れ落ち、怒り狂った泉が、あちらこちらに吹き出した。湯の気は盛んで熱く、飯を炊くのに使えば早く炊き上がる。ただ、一所の湯は、その穴が井に似ている。穴の口の直径は約三メートル余り、深いか浅いかわからない。水の色は濃い藍色《あいいろ》のようであり、いつも流れてはいない。人の声を聞くと、驚き怒って泥を噴き騰げること、約三メートルほどである。今、いかり湯というのは、これである。

〔三〕球珠《くす》の郡《こほり》。郷《さと》は三所、〔里《こざと》は九〕駅《うまや》は一所である。

昔、この村にとても大きな樟《くす》の木があった。これによって球珠《くす》の郡という。

〔四〕直入《なおり》の郡。郷は四所、〔里《こざと》は十〕駅は一所である。

昔、郡の役所の東にある垂水《たるみ》の村に、桑が生えていた。その高さはきわめて高く、枝も幹もまっすぐで、端正な美しさがあったので、土地の人は、直桑《なおくわ》の村といっていた。のちの人が改めて直入の郡といっているが、それがここである。

柏原《かしわばら》の郷。〔郡の役所の南にある〕昔、この郷に柏の木がとてもたくさん生えていた。これによって柏原の郷という。

祢疑野《ねぎの》。〔柏原の郷の南にある〕昔、纏向《まきむく》の日代《ひしろ》の宮で天下をお治めになった天皇（景行《けいこう》天皇）がおいでになった時に、この野に土蜘蛛《つちぐも》がいて、それは名を打猨《うちさる》・八田《やた》・国摩侶《くにまろ》という者ども三人であった。天皇は、ご自身でこ

球珠《くす》の郡《こほり》。郷《さと》は三所、里《こざと》は九　駅《うまや》は一所である。

昔、この村にとても大きな樟《くす》の木があった。これによって球珠《くす》の郡という。

直入《なおり》の郡。郷は四所、里《こざと》は十　駅は一所である。

昔、郡の役所の東にある垂氷の村に、桑が生えていた。その高さはきわめて高く、枝も幹もまっすぐで、美しかった。それで土地の人は、直桑《なおくわ》の村といった。後の人が改めて直入の郡といっているのは、これである。

柏原《かしわばら》の郷。郡の役所の南にある　昔、この郷に柏の木がとてもたくさん生えていた。これによって柏原の郷という。

祢疑野《ねぎの》。柏原の野の南にある　昔、纏向《まきむく》の日代《ひしろ》の宮で天下をお治めになった天皇（景行《けいこう》天皇）がおいでになった時に、この野に土蜘蛛《つちぐも》がいた。名を打猨《うちさる》・八田《やた》・国摩侶《くにまろ》という三人であった。天皇は、ご自身でこの賊を討とう

の賊を討とうとお思いになって、この野にいらっしゃって、お言葉を賜り、兵士たちを全員ねぎらいたもうた。これによって祢疑野《ねぎの》というが、それがここである。

蹶石野《ふみいしの》。〔柏原《かしわばら》の郷《さと》の中にある〕同じ天皇が、土蜘蛛の賊を討とうとお思いになって、柏峡《かしわお》の大野においでになった。野の中に石があり、それは長さ六尺、幅三尺、厚さ一尺五寸であった。天皇が、神意を問うために祈られたことには、「わたしは、この賊を滅ぼそうという意志のもとにこの石を踏むので、聞き届けられるならば、たとえば（風に吹かれる）柏の葉のように（軽々と舞い）あがれ」とおっしゃって、ただちに踏まれると、石がまるで柏の葉のように舞いあがった。これによって蹶石野《ふみいしの》という。

球覃《くたみ》の郷《さと》。〔郡《こおり》の役所の北にある〕この村に泉がある。同じ（景行）天皇が、おいでになった時に、お食事の用意をする人が、御飲物にしようと泉の水を従者に汲《く》ませたところ、そこには蛇龗〔於箇美《おかみ》という〕がいた。このとき、天皇がおっしゃったことには、「きっと臭いにお

とお思いになって、この野にいらっしゃって、お言葉を発して、兵士たちを全員ねぎらいなさった。それで祢疑《ねぎ》野《の》という、それがここである。

蹶石野《ほむしの》。柏原《かしわばら》の郷《さと》の中にある　同じ天皇が、土蜘蛛の賊を討とうとお思いになって、柏峡《かしわお》の大野においでになった。野の中に石があった。それは長さ約百八〇センチメートル、幅約九〇センチメートル、厚さ約三三センチメートルであった。天皇が、ウケヒをしておっしゃることには、「私は、この賊を滅ぼすのに成功するしるしとして、この石を踏めば、たとえば柏の葉のようになれ」とおっしゃって踏まれると、石は柏の葉のように舞いあがった。これによって蹶石野という。

球覃《くたみ》の郷《さと》。郡《こおり》の役所の北にある　この村に泉がある。同じ（景行）天皇が、おいでになった時に、お食事の用意をする人が、御飲物にしようと泉の水を従者に汲《く》ませたところ、そこには蛇龗　オカミという　がいた。このとき、天皇がおっしゃったことには、「きっと臭いにおい

いがするはずだ。決して汲んで使ってはならない」と仰せられた。これによって名を臭泉《くさいずみ》といい、これによって村の名とした。今、球覃の郷というのは、訛《なま》っているのである。

宮処野《みやこの》。〔朽網《くたみ》の郷にある野である〕同じ天皇が、土蜘《つちぐ》蛛《も》を征伐しようとお思いになった時に、行宮《かりみや》をこの野に起工された。こういうわけで、名を宮処野という。

救覃の峰。〔郡の役所の北にある〕この峰の頂に、火がいつも燃え続けている。麓《ふもと》にいくつかの川があり、名を神の河という。また、二つの湯の河があり、流れて神の河にそそぎ入る。

〔五〕大野の郡《こおり》。

郷《さと》は四所、〔里《こざと》は十二〕駅《うまや》は二所、烽《とぶひ》は一所である。

この郡の管轄は、ことごとく原野ばかりである。これによって、名づけて大野の郡という。

海石榴市《つばいち》・血田《ちだ》。〔ともに郡の役所の南にある〕昔、纏《まき》向《むく》の日代《ひしろ》の宮で天下をお治めになった天皇〔景行《けいこう》天皇〕

がするはずだ。決して汲んで使ってはならない」とおっしゃった。これによって名を臭泉《くさいずみ》といい、村の名とした。今、球覃の郷というのは、訛《なま》っているのである。

宮処野《みやこの》。朽網《くたみ》の郷にある野である　同じ天皇が、土蜘蛛《つちぐも》を征伐しようとお思いになった時に、行宮《かりみや》をこの野に建てなさった。こういうわけで、名を宮処野という。

救覃の峰。郡の役所の南にある　この峰の頂に、火がいつも燃え続けている。麓《ふもと》にいくつかの川がある。名を神の河という。また、二つの湯の河があり、流れて神の河に合流する。

大野の郡《こおり》。郷《さと》は四所、里《こざと》は十一　駅《うまや》は二所、烽《とぶひ》は一所である。

この郡の管轄内は、ことごとく原野ばかりである。これによって、名づけて大野の郡という。

海石榴市《つばいち》・血田《ちだ》。ともに郡の役所の南にある　昔、纏向《まきむく》の日代《ひしろ》の宮で天下をお治めになった天皇（景行《けいこう》天皇）が、が、球覃《くたみ》の行宮《かりみや》においでになった。そこで鼠《ねずみ》の岩屋の土《つち》蜘蛛《ぐも》を責めて討とうとお思いになって、部下にお言葉を賜り、海石榴《つばき》の樹《き》を伐りとって槌《つち》に作って武器とし、ただちに勇猛な兵士を選んで、武器の槌を授けて、山に穴をあけ草を押し倒して進み、土蜘蛛を襲って、全部を罰して殺させられた。流れる大量の血はくるぶしが没するほどの深さになった。その槌に作った所を、海石榴市《つばいち》といい、また血を流した所を、血田という。

網磯野《あみしの》。〔郡の役所の西南にある〕同じ天皇が、おいでになった時に、この地に土蜘蛛がいて、それは名を小竹鹿奥〔志努汗意枳《しのかおき》という〕・小竹鹿臣《しのかおみ》といった。この土蜘蛛二人が、御食事を作ろうとして、狩りを催したが、その狩人の声がとてもやかましかった。天皇がおっしゃったことには「大囂《あなみす》（ひどくやかましいぞ）〔阿那《あな》美須《みす》という〕」と仰せられた。これによって大囂《あなみす》野といった。今、網磯野《あみしの》というのは、訛《なま》っているのである。

球覃《くたみ》の行宮《かりみや》においでになった。そこで鼠《ねずみ》の岩屋の土蜘蛛《つちぐも》を撃とうとお思いになって、部下にお命じになって、海石榴《つばき》の木《き》を伐りとって槌《つち》に作って武器とし、ただちに勇猛な兵士を選んで、武器の槌を授けて、山に穴をあけ草を押し倒して、土蜘蛛を襲って、皆を罰して殺させなさった。流れる血はくるぶしが没するほどの量であった。その槌に作ったところを海石榴市《つばいち》といい、また血を流した所を、血田という。

網磯野《あみしの》。郡の役所の西南にある　同じ天皇が、おいでになった時に、この地に土蜘蛛がいて、名を小竹鹿奥　シノカオキという　小竹鹿臣《しのかおみ》といった。この土蜘蛛二人が、御食事を作ろうとして、狩りを催したが、その狩人の声がとてもやかましかった。天皇がおっしゃったことには、「ひどくやかましいぞ　アナミスという」とおっしゃった。これによって大囂野《あなみすの》といった。今、網磯野《あみしの》というのは、訛《なま》っているのである。

〔六〕海部《あま》の郡《こおり》。

郷《さと》は四所、〔里《こざと》は十二〕駅《うまや》は一所、烽《とぶひ》は二所である。

この郡の民は、みな海辺のアマ（漁師）である。これによって海部の郡という。

丹生《にう》の郷。〔郡の役所の西にある〕昔の人が、この山の砂を採取して丹に（朱沙）と誤った。これによって丹生《にう》の郷《さと》という。

佐尉《さい》の郷。〔郡の役所の東にある〕この郷のもとの名は酒井《さかい》であった。今、佐尉の郷というのは、訛《なま》っているのである。

穂門《ほと》の郷。〔郡の役所の南にある〕昔、纏向《まきむく》の日代《ひしろ》の宮で天下をお治めになった天皇（景行《けいこう》天皇）が、御船《みふね》をこの湾の入口に停泊させられたところ、海の底に海藻《め》がとてもたくさん生えていて、形がすらりとして端麗であった。そこでおっしゃったことには、「最勝海藻《ほつめ》〔保都米《ほつめ》という〕を取れ」と仰せられた。つまり御食料に奉らせられたのであった。これによって最勝海藻の門《と》という。

海部《あま》の郡《こおり》。郷《さと》は四所、里《こざと》は十二　駅《うまや》は一所、烽《とぶひ》は二所である。

この郡の人民はみな海辺の海人（漁師）である。これによって海部の郡という。

丹生《にう》の郷。郡の役所の西にある　昔の人が、この山の砂を採取して丹（朱沙）にあてた。これによって丹生《にう》の郷《さと》という。

佐尉《さい》の郷。郡の役所の東にある　この郷のもとの名は酒《さか》井《い》であった。今、佐尉の郷というのは、訛《なま》っているのである。

穂門《ほと》の郡。郡の役所の南にある　昔、纏向《まきむく》の日代《ひしろ》の宮で天下をお治めになった天皇（景行《けいこう》天皇）が、御船《みふね》をこの湾の入口に停泊なさったところ、海の底に海藻《め》がとてもたくさん生えていて、形が長くて端麗であった。そこでおっしゃったことには、「最もすぐれた海藻　ホツメという　を取れ」とおっしゃって御食料に奉らせられたのであった。これによって最勝海藻の門《と》という。今、穂門と

今、穂門というのは、訛っているのである。

〔七〕大分の郡。
郷は九所、〔里は二十五〕駅は一所、烽は一所〔一つは僧の寺、一つは尼の寺〕である。

昔、纏向の日代の宮で天下をお治めになった天皇（景行天皇）が、豊前の国の京都の行宮から、この郡においでになり、地域の状況をご覧になって、讃嘆しておっしゃったことには、「なんと広く大きいものだ、この郡は。碩田の国〔碩田をば大分という〕と名づけるがよい」と仰せられた。今、大分というが、これがその由来である。

大分河。〔郡の役所の南にある〕この河の源は、直入の郡にある朽網の峰から出て、東に向かって下り流れ、この郡を通りぬけて、最後は東の海に入る。これによって大分川という。年魚がとてもたくさんいる。

酒水。〔郡の役所の西にある〕この水の源は、郡の役所の西にある柏野の岩の中から出て、南に向かって下り流れる。その色はふつうの水のようで、味は少しばかり酸い。これを薬に使って痂癬《はたけ》〔胖太気《はたけ》という〕を治すことができる。

〔八〕速見《はやみ》の郡。

郷《さと》は五所、〔里《こざと》は十三〕駅《うまや》は二所、烽《とぶひ》は一所である。

昔、纏向《まきむく》の日代《ひしろ》の宮で天下をお治めになった天皇〔景行天皇〕が、球磨贈於《くまそ》を責めて討とうと思われて、筑紫《つくし》においでになり、周防《すおう》の国佐婆津《さばつ》から船出してお渡りになって、海部《あま》の郡宮浦《みやうら》に停泊された。ちょうどその時、この村に女人がいて、名を速津媛《はやつひめ》といい、その村の長であった。さて天皇のおいでになるのを聞いて、自身で迎え奉って、申しあげて言うのには、「この山に大きな岩屋がありまして、名を鼠《ねずみ》の岩屋といい、土蜘蛛《つちぐも》が二人住んでおります。その名を青《あお》・白《しろ》といいます。また、直入《なおり》の郡《こおり》祢疑野《ねぎの》に、土蜘蛛が三人おり、その名を打猨《うちざる》・八田《やた》・国摩侶《くにまろ》といいます。この五人は、みなそれぞれ人柄が荒っぽく、手下の者どももまた大勢おります。みな、そ

る。その色はふつうの水のようで、味は少しばかり酸い。これを使って痂癬《はたけ》　ハタケという　を治すことができる。

速見《はやみ》の郡。郷《さと》は五所、里《こざと》は十三　駅《うまや》は二所、烽《とぶひ》は一所である。

昔、纏向《まきむく》の日代《ひしろ》の宮で天下をお治めになった天皇〔景行天皇〕が、クマソを責めて討とうと思われて、筑紫《つくし》においでになった。周防《すおう》の国佐婆津《さばつ》から船出してお渡りになって、海部《あま》の郡の宮浦《みやうら》に停泊された。その時、この村に女人がいて、名を速津媛《はやつひめ》といった。その村の長であった。天皇のおいでになるのを聞いて、自身で迎え奉って、申しあげて言うには、「この山に大きな岩屋があります。名を鼠《ねずみ》の岩屋といいます。土蜘蛛《つちぐも》が二人住んでおります。その名を青《あお》・白《しろ》といいます。また、直入《なおり》の郡《こおり》の祢疑野《ねぎの》に、土蜘蛛が三人います。その名を打猨《うちざる》・八田《やた》・国摩侶《くにまろ》といいます。この五人は、みなそれぞれ人性が強暴で、手下の者どももまた大勢おります。みな、そしっ

しって言うことには、『天皇の命令に従うまいぞ』といっております。もしむりやりに召されますと、兵を集めて抵抗申すでありましょう」と申した。そこで、天皇は兵士をつかわして、その敵の大切な拠点の交通をさえぎって、全部罪人として殺してしまわれた。これによって名を速津媛の国といった。後の人が改めて速見《はやみ》の郡《こおり》といっている。

赤湯《あかゆ》の泉。〔郡の役所の西北にある〕この湯の湧《わ》く穴は、郡の役所の西北にある竈門山《かまどやま》にある。その周囲は十五丈ばかりである。湯の色は赤くて泥土がある。これを使って家の柱を塗るのにちょうどよい。泥が流れて外に出ると、色が変わって清水になり、東に向かって下り流れる。これによって赤湯の泉という。

玖倍理湯《くべりゆ》の井。〔郡の役所の西にある〕この湯の井は、郡の西にある河直山《かわなおやま》の東の岸にある。口の直径は一丈余りである。湯の色は黒く、泥は、ふだんは流れていない。人がこっそりと井のあたりに行って、大声を出して叫べば、驚き鳴って湧《わ》きかえり、奔騰《ほんとう》すること二丈余りほど

て言うことには、『天皇の命令には従うまい。もしむりやりに従わせようとすると、兵を集めて抵抗するだろう』と言っています」と申し上げた。そこで、天皇は兵士をつかわして、その敵の要害をさえぎって、ことごとく討ち滅ぼしてしまわれた。これによって名を速津媛の国といった。後の人は改めて速見《はやみ》の郡《こおり》といっている。

赤湯《あかゆ》の泉。郡の役所の西北にある　この湯の湧《わ》く穴は、郡の役所の西北にある竈門山《かまどやま》にある。その周囲は四五メートルばかりである。湯の色は赤くて泥土がある。これを使って家の柱を塗るのに充分である。泥が流れて外に出ると、色が変わって清水になり、東に向かって下り流れる。これによって赤湯の泉という。

玖倍理湯《くべりゆ》の井。郡の役所の西にある　この湯の井は、郡の西にある河直山《かわなおやま》の東の岸にある。井の口の直径は三メートル余りである。湯の色は黒く、泥は、ふだんは流れていない。人がこっそりと井のあたりに行って、大声を出して叫べば、驚き鳴って湧《わ》きかえり、ほとばしるこ

である。その湯気は火の燃えるように熱く、向かって近づくことができない。あたりの草木は、すっかり枯れたりしおれたりしている。これによって慍湯《いかりゆ》の井という。土地の言葉では玖倍理湯《くべりゆ》の井という。

柚富《ゆふ》の郷《さと》。〔郡《こおり》の役所の西にある〕この郷の中に、栲《たく》の樹がたくさん生えている。いつも栲《たく》の皮を採って、木綿《ゆう》を造る。これによって柚富の郷という。

柚富の峰。〔柚富の郷の東北にある〕この峰の頂に石室がある。その深さ十丈余り、高さ八丈四尺、広さは三丈余りである。常に水の凍ったのがあって、夏を経ても溶けない。いったい柚富の郷は、この峰に近いところにある。これによって峰の名とした。

頸《くび》の峰。〔柚富の峰の西南にある〕この峰の下に、水田がある。もとの名は宅田《やけだ》であった。この田の苗を、鹿が来ていつも食っていた。田主《たぬし》が、柵《さく》を造って様子をみながら待っていると、鹿がやってきて、自分の頸をあげて、柵の間にすっぽりと入れて、苗を食った。田主は、鹿を捕まえて、その頸を斬《き》ろうとした。その時、鹿が助けを

と六メートルほどである。その湯気は火の燃えるように熱く、向かって近づくことができない。あたりの草木は、すっかり枯れたりしおれたりしている。これによって慍《いかり》湯《ゆ》の井という。土地の言葉では玖倍理《くべり》湯《ゆ》の井という。

柚富《ゆふ》の郷《さと》。郡《こおり》の役所の西にある　この郷の中に、栲《たく》の樹がたくさん生えている。いつも栲の皮を採って、木綿《ゆう》を造る。これによって柚富の郷という。

柚富の峰。柚富の郷の東北にある　この峰の頂に石室がある。その深さ約三〇メートル、高さ約三メートル、広さは約九メートルである。常に水の凍ったのがあって、夏をすぎても溶けない。すべて柚富の郷は、この峰に近いところにある。これによって峰の名とする。

頸《くび》の峰。柚富の峰の西南にある　この峰の下に水田がある。もとの名は宅田《やけだ》である。この田の苗を、鹿が来ていつも食っていた。田主《たぬし》が、柵《さく》を造って様子を窺い待っていた。すると鹿がやってきて、自分の頸をあげて、柵の間に突っ込んで、苗を食った。田主は、鹿を捕まえて、その頸を斬《き》ろうとした。その時、鹿が許しを乞《こ》うて言っ

乞《こ》うて言ったことには、「わたしは、いま誓いを立てます。わたしの死に値する重い罪をお許しください。もし大きなお恵みを与えられて、生きのびることができましたら、わたしの子孫に苗を絶対に食べてはならないと申します」といった。田主は、そこで、全くふしぎなことだと思い、放免して斬らなかった。この時以来、この田の苗は、鹿に食われなくなり、その実りを完全に得られる。これによって頸田《くびた》といい、また、そこの峰の名とした。

田野《たの》。〔郡の役所の西南にある〕この野は広々として、土地がよく肥えている。田を開墾するよさは、ここの土地に比べられるものがない。昔、郡内の民が、この野に住んで、多くの水田を開墾したが、自分たちの食糧には余って、（刈った稲を）畝《うね》に置いたままにしておき、自分の富にひどく思いあがって得意になり、（その挙句、）餅を作って弓の的として遊んだ。その時、餅が白鳥に姿が変わり、南をさして飛び去った。その年の間に、農民たちは死に絶えて、水田を耕作する者なく、けっきょく

たことには、「私は、いま誓いを立てます。私の死に値する重い罪をお許しください。もし大きなお恵みを下さって、生きのびることができましたら、私の子孫に苗を絶対に食べてはならないと伝えます」と言った。田主は、そこで、たいそうふしぎなことだと思い、放免して斬らなかった。この時以来、この田の苗は、鹿に食われなくなり、その実りを得ている。これによって頸田《くびた》といい、また、そこの峰の名とした。

田野《たの》。郡の役所の西南にある　この野は広々として大きく、土地がよく肥えている。田を開墾する便のよさは、ここの土地に比べられるものがない。昔、郡内の人民が、この野に住んで、多くの水田を開墾した。自分たちの食糧には余って、（刈った稲を）畝《うね》に置いたままにしておき、自分等の富にひどく思いあがって得意になり、（その挙句、）餅を作って弓の的として遊んだ。その時、餅が白鳥の姿に変わり、南をさして飛び去った。その年の間に、人民たちは皆死に絶えて、水田を耕作する者な

荒野になってしまった。その時から後、水田に適しない。今、田野というが、これがその由来である。

〔九〕国埼《くにさき》の郡《こおり》

郷《さと》は六所〔里《こざと》は十六〕である。

昔、纏向《まきむく》の日代《ひしろ》の宮で天下をお治めになった天皇（景《けい》行《こう》天皇）の御船《みふね》が、周防《すおう》の国佐婆津《さばつ》から出発して、海をお渡りになったが、遙かにこの国をご覧になっておっしゃったことには、「その、見えるものは、ひょっとして国のサキ（岬）ではないか」と仰せられた。これによって国埼《くにさき》の郡《こおり》という。

伊美《いみ》の郷《さと》。〔郡の役所の北にある〕同じ天皇が、この村においでになって、おっしゃったことには、「この国は、都からの道が遥かに遠く、山はけわしく谷は深くて、行き来する人もほとんどない。さてここに国を見ることが今やっとできた」と仰せられた。これによって国見《くにみ》の村という。今、伊美の郷というのは、それが訛《なま》っているの

く、とうとう荒野になってしまった。その時から後、この地は水田に適していない。今、田野という、これがその由来である。

国埼《くにさき》の郡《こおり》。郷《さと》は六所　里《こざと》は十六　である。

昔、纏向《まきむく》の日代《ひしろ》の宮で天下をお治めになった天皇（景《けい》行《こう》天皇）の御船《みふね》が、周防《すおう》の国佐婆津《さばつ》から出発して、海をお渡りになった。その時、遙かにこの国をご覧になっておっしゃったことには、「その、見えるものは、ひょっとして国のサキ（岬）ではないか」とおっしゃった。これによって国埼《くにさき》の郡《こおり》という。

伊美《いみ》の郡《さと》（ママ）。郡の役所の北にある　同じ天皇（景行天皇）が、この村においでになって、おっしゃったことには、「この国は都からの道が遥かに遠く、山谷はけわしく深くて、行き来する人もほとんどない。今その国を見ることがやっとできた」とおっしゃった。これによって国見《くにみ》の村という。今、伊美の郷というのは、それが訛《なま》ってい

である。（植垣節也校注・訳新編日本古典文学全集5『風土記』二八四〜三〇五頁より引用）

るのである。（中村啓信監修・訳注『風土記』下四〇〜五〇頁より引用）

これをご覧いただけば、いかに両現代語訳がよく似ているかおわかりいただけると思う。とくに、総記・速水郡総記・同郡赤湯泉・同郡玖倍理《くべりゅ》湯井の箇所などは、植垣訳とほとんど渝るところがないのには唖然とする。日田郡の鏡坂条などは、植垣訳に、

【植垣訳】鏡坂《かがみさか》。〔郡の役所の西にある〕昔、纏向《まきむく》の日代《ひしろ》の宮で天下をお治めになった大足彦《おおたらしひこ》の天皇（景行《けいこう》天皇）が、この坂の上に登り、地域の形勢をご覧になって、そこで仰せられたことには、「この地の形は、鏡の面に似ているなあ」とおっしゃった。これによって鏡坂という。これがその由来である。

とある箇所が、谷口訳では、

【谷口訳】鏡坂《かがみざか》。郡の役所の西にある　昔、纏向《まきむく》の日代《ひしろ》の宮で天下をお治めになった天皇《（ママ）》（景行《けいこう》天皇）が、この坂の上に登り、土地の形状をご覧になって、勅しておっしゃったことには、「この地の形は、鏡の面に似ているなあ」とおっしゃった。これによって鏡坂という。これがその由来である。

となっている。また、大野郡、海石榴市《つばいち》・血田《ちだ》条では、

【植垣訳】海石榴市《つばいち》・血田《ちだ》。〔ともに郡の役所の南にある〕昔、纏向《まきむく》の日代《ひしろ》の宮で天下をお治めになった天皇（景《けい》行《こう》天皇）が、球覃《くたみ》の行宮《かりみや》においでになった。そこで鼠《ねずみ》の岩屋の土蜘蛛《つちぐも》を責めて討とうとお思いになって、部下に

お言葉を賜り、海石榴《つばき》の樹を伐《き》りとって槌《つち》に作って武器とし、ただちに勇猛な兵士を選んで、武器の槌を授けて、山に穴をあけ草を押し倒して進み、土蜘蛛を襲って、全部を罰して殺させられた。流れる大量の血はくるぶしが没するほどの深さになった。その槌に作った所を、海石榴市《つばいち》といい、また血を流した所を、血田という。

とある箇所が、

【谷口訳】海石榴市《つばいち》・血田《ちだ》。ともに郡の役所の南にある　昔、纏向《まきむく》の日代《ひしろ》の宮で天下をお治めになった天皇（景行《けいこう》天皇）が、球覃《くたみ》の行宮《かりみや》においでになった。そこで鼠《ねずみ》の岩屋の土蜘蛛《つちぐも》を撃とうとお思いになって、部下にお命じになって、海石榴《つばき》の木を伐《き》りとって槌《つち》に作って武器とし、ただちに勇猛な兵士を選んで、武器の槌を授けて、山に穴をあけ草を押し倒して、土蜘蛛を襲って、皆を罰して殺させなさった。流れる血はくるぶしが没するほどの量であった。その槌に作ったところを海石榴市《つばいち》といい、また血を流した所を、血田という。

となっている。『豊後国風土記』の原文は素直な文体で、誰が現代語訳してもある程度一致するのはやむを得ないことである（とくに、固有名詞などは一致して当然である）。そこが、すでに訳文の存在する風土記の現代語訳のつらいところであり、この点で、筆者は谷口氏に同情的である。ただ、ここまで言い回しが酷似していると、谷口訳は植垣訳をほぼそのまま転用したものであると断定せざるをえない。とくに、ルビの附されている箇所までがことごとく一致しているのは、転用とみなす動かぬ証拠である。

このほかにも、**【植垣訳】**→**【谷口訳】**という露骨な転用を示す例としては、直入郡、球覃郷《くたみのさと》条の以下の訳文である。

【植垣訳】球覃《くたみ》の郷《さと》。〔郡《こおり》の役所の北にある〕この村に泉がある。同じ（景行）天皇が、おいでになった時に、お食事の用意をする人が、御飲物にしようと泉の水を従者に汲《く》ませたところ、そこには蛇龗〔於箇美《おかみ》という〕がいた。このとき、天皇がおっしゃったことには、「きっと臭いにおいがするはずだ。決して汲んで使ってはならない」

と仰せられた。これによって名を臭泉《くさいずみ》といい、これによって村の名とした。今、球覃の郷というのは、訛《なま》っているのである。

【谷口訳】球覃《くたみ》の郷《さと》。郡《こおり》の役所の北にある　この村に泉がある。同じ（景行）天皇が、おいでになった時に、お食事の用意をする人が、御飲物にしようと泉の水を従者に汲《く》ませたところ、そこには蛇龗　オカミという　がいた。このとき、天皇がおっしゃったことには、「きっと臭いにおいがするはずだ。決して汲んで使ってはならない」とおっしゃった。これによって名を臭泉《くさいずみ》といい、村の名とした。今、球覃の郷というのは、訛《なま》っているのである。

文章・ルビがほぼ一致するのはさきの二例と同様だが、転用がよくわかるのは傍線部分の表現である。『豊後国風土記』には景行天皇の名が頻出するが、同一条内で天皇名が二度繰り返される場合には「同天皇」と記されるのが通例である。『肥前国風土記』もそうだが、こうした原則は風土記全文を通じてよく守られている。西海道の風土記は最終的に大宰府で編纂・調整されたといわれているが、そうした推測を裏づけるかのような整然とした表記である。

それはともかく、植垣節也氏は、ご自身の訳のなかで、原文の「同天皇」は「同じ天皇」と訳するのがつねである。そこにわざわざ天皇名を括弧に括って補足することはない。ところが、唯一の例外が、右の球覃郷条である。ここでは「同じ（景行）天皇」というように、括弧のなかに天皇名を注記しているのである。いっぽう、谷口訳はどうかというと、こちらも原文の「同天皇」は「同じ天皇」と訳すのをつねとしているのだが、例外的にこの条だけ「同じ（景行）天皇」と植垣訳とおなじ表記を採用しているのである。

これを偶然の一致と言い逃れるのはできないのであって、遺憾ながら、谷口訳は植垣訳をほぼそのまま無断で転用したものと判断せざるをえないのである。あるいは版元の小学館やご遺族の許可を得られたのかも知れないが、本書のどこにもそのことは記されていないので、われわれ第三者がこれを「無断転用」と称しても、それは谷口氏への誹謗中傷というにはあたらないであろう。

無論、谷口訳もすべてが植垣訳を転用したわけではない。部分的に字句は変えたところが見受けられ、そこに若干の創意が看取される箇所も皆無ではない。とくに、寸法に関してはメートル法に換算して示しているところなどは谷口訳の工夫である。ただ、他の多くの文言の一致は否定できないのである。

思うに、谷口氏は、本書の新訳を試みるにあたって、まず植垣訳を入力・データ化し、それを「討覈」しようとしたのだが、なんらかの理由で、じゅうぶん実行できなかったのではなかろうか。

三、小括

最初に本書をみたとき、『豊後国風土記』は植垣訳を転載したものかと思った。ただ、凡例その他をみても、そうした断わりもなく、細かく検討してみると、ところどころ訳がちがっている箇所も見受けられる。しかし、オリジナルな新訳というには、あまりにも植垣氏の旧訳に酷似しているのである。

そこで、以下の二点について、谷口氏ご本人に確認したい。

（一）筆者の調査では、谷口訳は植垣訳をほぼそのまま転用したものだと思うが、この点に対するご自身の考えは如何。あくまで自身の手になる新訳だと主張されるのか。

（二）植垣訳を転用したことをお認めになるなら、どうして当該書のなかでそのことを断らないのか。六一頁の参考文献にさえ植垣訳をあげていないのはなぜなのか。

念のために申し上げておくが、筆者は無断転用を言い立てて、谷口氏を指弾しようというのではない（ただし、ご本人に思いあたる節があるなら、それは研究上の倫理観の缺如だから、深く反省していただきたいと思う）。それよりも、こうした安易な注釈書の出版は、風土記研究の進展に結びつかないのではないかと云いたいのである。谷口氏が独自に風土記を現代語訳した結果、どうしても植垣訳との一致を避けられなかったというなら、それはやむを得ないが、多くの読者が利用する最新の文庫において旧訳の域を出ない現代語訳など、あえて公開の必要などないようにも思う。

植垣節也先生はすでに平成二十五年に物故されたから、当然、この谷口訳のことはご存じない。しかし、もし先生がご存命で本書をご覧になったとしたら、どのように感じられただろうか。これは筆者の想像だが、無断借用を慷慨するよりも、自分の旧訳を超えるところの乏しいこの新訳を、研究の停滞として悲しまれるのではないだろうか。先生をよく知る一人として少なくとも筆者はそう感じる。

〔附記〕

『肥前国風土記』については、別に発表した拙稿「風土記の現代語訳について―谷口雅博氏訳『肥前国風土記』をめぐって―」（『古典と歴史』２、平成三十年十一月、本書所収）を参照されたい。

第四章　風土記の現代語訳について（二）

――谷口雅博氏訳『肥前国風土記』をめぐって――

一、はじめに―古典の現代語訳とは―

古典の現代語訳を実現するためには、クリアすべきいくつかの問題がある。

一つには、まず訳のもととなる原文を確定しておく必要がある。正確な現代語訳を作るためには、正しい本文が需《もと》められることは云うまでもないが、そのためには底本を決め、諸本を博捜して校訂をおこなわねばならない。幸い、風土記ではこの方面のテキスト研究はずいぶん進捗しているが、それでも風土記によっては原文の復元がむつかしいケースもある。

たとえば、『出雲国風土記』は、その複雑な転写の過程が災いして、脱文や誤字が少なくない。また、『播磨国風土記』なども、唯一の伝本である三條西家本に誤脱や判読不能の字体が多くあり、原文の確定がむつかしい場合がままある。『播磨国風土記』の記述の大部分は地名の起源説話で占められており、しかも大半は語呂合わせによるものだが、原文のままではなぜそのような地名が導かれるのか、よくわからないケースも少なくない。

他の風土記でも、実際に現代語訳をこころみると、あらためて原文の文字がこれでよいのかが気になることも少なくないのであって、風土記の現代語訳化は、スタート時点で大きなハンディを負っていると云えよう。

いま一つ問題なのは、風土記——実際には風土記だけでなく、漢文体の日本の古典全般に共通の問題だが——の現代語訳が、原文からの直接の飜訳ではなく、いわゆる読み下し文を介しておこなわれていることである。読み下し文とは、いわゆる漢文訓読の原則にしたがった古典中国語→日本語という一種の「飜訳」であって、日本では外国語の読解方法として長い歴史がある。漢文訓読についてはいろいろと批判もある。たしかに、「君子は其の知らざるところに於ては、蓋し闕如《けつじょ》す」（『論語』子路）、「豈《あに》身を愛すること桐梓に若《し》かざらんや。思わざるの甚だしきなり」（『孟子』告子上）といった一定の型に嵌った漢文調の文語文では、その場の雰囲気や会話の味をじゅうぶん出すことができない憾みがある。しかしながら、そもそも漢文訓読とは、本来外国語である中国古典語を日本語で読み解くための便法であって、生硬な飜訳と考えて使えば、それはそれで有用なものだと思う。

もっとも、『古事記』『日本書紀』、そして風土記といった古典の読み下し文では、中国の古典や漢詩とはちがう、独自の訓読文がひろく用いられている。たとえば、原文に敬語であることを示す文字がない場合でも、主体が神や天皇の場合、「したまふ」「のたまふ」と補読するのがつねである。現代語訳ではそれをそのまま「なさる」「仰せになる」などと敬語体に訳すことが定着している。ただ、実際はこれも原文の真意をどこまで反映したものかは疑わしい部分もある。山田宗睦《むねむつ》氏の『日本書紀』の現代語訳では、原文に敬語を示す文字が存在する場合のみそれを訳出する方針で臨んでいるが、それはそれで一つの見識である。

また、「詔《の》りたまはく」「曰《いわ》く」ではじまる会話文の末尾に「とのりたまふ」「といふ」と補読するようなケースもある。会話・引用を示すカギ括弧などの符号のなかった時代においては、引用・会話がそこで終わることを示すためには、こうした補読は欠かせないものであった。ただ、それをそのまま現代語訳に反映させてしまうと、ややくどいとの印象を免れないのであって、こなれた現代語訳にするには訓読文から乖離する勇気もときとして必要である。

『古事記』『日本書紀』は長期間にわたる研究の蓄積があり、現代語訳もかなりの数出版されている。では、風土記の場合はどうか。

風土記の現代語訳としてよく知られているのは、吉野裕《ゆたか》『風土記』（平凡社、昭和四十四年八月、のち平成十二年二月に平凡社ライブラリーに収録）である。同書は、五風土記については『古風土記集』（日本古典全集刊行会、大正十五年）を、逸文については久松潜一校注『風土記』（朝日新聞社、昭和三十五年十月）をそれぞれ底本としつつ、秋本吉郎校注日本古典文学大系2『風土記』（岩波書店、昭和三十三年四月）を参照した現代語訳で、風土記全般にわたる現代語訳は、本書をもって嚆矢となす。しかも、吉野訳はよく考え抜かれたものであって、風土記の現代語訳としては秀逸である。

その後、橋本政次編『現代文播磨国風土記』（播磨史籍刊行会、昭和三十四年十一月）・岡村広法『肥前国風土記考』（肥前国風土記考出版委員会、昭和四十五年十月）・河野辰男『口訳常陸国風土記』（崙書房、昭和五十三年十二月）・秋本吉徳『風土記（一）常陸国風土記』（講談社、昭和五十四年十二月）・人見暁郎『常陸国風土記入門』（敬文館、昭和五十五年二月〈序による〉）・『図説播磨国風土記への招待』（柏書房、昭和五十六年九月）・荻原千鶴全訳注『出雲国風土記』（講談社、平成十一年六月）・松本直彦『新典社注釈叢書13　出雲国風土記注釈』（新典社、平成十九年十一月）など、個別の現代語訳が出ているが、五風土記・逸文にわたる現代語訳を附したものとしては、植垣節也校注・訳新編日本古典文学全集5『風土記』（小学館、平成九年十月）を待たねばならなかった。同書は、風土記とその逸文の原文・

読み下し文・現代語訳・注釈を備えており、当時における風土記研究の到達点を示すものとして高く評価できる。こうした、すぐれた現代語訳が出たためか、その後、現代語訳まで完備した風土記の注釈書はなかなか刊行されることがなかった。

そうしたなか、近年、角川ソフィア文庫の一つとして中村啓信監修・訳注『風土記』上・下（角川書店、平成二十七年六月、以下「本書」と略称する）が上梓された。まことに慶ぶべきことである。同書は、文庫サイズでありながら、五風土記と風土記逸文について、原文・読み下し文・現代語訳・注釈、さらには索引まで、五拍子揃った注釈書である。意外かも知れないが、これらすべてを備えた注釈書は本書以前には存在しなかったのである。

それだけに刊行前から、本書に対する期待は大きかったのだが、実際に手にとってみると、失望させられる点が少なくなかった。その一端は、拙稿「風土記の注釈について―中村啓信監修・訳注『風土記』の刊行によせて―」（『皇學館論叢』第四十八巻第四号、平成二十七年八月）と「『出雲国風土記』の校訂本―角川ソフィア文庫『風土記』上の刊行に寄せて―（『史聚』第五十号、平成二十九年四月）で披露したとおりだが、これだけ風土記研究が飛躍的に進み、すぐれた研究の蓄積がなされているにもかかわらず、少なくとも同書は、そうした研究の先端をゆく注釈書だとは云いがたかった。

上記の二書評で取り上げたのは、おもにテキスト（とくに橋本雅之担当の『播磨国風土記』『出雲国風土記』）と、全体にわたる用語の注釈だったが、もっとも遺憾に思ったのは、現代語訳、具体的には谷口雅博氏担当の『豊後国風土記』『肥前国風土記』の現代語訳である。なにが遺憾かと云うと、この新訳が前述の植垣節也校注・訳新編日本古典文学全集5『風土記』の現代語訳をほぼそのまま借用したのではないかと疑われるからである。

谷口氏の新訳を「盗用」よばわりすることは気が進まず、この点についてはあえて拙評では言及しなかった。しかし、最近になって、同書については紙媒体だけでなく、Kindle版までが刊行されている事実を知り、このまま放擲するのもいかがなものかと考えるに至った。

ただ、筆者がここで両訳が酷似していると主張しても、現物をご覧になったことのないかたには、その異同がよくわからないだろうし、ことによると、筆者があらぬことを言い立てて谷口氏を貶めようとしているのではないかとさえ勘ぐられかねない。

そこで、小論では、谷口氏による新訳が植垣氏の旧訳とどこまで一致しているのかを、全文にわたって検証してみたいと思う。当初、『豊後国風土記』『肥前国風土記』を一度に取り上げるつもりでいたが、訳文のすべてを掲げるとなると、かなりの紙幅を費やすので、やむなく『豊後国風土記』と『肥前国風土記』に分かって検証することにした。そのため、『豊後国風土記』を取り上げた別稿と重複もあり、同じことの繰り返しであるとの印象を免れないが、事情をご賢察たまわれば幸いである。

二、谷口訳と植垣訳の比較・検討

まず、植垣訳と谷口訳について上下対照できるような表を作成した。両訳の異同がよくわかるように、行間を調整したところはあるが、改行箇所などは原文のままである。下段の谷口訳でゴチック体にしたところが植垣訳とほぼ文言が一致する箇所である。

『肥前国風土記』現代語訳対照表

植垣節也訳

〔一〕肥前《ひぜん》の国。

郡《こおり》は十一か所。〔郷《さと》は七十、里《こざと》は百八十七〕駅《うまや》は十八か所。〔小路《しょうろ》〕烽《とぶひ》は二十か所。〔下国《げこく》〕城は一か所。寺は二か所〔僧寺〕である。

肥前の国は、もともとは、肥後の国と合わせて一つの国であった。昔、磯城《しき》の瑞籬《みずがき》の宮で天下をお治めになった御間城《みまき》の天皇（崇神《すじん》天皇）のみ世に、肥後の国益城《ましき》の郡朝来名《あさくな》の峯に、土蜘蛛《つちぐも》打猴《うちさる》・頸猴《くびさる》の二人がいた。徒卒百八十余人を率いて天皇の命《めい》をこばみ、服従することを承知しなかった。朝廷は、勅を出して肥君《ひのきみ》らの祖先である健緒組《たけおくみ》を遣わして征伐せられた。そこで、健緒組は、勅をいただいて完全に反逆者を滅ぼした。ついでに国内を巡って様子を視察したときのこと、八代《やつしろ》の郡の白髪山《しらかみやま》に着いて、日が暮れて宿った。その夜、大空に火の塊があり、それは自然に燃え、だんだんと下りてきて、この山

谷口雅博訳

肥前《ひぜん》の国。

郡《こおり》は十一か所。郷《さと》は七十、里《こざと》は百八十七　駅《うまや》は十八か所。小路　烽《とぶひ》は二十か所。下国　城は一か所。寺は二か所　僧寺　である。

肥前の国は、もともとは、肥後の国と合わせて一つの国であった。昔、磯城《しき》の瑞籬《みずがき》の宮で天下をお治めになった御間城《みまき》の天皇（崇神《すじん》天皇）のみ世に、肥後の国益城《ましき》の郡朝来名《あさくな》の峯《みね》に、土蜘蛛《つちぐも》打猴《うちさる》・頸猴《くびさる》の二人がいた。配下の者百八十人あまりを率いて天皇の命令をこばみ、降服することを承知しなかった。朝廷は、勅を出して肥君《ひのきみ》らの祖先である健緒組《たけおくみ》を遣わして征伐させなさった。そこで、健緒組は、勅を承って完全に攻め滅ぼし、ついでに国内を巡って様子を視察した。八代《やつしろ》の郡の白髪山《しらかみやま》に着いて、日が暮れて宿った。その夜、大空に火があり、それは自然に燃え、だんだんと下りてきて、この山に届いて燃

に届いて燃えた時に、健緒組は、見て驚き不思議だと思った。朝廷に参上して報告を申しあげたことには、「わたくしは、恐れ多くも天皇のご命令をいただいて、遠く西方の蛮賊を征伐いたしましたが、刀を血で濡《ぬ》らすこともなく逆賊は自然に滅び去りました。天皇のご威力によるものでなければ、どうしてこんなことができましょうか」と申した。また、燃える火のありさまをすべて申しあげた。天皇がおっしゃったことには、「いまおまえが申したことは、いちども聞いたことがない。天から火が下った国は、火の国というべきだろう」とおっしゃった。そうして、健緒組の功績をとりあげて、火《ひ》の君《きみ》という氏と健緒紕《たけおくみ》という名を賜り、そこでこの国を治めさせられた。これによって火の国というのである。後に、二つの国に分けて肥前《ひぜん》と肥後《ひご》とにした。

なお、ある説はこう言っている、纏向《まきむく》の日代《ひしろ》の宮で天下をお治めになった大足彦《おおたらしひこ》の天皇（景行《けいこう》天皇）が、球磨贈於《くまそ》を征伐して、筑紫の国を巡視なさった

えた。健緒組は見て驚き不思議に思った。朝廷に参上して、報告を申しあげたことには、「わたくしは、恐れ多くも天皇のご命令をいただいて、遠く西方の蛮賊を征伐したところ、刀を血で濡《ぬ》らすこともなく逆賊は自然に滅びました。天皇のご威力によるものでなければ、どうしてこんなことができましょうか」と申した。また、燃える火のありさまをすべて申しあげた。天皇がおっしゃったことには、「いまおまえが申したことは、昔から一度も聞いたことがない。天から火が下った国なので、火の国というべきだろう」とおっしゃった。健緒組の功績をとりあげて、姓名を賜って火君《ひきみ》健緒紕《たけおくみ》といった。そこでこの国を治めさせなさった。これによって火の国というのである。後に、二つの国に分けて肥前と肥後とにした。

また、纏向《まきむく》の日代《ひしろ》の宮で天下をお治めになった大足彦《おおたらしひこ》の天皇（景行《けいこう》天皇）が、球磨贈於《くまそ》を征伐して、筑紫《つくし》の国を巡視なさった時に、葦北《あしきた》の火流れの浦か

時に、葦北《あしきた》の火流《ひながれ》の浦から船出して、火の国にお行きになった。海をお渡りになる間に、日が没して夜は暗く、船を着ける場所がわからなかった。突然火の光が現れ、はるか行く手の前方に見えた。天皇が、船頭におっしゃったことには、「まっすぐに火のところを目指せ」と仰せられたので、お言葉のとおりに行ったところ、けっきょく岸に着くことができた。天皇はお言葉を下されて、「火の燃える所は、これは何という地か。燃える火は、またどういうわけの火か」と言われた。土地の者がお答えしたことには、「これこそ正に、火の国八代《やつしろ》の郡《こおり》の火の邑《むら》でございます。ただだれの火であるか存じません」と申した。その時に、天皇は、従者たちにおっしゃったことには、「今この燃えている火は、まこと、人の火ではない（神の火であろう）。この国を火の国と名づけた由来、その国が火の国にほかならぬわけを知ったぞ」とおっしゃった。

ら船出して、火の国にお行きになった。海をお渡りになる間に、日が没して夜は暗く、船を着ける場所がわからなかった。突然火の光が現れ、はるか行く手の前方に見えた。天皇が、船頭におっしゃったことには、「まっすぐに火のところを目指せ」とおっしゃった。お言葉のとおりに行ったところ、とうとう岸に着くことができた。天皇はお言葉を下されて、「火の燃える所は、これは何という地か。燃える火は、またどういうわけの火か」とおっしゃった。土地の者がお答えしたことには、「これこそ正に、火の国八代《やつしろ》の郡の火の邑《むら》でございます。ただ火の主が誰であるか存じません」と言った。その時に、天皇は、従者たちにおっしゃったことには、「今この燃えている火は、まこと、人の火ではない（神の火であろう）。この国を火の国と名づけた由来、そのわけを知ったぞ」とおっしゃった。

〔二〕基肆《き》の郡。

郷《さと》は六か所。〔里《こざと》は十七〕駅《うまや》は一か所。〔小路《しょうろ》〕城は一か所である。

昔、纏向の日代の宮で天下をお治めになった天皇（景行天皇）が、巡視なさった時に、筑紫の国御井《みい》の郡の高羅《こうら》の行宮《かりみや》においでになって、国内をご覧になった時、霧が、基肆《き》の山を覆いかくしていた。天皇がおっしゃったことには、「その国は、霧の国というがよい」とおっしゃった。後の人が、改めて基肆の国と名づけた。今はそれで郡《こおり》の名としている。

長岡の神の社《やしろ》。〔郡の役所の東にある〕同じ天皇が、高羅の行宮《かりみや》から還《かえ》ってこられて、酒殿《さかどの》の泉のほとりにいらっしゃった。さて、土地の神にお食事を献じられる時に、御支度の甲鎧《よろい》が、光輝いてただごとではなかった。それで神意を占い問わせられたところ、卜部《うらべ》の殖坂《えさか》が、申しあげたことには、「この地に鎮座される神が、とても御鎧《みよろい》を欲《ほ》しがっています」と申した。天皇がおっしゃったことには、「まこと

基肆《き》の郡《こおり》。郷《さと》は六か所。里《こざと》は十七　駅《うまや》は一か所。小路。

昔、纏向《まきむく》の日代《ひしろ》の宮で天下をお治めになった天皇（景行《けいこう》天皇）が、巡視なさった時に、筑紫の国御井《みい》の郡の高羅《こうら》の行宮においでになって、国内をご覧になったところ、霧が、基肆の山を覆っていた。天皇がおっしゃったことには、「その国は、霧の国というがよい」とおっしゃった。後の人が、改めて基肆の国と名づけた。今はそれで郡《こおり》の名としている。

長岡《ながおか》の神の社。郡の役所の東にある　同じ天皇が、高羅の行宮から還《かえ》ってこられて、酒殿《さかどの》の泉のほとりにいらっしゃった。そこで、土地の神にお食事を献じられる時に、身につけていた甲鎧《よろい》が、光り輝いていつもとは違っていた。そこで卜部《うらべ》の殖坂《えさか》に占い問わせられた。卜部が申しあげたことには、「この地に神が居て、とても御鎧《みよろい》を欲《ほ》しがっています」と申した。天皇がおっしゃったことには、「まことにそ

にそうであるならば、神の社に奉納いたします。永遠に神宝となることでありましょう」とおっしゃった。これによって永世《ながよ》の社と名づけた。後の人が、改めて長岡《ながおか》の社という。その鎧の貫緒《ぬきお》は、すっかり腐って切れてしまった。ただ、鎧と甲《かぶと》の板は、今もなお残っている。

酒殿《さかどの》の泉。〔郡の役所の東にある〕この泉は、晩秋九月に、だんだんと白い色に変わり、味が酸く匂いが臭くなって、飲むことができなくなる。初春正月に、もとに戻って清く冷たくなり、人はやっと飲めるようになる。これによって酒井の泉という。後の人が改めて酒殿の泉といっている。

姫社《ひめこそ》の郷《さと》。この郷の中に川があり、名を山道川《やまじがわ》という。その源は郡の北の山から出て、南に流れて御井《みい》の大川に合流する。昔、この川の西に、荒々しい振る舞いをする神がいて、通行する人がたくさん殺され、半数は助かったが半数は殺された。ある時、なぜ祟《たた》るかを占い問うたところ占いに現れて言うこ

うであるならば、神の社に奉納いたしましょう。永遠に神宝となることでありましょう」とおっしゃった。これによって永世《ながよ》の社と名づけた。後の人が、改めて長岡《ながおか》の社という。その鎧の貫緒は、すっかり腐って切れてしまった。ただ、鎧と甲《かぶと》の板は、今もなお残っている。

酒殿の泉。郡の役所の東にある　この泉は、晩秋九月のはじめに、だんだんと白い色に変わり、味が酸く匂いが臭くなって、飲むことができなくなる。初春正月に、もとに戻って清く冷たくなり、人はそこではじめて飲めるようになる。これによって酒井の泉という。後の人が改めて酒殿の泉といっている。

姫社《ひめこそ》の郷。この郡の中に川があり、名を山道川《やまじがわ》という。その源は郡の北の山から出て、南に流れて御井《みい》の大川に合流する。昔、この川の西に、荒ぶる神がいて、通行する人がたくさん殺され、半数は助かったが半数は殺された。ある時、祟《たた》る理由を占い問うたところ占いに現れて言うことには、「筑前《ちくぜん》の

とには、「筑前の国宗像《むなかた》の郡《こおり》の人、珂是古《かぜこ》に、われの社《やしろ》を祭らせよ。もしわが要求にぴったり叶《かな》ったならば、荒々しい心を起こすまい」と言ったので、珂是古を探し求めて神の社を祭らせた。珂是古は、そこで幡《はた》を捧げて祈って言うことには「まことにわたしによる祭祀をして欲《ほ》しいというのならば、この幡は、風の吹くままに飛んで行って、わたしを欲しがっている神のあたりに落ちよ」と言うやいなや幡を高く挙げて、風の吹くままに放しやった。その時、その幡は飛んで行って、御原《みはら》の郡姫社《ひめこそ》の社に落ち、また帰って飛んで来て、この山道川《やまじがわ》のほとりの田村《たむら》に落ちた。珂是古は、自然と神のいらっしゃる所を知った。その夜、夢に、臥機〔クツビキという〕と絡垜〔タタリという〕とが舞い遊びながら出て来て、珂是古の体を押えて目をさまさせるのを見た。そこで、機織《はたおり》の道具が現れたことから、その神が織り物の女神とわかった。そこで社を立てて祭った。それからずっと、通行の人は、殺されなくなった。これ

国宗像《むなかた》の郡の人、珂是古《かぜこ》に、我が社を祭らせよ。もし我が要求に叶《かな》ったならば、荒々しい心を起こすまい」と言った。そこで珂是古を探し求めて、神の社を祭らせた。珂是古は幡《はた》を捧《ささ》げて祈って言うことには、「まことに私の祭祀《さいし》を要求するならば、この幡は、風の吹くままに飛んで行って、私を求める神の居るあたりに落ちよ」と言うと、幡を高く挙げて、風の吹くままに放しやった。その時、その幡は飛んで行って、御原《みはら》の郡の姫社の社に落ち、また帰って飛んできて、この山道川のほとりの田村《たむら》に落ちた。珂是古は、自然と神のいらっしゃる所を知った。その夜、夢に、臥機　クツビキという　と絡垜　タタリという　とが舞い遊びながら出て来て、珂是古の体を押さえて目をさまさせるのを見た。それで、その神が織り物の女神だとわかった。そこで社を立てて祭った。それ以来、通行の人は、殺されなくなった。これによって姫社という。今それをもって郷の名としている。

によって姫社といい、今それをもって郷《さと》の名としている。

〔三〕 養父《やぶ》の郡。

郷は四か所。〔里《こざと》は二〕 烽《とぶひ》は一か所である。

昔、纏向《まきむく》の日代《ひしろ》の宮で天下をお治めになった天皇（景行《けいこう》天皇）が、巡視なさった時に、この郡の人々が、一族揃って参集したが、天皇の御犬が出てきて吠《ほ》えた。ところで、臨月の婦人がいて、近寄って御犬をじっと見つめると、ただちに吠えるのを止《や》めた。これによって犬の声止むの国といった。いま音が訛《なま》って養父《やぶ》の郡《こおり》といっている。

鳥《と》樔《す》《ママ》の郷《さと》。〔郡《こおり》の役所の東にある〕 昔、軽嶋《かるしま》の明《あきら》の宮で天下をお治めになった誉田《ほむた》の天皇（応神《おうじん》天皇）のみ世、鳥の小屋をこの郷に造り、いろいろな鳥を捕ってきて集めて飼い、人に馴れさせ、朝廷にたてまつった。これによって鳥屋《とや》の郷という。後の人が

養父《やぶ》の郡《こおり》。郷《さと》は四か所、里は十二 烽《とぶひ》は一か所である。

昔、纏向《まきむく》の日代《ひしろ》の宮で天下をお治めになった天皇（景行《けいこう》天皇）が、巡視なさった時に、この郡の人民が国中揃って参集した時に、天皇の御犬が出てきて吠《ほ》えた。ここに、一人の臨月の婦人がいて、近寄って御犬をじっと見つめると、お犬は吠えるのを止めた。これによって犬の声止むの国といった。いま訛《なま》って養父の郡といっている。

鳥《と》樔《す》の郷。郡の役所の東にある 昔、軽嶋《かるしま》の明《あきら》の宮で天下をお治めになった誉田《ほむた》の天皇（応神《おうじん》天皇）のみ世、鳥の小屋をこの郷に造り、いろいろな鳥を捕ってきて集めて飼い、人に馴《な》れさせ、朝廷に献上した。これによって鳥屋の郷という。後の人が改め

改めて、鳥樔の郷といっている。
曰理《わたり》の郷。〔郡の役所の南にある〕
昔、筑後の国の御井川《みいがわ》の渡瀬《わたりぜ》は、たいそう川幅が広く、人も牛馬も渡りきれないでいた。さて、纏向《まきむく》の日代《ひしろ》の宮で天下をお治めになった天皇（景行《けいこう》天皇）が、巡視なさった時に、生葉山《いくはやま》については船山《ふなやま》として船体の材を採り、高羅山《こうらやま》については梶山《かじやま》として船の梶の材を採り、船を造り備えて人や牛馬を漕《こ》いで渡した。これによって曰理の郷という。
狭山《さやま》の郷。〔郡の役所の南にある〕同じ天皇が、行幸になった時に、この山の行宮《かりみや》にいらっしゃって、あたりを歩きまわり周囲を遥かに眺めわたされたが、どの方角も明るくはっきり見えた。これによって分明の村といった。〔分明《さやけ》を、サヤケシという〕今、音が訛《なま》って狭山の郷といっている。
〔四〕三根《みね》の郡。
郷は六か所、〔里《こざと》は十七〕駅《うまや》は一か所〔小路《しょうろ》〕であ

て、鳥樔の郷といっている。

曰理《わたり》の郷。郡の役所の南にある
昔、筑後《ちくご》の国の御井川《みいがわ》の渡瀬は、たいそう川幅が広く、人も牛馬も渡れなかった。纏向の日代の宮で天下をお治めになった天皇（景行天皇）が、巡視なさった時に、生葉山《いくはやま》については船山とし（船体の材を採り）、高羅山については梶山《かじやま》とし（船の梶の材を採り）、船を造り備えて人や物を漕《こ》いで渡した。これによって曰理の郷という。

狭山《さやま》の郷。郡の役所の南にある　同じ天皇が、行幸の時、この山の行宮にいらっしゃって、あたりを歩きまわり周囲を眺めわたしたところ、四方が明るくはっきり見えた。これによって分明《さやけ》の村といった。分明を、サヤケシという　今、訛って狭山の郷といっている。

三根《みね》の郡《こおり》。郷《さと》は六か所、里《こざと》は十七　駅《うまや》は一か所

る。

　昔、この郡と神埼《かんざき》の郡とは、合わせて一つの郡であった。ところが海部《あま》の直鳥《なおとり》が、願い出て三根の郡を分けた。すなわち神埼の郡三根の村の名にもとづいて、それで郡の名としている。

　物部《もののべ》の郷《さと》。〔郡《こおり》の役所の南にある〕この郷の中に神の社《やしろ》があり、神の名を物部経津主《ふつぬし》の神と申す。以前、小墾田《おはりだ》の宮で天下をお治めになった豊御食炊屋姫《とよみけかしきやひめ》の天皇（推古《すいこ》天皇）が、来目《くめ》の皇子《みこ》を将軍として新羅《しらぎ》を征伐させられた。その時、皇子は、お言葉を頂いて、筑紫に来て、そこで物部の若宮部《わかみやべ》を遣わして、社をこの村に立て、その神を鎮め祭らせられた。これによって物部の郷という。

　漢部《あやべ》の郷。〔郡の役所の北にある〕昔、来目の皇子が、新羅を征伐しようとなさって、忍海《おしぬみ》の漢人《あやひと》に命じてひきつれて来て、この村に住まわせて、兵器を造らせなさった。これによって漢部の郷という。

　米多《めた》の郷。〔郡の役所の南にある〕この郷の中に井

小路である。

　昔、この郡と神埼《かんざき》の郡とを、合わせて一つの郡としていた。ところが海部《あまべ》の直鳥《あたいとり》が、願い出て三根の郡を分け、神埼の郡三根の村の名に基づいて、郡の名とした。

　物部《もののべ》の郷。郡の役所の南にある　この郷の中に神の社があり、神の名を物部経津主《ふつぬし》の神という。昔、小墾田《おわりだ》の宮で天下をお治めになった豊御食炊屋姫《とよみけかしきやひめ》の天皇（推古《すいこ》天皇）が、来目《くめ》の皇子《みこ》を将軍として、新羅《しらぎ》を征伐させられた。その時、皇子は、勅命を承って、筑紫に来て、そこで物部の若宮部《わかみやべ》を遣わして、社をこの村に立て、その神を鎮め祭った。これによって物部の郷という。

　漢部《あやべ》の郷。郡の役所の北にある　昔、来目の皇子が、新羅を征伐しようとなさって、忍海《おしぬみ》の漢人《あやひと》に命じて、引き連れて来てこの村に住まわせて、兵器を造らせなさった。これによって漢部の郷という。

　米多《めた》の郷。郡の役所の南にある　この郷の中に井が

があり、名を米多井《めたい》という。水の味はしおからい。ずっと以前、海藻が、この井の底に立った形で生えていた。纏向《まきむく》の日代《ひしろ》の宮で天下をお治めになった天皇（景行《けいこう》天皇）が、巡視なさった時に、井の底の海藻をご覧になった。そこでお言葉があって名をいただき、海藻立つ井といった。今音が訛《なま》って米多井といい、それで郷の名としている。

〔五〕神埼《かんざき》の郡。

郷は九か所。〔里《こざと》は二十六〕駅《うまや》は一か所、烽《とぶひ》は一か所、寺は一か所〔僧寺〕である。

昔、この郡に荒々しい振る舞いをする神がいて、道を行き来する人が、たくさん殺された。纏向《まきむく》の日代《ひしろ》の宮で天下をお治めになった天皇（景行《けいこう》天皇）が、巡視なさった時に、この神はやわらぎ静かになった。それ以来、二度と人々の不幸がない。これによって神埼《かんざき》の郡《こおり》という。

三根《みね》の郷《さと》。〔郡の役所の西にある〕この郷に川があ

あり、名を米多井という。水の味はしおからい。昔、海藻が、この井の底に生えていた。纏向の日代の宮で天下をお治めになった天皇（景行天皇）が、巡幸なさった時に、井の底の海藻をご覧になって、勅を発して名をお与えになって、海藻《め》が生えている井といった。今米多井《めたのい》と訛って郷の名としている。

神埼《かんざき》の郡《こおり》。郷《さと》は九か所、里《こざと》は二十六　駅《うまや》は一か所、烽《とぶひ》は一か所、寺は一か所　僧寺である。

昔、この郡に荒々しい神がいて、道を行き来する人が、たくさん殺された。纏向《まきむく》の日代《ひしろ》の宮で天下をお治めになった天皇（景行天皇）が、巡視なさった時に、この神はやわらぎ静かになった。それ以来、再び災いが起こることはなかった。これによって神埼の郡という。

三根《みね》の郷。郡の役所の西にある　この郷に川があ

る。その源は郡の北の山から出て、南へ流れて海に入る。年魚《あゆ》がとれる。同じ天皇が、行幸になった時に、御船は、その川の河口を経て来て、この村にお宿りになった。天皇が、おっしゃったことには、「昨夜は御寝《みね》がとても安らかだった。この村は天皇の御寝安《みねやす》い村というがよい」とおっしゃった。これによって御寐《みね》と名づけた。今は、寐の字を改めて根としている。

船帆《ふなほ》の郷。〔郡の役所に西にある〕同じ天皇が、巡視なさった時に、すべての氏人らが、村の者みな揃《そろ》って船に乗り、帆をあげて三根川の船着き場に参り集《つど》って、天皇のお供を申しあげた。これによって船帆の郷という。なお、天皇の御船の碇《いかり》の石四個が、その船着き場のほとりに現存している。この中の一つは、〔高さ六尺、径は五尺である〕一つは、〔高さ八尺、径は五尺である〕子のない婦人が、この二つの石の傍《そば》に寄って礼をつくして祈ったならば、必ず子を孕《はら》むことができる。一つは、〔高さ四尺、径は五尺である〕

る。その源は郡の北の山から出て、南へ流れて海に入る。年魚《あゆ》がとれる。同じ天皇が、行幸なさった時に、御船は、その川の河口から来て、この村にお宿りになった。天皇が、おっしゃったことには、「昨夜は御寝がとても安らかだった。この村は天皇の御寝安《みねやす》の村というがよい」とおっしゃった。これによって御寐《みね》と名づけた。今は、寐の字を改めて根としている。

船帆《ふなほ》の郷。郡の役所に西にある　同じ天皇が、巡幸なさった時に、諸々の氏人ら、村の者みな揃って船に乗り、帆をあげて、三根川の船着き場に参り集って、天皇にお仕え申し上げた。これによって船帆の郷という。また、天皇の御船の碇《いかり》の石四個が、その船着き場のほとりに現存している。この中の一つは、高さ一七八・二センチ、径は一四八・五センチである　一つは、高さ二三七・六センチ、径は一四八・五センチである　子のない婦人が、この二つの石に対してうやうやしく祈ったならば、必ず子を孕《はら》むことが一つは、〔高さ三尺、径は四尺である〕日照り続きの時に、この二つの石の傍に寄って雨乞《あまご》いし、さらに祈ると、必ず雨が降る。

蒲田《かまだ》の郷。〔郡の役所の西にある〕同じ天皇が、行幸になった時に、この郷にお宿りなさった。土地の神にお食事を献じられる時に、蠅《はえ》がひどくたくさん鳴いて、その声がほんとにやかましかった。天皇がおっしゃったことには「蠅の声がとてもカマシ（やかましい）」と言われた。これによって囂《かま》の郷《さと》という。今、蒲田《かまだ》の郷というのは、訛《なま》ったのである。

琴木《ことき》の岡。〔高さは二丈、周りは五十丈。郡《こおり》の役所の南にある〕この地は平原であって、元来岡はなかった。大足彦《おおたらしひこ》の天皇（景行天皇）が、おっしゃったことには、「この地の地形にはぜったいに岡があるべきだ」とおっしゃって、ただちに皆の者に命じて、この岡を造る工事を始めさせられた。造り終わった

できる。一つは、高さ一一八・八センチ、径は一四八・五センチである　一つは、高さ八九・一センチ、径は一一八・八センチである　日照り続きの時に、この二つの石に向かって雨乞いし、さらに祈ると、必ず雨が降る。

蒲田《かまだ》の郷。郡の役所の西にある　同じ天皇が、行幸なさった時に、この郷にお宿りになった。（土地の神に）お食事を献じられる時に、蠅がひどくたくさん鳴いて、その声が大変やかましかった。天皇がおっしゃったことには、「蠅の声がとてもカマシ（やかましい）」といわれた。これによって囂《かま》の郷といった。今、蒲田の郷というのは、訛《なま》ったのである。

琴木《ことき》の岡。高さは約五・九四メートル、周りは約一四八・五メートル。郡の役所の南にある　この地は平原であって、元来岡はなかった。大足彦《おおたらしひこ》の天皇（景行天皇）が、おっしゃったことには、「この地の地形にはぜったいに岡があるべきだ」とおっしゃって、臣下に命じて、この岡を掘り起こし造らせなさった。

時に、岡に登って遊びの宴をなさった。感興尽きて後に、その御琴を立てたもうたところ、琴が樟《くすのき》に姿を変えてしまった。〔高さは五丈、周りは三丈である〕これによって琴木の岡という。

宮処の郷。〔郡の役所の西南にある〕同じ天皇が、行幸になった時に、この村に行宮《かりみや》をお造り申し上げた。これによって宮処の郷という。

〔十八〕佐嘉《さか》の郡。

郷は六か所、〔里《こざと》は十九〕駅《うまや》は一か所、寺は一か所である。

昔、樟《くす》の木一本が、この村に生えていた。幹と枝はすぐれて高く、茎と葉はよく繁《しげ》り、朝日に照らされた影は、杵嶋《きしま》の郡の蒲川《かまかわ》の山を覆《おお》い、夕日に照らされた影は、養父《やぶ》の郡の草横の山を覆うほどだった。日本武《やまとたける》の尊《みこと》が、各地を巡ってこられた時に、樟の茂り栄えているのをご覧になり、おっしゃったことに

造り終わった時に、岡に登って遊びの宴をなさった。感興の盛りが過ぎた後に、その御琴を立てなさったところ、琴が樟《くすのき》に姿を変えた。高さ約一四・九メートル、周りは約八・九メートルである　これによって琴木の岡という。

宮処《みやこ》の郷。郡の役所の西南にある　同じ天皇が、行幸なさった時に、この村に行宮をお造り申し上げた。これによって宮処の郷という。

佐嘉《さか》の郡《こおり》。郷《さと》は六か所、里《こざと》は十九　駅《うまや》は一か所、寺は一か所である。

昔、樟《くす》の木一本が、この村に生えていた。幹と枝はすぐれて高く、茎と葉はよく繁っていた。朝日に照らされた影は、杵嶋《きしま》の郡の蒲川《かまかわ》山を覆い、夕日に照らされた影は、養父《やぶ》の郡の草横《くさよこ》山を覆っていた。日本武尊《やまとたけのみこと》が、各地を巡ってこられた時に、樟の茂り栄えているのをご覧になり、おっしゃったことに

は、「この国は栄《さか》の国というがよい」とおっしゃった。これによって栄の郡という。後に、改めて佐嘉の郡と名づけた。ある説にこう言っている。郡の西に川があり、名を佐嘉川《さかがわ》という。年魚《あゆ》がとれる。その源は郡《こおり》の北の山から出て、南へ流れて海に入る。この川上に荒々しい振る舞いをする神がいて、その道を行き来する人の、半数は殺さないで半数は殺した。そこで、県主《あがたぬし》らの祖である大荒田《おおあらた》が、占いによって神意を問うた。その時、土蜘蛛《つちぐも》で大山田女《おおやまだめ》・狭山田女《さやまだめ》という者がいて、その二人の女子が言うには、「下田《しもだ》の村の土を取って、人の形・馬の形を作って、この神を祭ったならば、必ずやわらぎ静かになるでしょう」と言った。大荒田は、ただちにその言葉に従って、この神を祭った。神は、この祭を受けいれてついに心なごませた。ここに、大荒田が言うには、「この婦人は、このようにまことに賢い女性である。だから賢し女（サカシメ）をもって国の名としようと思う」と言った。これによって賢女《さかしめ》の郡

は、「この国は栄えの国というのがよい」とおっしゃった。これによって栄えの郡といった。後に、改めて佐嘉の郡と名づけた。ある人はこう言っている。郡の西に川がある。名を佐嘉川という。年魚《あゆ》がとれる。その源は郡の北の山から出て、南へ流れて海に入る。この川上に荒々しい神がいて、その道を行き来する人の、半数は生かし半数は殺した。そこで、県主《あがたぬし》らの祖である大荒田《おおあらた》が、占いによって神意を問うた。その時、土蜘蛛《つちぐも》で大山田女《おおやまだめ》・狭山田女《さやまだめ》という者がいた。その二人の女子《おみな》が言うには、「下田《しもだ》の村の土を取って、人形・馬の形を作り、この神を祭ったならば、必ずやわらぐでしょう」と言った。大荒田は、その言葉に従って、この神を祭ったところ、神は、この祭を受けいれてついに心やわらいだ。ここに、大荒田が言うには、「この婦人は、このように、まことに賢い女性である。だから賢し女（サカシメ）をもって国の名としようと思う」と言った。これによって賢女《さかしめ》の郡というのである。今佐嘉の郡というの

という。今佐嘉の郡というのは、訛《なま》ったのである。

なお、この川上に石神《いしがみ》があり、名を世田姫《よたひめ》という。海の神〔鰐魚《わに》をいう〕が毎年、流れに逆らって潜り上り、この神の所に来るが、そのときに海の底の小魚がたくさん従ってくる。一方で、人がその魚をおそれかしこめば災《わざわ》いがないが、他方、人が捕って食うと死ぬことがある。およそこの魚どもは、二三日とどまり、もとへ還《かえ》って海に入る。

〔七〕小城《おき》の郡。
郷《さと》は七か所、〔里《こざと》は二十〕駅《うまや》は一か所、烽《とぶひ》は一か所である。

昔、この村に土蜘蛛《つちぐも》がいて、オキ（とりで）を造って隠れ、天皇の命に従わなかった。日本武《やまとたける》の尊が、各地を巡りおいでになった日に、すっかり全部罰し滅ぼされた。これによって小城《おき》の郡《こおり》と名づけた。


は、訛《なま》ったのである。

なお、この川上に石神があり、名を世田姫《よたひめ》という。海の神　鰐魚《わに》をいう　が毎年、流れに逆らって潜り上り、この神の所に来る。（そのときに）海の底の小魚がたくさん従ってくる。一方で、人がその魚をおそれかしこめば災《わざわ》いがないが、他方、人が捕って食うと死ぬことがある。およそこの魚どもは、二三日とどまり、もとへ還《かえ》って海に入る。


小城《おき》の郡。郷《さと》は七か所、里《こざと》は二十　駅《うまや》は一か所、烽《とぶひ》は一か所である。

昔、この村に土蜘蛛《つちぐも》がいて、オキ（とりで）を造って隠れ、天皇の命に従わなかった。日本武尊《やまとたけのみこと》が、各地を巡っていらっしゃった日に、すっかり全部罰し滅ぼされた。これによって小城の郡と名づけた。

〔八〕松浦《まつら》の郡。

郷《さと》は十一か所、〔里《こざと》は二十六〕駅《うまや》は五か所、烽《とぶひ》は八か所である。

昔、気長足姫《おきながたらしひめ》の尊《みこと》（神功《じんぐう》皇后）が、新羅《しらぎ》を征伐しようとお思いになって、この郡にお出でになって、玉嶋《たましま》の小河《おがわ》のほとりで土地の神に食事を捧げられた。さて、皇后は、縫い針を曲げて釣針とし、飯粒を餌とし、裳《も》から糸を抜いて釣糸として、河の中の石に登って、釣針を捧げて神意をうかがう祈りをしておっしゃったことには、「わたくしは、新羅を征伐してその財宝を求めたいと思っている。その事が成就して凱旋《がいせん》できるならば、この河の年魚《あゆ》よ、わが釣針を呑《の》め」とおっしゃった。やがて鉤《はり》をお投げになり、つかの間に、予期どおりにその魚を得られた。皇后が、おっしゃったことには、「じつにめずらしい物ぞ〔希見をば、メヅラシという〕」とおっしゃった。これによって希見《めずら》の国という。今、音が訛《なま》って松浦の郡という。そういうわけで、この国の婦女は、初

松浦《まつら》の郡。郷《さと》は十一か所、里《こざと》は二十六　駅《うまや》は五か所、烽《とぶひ》は八か所である。

昔、気長足姫《おきながたらしひめ》の尊《みこと》（神功《じんぐう》皇后）が、新羅《しらぎ》を征伐しようとお思いになって、この郡にお出でになって、玉嶋《たましま》の小河《おがわ》のほとりで土地の神に食事を捧げられた。さて、皇后は、縫い針を曲げて釣針とし、飯粒を餌とし、裳《も》の糸を釣糸として、河の中の石に登って、釣針を捧げて（神意をうかがうための）誓約《うけい》をしておっしゃったことには、「わたくしは、新羅を征伐してその財宝を求めたいと思っている。その事が成就して凱旋《がいせん》できるならば、この河の年魚《あゆ》よ、わが釣針を呑《の》め」とおっしゃった。やがて鉤《はり》をお投げになると、あっという間に、予期どおりにその魚を得られた。皇后が、おっしゃったことには、「じつにめずらしい物だ　希見をば、メヅラシという　」とおっしゃった。これによって希見《めずら》しの国という。今、訛《なま》って松浦の郡という。そういうわけで、この

夏四月には、常に縫い針で年魚を釣る。男は縫い針で釣っても、獲ることができない。

鏡《かがみ》の渡《わたり》。〔郡の役所の北にある〕昔、檜隅《ひのくま》の廬《いおり》入野《の》の宮で天下をお治めになった武少広国押楯《たけおひろくにおしたて》の天皇〔宣化《せんか》天皇〕のみ世、大伴の狭手彦《さでひこ》の連《むらじ》を遣わして、任那《みまな》の国を平和にさせ、同時に百済《くだら》の国を救援せられた。命を奉じて来て、この村に着き、そこで篠原の村の〔篠をばシノという〕弟日姫子《おとひひめこ》に求婚して結ばれた。〔弟日姫子は日下部《くさかべ》の君《きみ》らの祖先である〕顔かたちが美しく、すばらしい絶世の美人であった。別れる日に、鏡を取って彼女に与えた。彼女が、悲しみの涙をこらえながら栗川《くりかわ》を渡るときに、与えられた鏡の紐《ひも》が切れて落ち、川に沈んだ。これによって鏡の渡《わたり》と名づけた。

褶振《ひれふり》の峰。〔郡《こおり》の役所の東にある。烽《とぶひ》の所である。名を褶振の峰という〕大伴の狭手彦《さでひこ》の連《むらじ》が、船出して任那《みまな》に渡った時に、弟日姫子が、ここに登って、ひれを振ることで神霊を呼び寄せた。これによって褶

国の婦女は、初夏四月には、常に縫い針で年魚を釣る。男は縫い針で釣っても、獲ることができない。

鏡《かがみ》の渡《わたり》。郡の役所の北にある　昔、檜隅《ひのくま》の廬入野《いおいりの》の宮で天下をお治めになった武少広国押楯《たけおひろくにおしたて》の天皇（宣化《せんか》天皇）のみ世、大伴の狭手彦《さでひこ》の連《むらじ》を遣わして、任那《みまな》の国を鎮圧し、同時に百済《くだら》の国を救援させなさった。命を奉じて来て、この村に到着した。篠原の村　篠をばシノという　の弟日姫子《おとひひめこ》に求婚し、結婚した。（弟日姫子は）日下部《くさかべ》の君《きみ》らの祖先である　顔かたちが美しく、絶世の美人であった。別れる日に、鏡を取って妻に与えた。妻は、悲しみの涙を流しながら栗川《くりかわ》を渡るときに、与えられた鏡の紐《ひも》が切れて落ち、川に沈んだ。これによって鏡の渡《わたり》と名づけた。

褶振《ひれふり》の峰。郡の役所の東にある。烽の所の名を褶振の峰という　大伴の狭手彦の連が、船出して任那に渡った時に、弟日姫子が、ここに登って、ひれを振って狭手彦の魂を呼び招いた。これによって褶振の峰と名づけた。そうして弟日姫子と狭手彦の連とが別

振の峰と名づける。そうして弟日姫子と狭手彦の連とが別れて五日経った後、だれかが、夜ごとに来て、彼女とともに寝、夜明けになると早朝に帰る。姿かたちが、狭手彦に似ている。彼女は、それをふしぎだと思い黙っていることができなくて、こっそりとつむいだ麻糸をその人の上衣の裾《すそ》につなぎ、麻糸にしたがって尋ねて行って、この峰の沼のほとりに着くと、横たわった蛇がいた。身は人間であって沼の底に沈み、頭は蛇であって沼の水ぎわに横たわっていた。突然に人に姿を変えるやいなや語ったのは次の歌であった。

篠原の……（ここにいるのはまぎれもなく篠原の弟姫《おとひめ》なのだ。もう逃さない。一夜でもいっしょに寝る時を過ごしたら、その時こそ彼女を家に帰してやるのだ）

その時に、弟日姫子《おとひめこ》の侍女が、走り帰って親族に告げたので、親族は大勢を呼び集めて登って見ると、蛇と弟日姫子とはともに姿が消えて、いない。そこ

れて五日経った後、ある人が、夜ごとに来て、彼女とともに寝、夜明けになると早くに帰った。姿かたちが、狭手彦に似ていた。彼女は、それをふしぎだと思い、黙っていられなくなって、こっそりつむいだ麻糸をその人の上衣《うわぎ》の裾《すそ》につなぎ、麻糸にしたがって尋ねて行ったところ、この峰の沼のほとりに着いた。そこには横たわった蛇がいた。身は人間であって沼の底に沈み、頭は蛇であって沼の水ぎわに横たわっていた。突然人に姿を変えた。妻に語って言うことには、

篠原の弟姫の子よ、一夜共寝をした時には、家に帰さなければならないのか（帰したくはない）。

その時に、弟日姫子の侍女が、走って帰って親族に告げた。親族は大勢を呼び集めて登って見ると、蛇と弟日姫子はともに姿が消えて、いない。そこで、

で、その沼の底を見ると、ただ人の屍《しかばね》だけがあった。みな口々に、弟日姫子の遺骸だと言って、やがてこの峰の南に行って、墓を造って遺骸を正当な場所に鎮め置いた。その墓は今もある。

賀周《かす》の里《さと》。〔郡《こおり》の役所の西北の方角にある〕昔、この里に土蜘蛛《つちぐも》がいて、名を海松《みる》橿媛《かしひめ》といった。纏向《まきむく》の日代《ひしろ》の宮で天下をお治めになった天皇（景行《けいこう》天皇）が、国々を巡視なさった時に、従者の大屋《おおや》田《た》子《こ》〔日下部《くさかべ》の君らの祖先である〕を遣わして罰し滅ぼさせられた。ちょうどその時に霞《かすみ》が四方に立ちこめて、風景の形や有様が見えなかった。これによって霞の里という。今、賀周の里というのは、訛《なま》ったのである。

逢鹿《おうか》の駅《うまや》。〔郡の役所の西北にある〕以前、気長足姫《おきながたらしひめ》の尊《みこと》（神功皇后《じんぐう》）が、新羅《しらぎ》を征伐しようとお思いになって行幸なさった時に、この道路に鹿がいてばったり遇《あ》った。これによって逢鹿の駅と名づけた。駅の東の海では、鮑《あわび》・螺《さざえ》・鯛《たい》・海藻《め》・海松《みる》などがとれる。

その沼の底を見ると、ただ人の屍《しかばね》だけがあった。みな口々に、弟日女子の亡骸《なきがら》だといって、この峰の南に行って、墓を造って亡骸を葬って収めた。その墓は今もある。

賀周《かす》の里《さと》。郡の役所の西北の方角にある　昔、この里に土蜘蛛《つちぐも》がいて、名を海松《みる》橿媛《かしひめ》といった。纏向《まきむく》の日代《ひしろ》の宮で天下をお治めになった天皇（景行《けいこう》天皇）が、国々を巡視なさった時に、従者である大屋《おおや》田《た》子《こ》日下部の君らの祖先である　を遣わして罰し滅ぼさせられた。その時に霞《かすみ》が四方に立ちこめて、すべての景色が見えなかった。これによって霞の里という。今、賀周の里というのは、訛ったのである。

逢鹿《おうか》の駅。郡の役所の西北にある　昔、気長足姫の尊（神功皇后）が、新羅を征伐しようとお思いになって行幸なさった時に、この道路に鹿がいて（気長足姫の尊に）遇《あ》った。これによって逢鹿の駅と名づけた。駅の東の海では、鮑《あわび》・螺《さざえ》・鯛《たい》・海藻《め》・海松などがとれる。

登里《とも》の駅。〔郡の役所の西北にある〕昔、気長足姫の尊（神功皇后）が、ここにお出でになって、この地にとどまって男装をなさったが、身に着けておられた鞆《とも》が、この村に落ちた。これによって鞆《とも》の駅《うまや》と名づけた。駅の東と西の海では、鮑《あわび》・螺《さざえ》・鯛《たい》・いろいろな魚・海藻《め》・海松《みる》などがとれる。

大家《おおや》の嶋。〔郡《こおり》の役所の西にある〕昔、纏向《まきむく》の日代《ひしろ》の宮で天下を治めになった天皇（景行《けいこう》天皇）が、巡視なさった時に、この村に土蜘蛛《つちぐも》がいて、名を大身《おおみ》といった。常に天皇の命に逆らって服従することをこばんでいた。天皇は、命《めい》を出して罰し滅ぼされた。それ以来、漁民たちが、この嶋に寄りついて、家を造って住んでいる。これによって大家の郷という。郷《さと》の南に岩窟がある。鍾乳、また木蘭《もくらん》がある。周囲の海では、鮑・螺・鯛・いろいろな魚、また海藻・海松が、たくさんとれる。

値嘉《ちか》の郷。〔郡の役所の西南の海中にある。烽《とぶひ》の所が三か所ある〕昔、同じ天皇が、巡視なさった時に、

登里《とも》の駅。郡の役所の西にある　昔、気長足姫の尊（神功皇后）が、ここにお出でになって、この地にとどまって男装をなさったところ、身に着けておられた鞆《とも》が、この村に落ちた。これによって鞆の駅と名づけた。駅の東と西の海では、鮑・螺・鯛・いろいろな魚・海藻・海松などがとれる。

大家嶋《おおやしま》。郡の役所の西にある　昔、纏向の日代の宮で天下を治めになった天皇（景行天皇）が、巡視なさった時に、この村に土蜘蛛がいて、名を大身《おおみ》といった。常に天皇の命に逆らって、服従することを承諾しなかった。天皇は、命を出して罰し滅ぼされた。それ以来、漁民たちが、この嶋に寄りついて、家を造って住んでいる。これによって大家の郷という。郷の南に岩窟《がんくつ》がある。鍾乳《しょうにゅう》また木蘭《もくらん》がある。周囲の海では、鮑・螺・鯛・いろいろな魚がとれ、また海藻・海松が多い。

値嘉《ちか》の郷。郡の役所の西南の海中にある。烽の所が三か所ある　昔、同じ天皇が、巡幸なさった時に、

志式嶋《しじきしま》の行宮《かりみや》にいらっしゃって、西の海をご覧になった。海の中に嶋があって、煙がいっぱい立ちのぼっていた。従者阿曇《あずみ》の連百足《むらじももたり》に命じて、行って見させられた。ところで嶋は八十余りあった。その中の二つの嶋には、嶋ごとに人がいた。第一の嶋の名は小近《おちか》といい、土蜘蛛大耳《おおみみ》が住み、第二の嶋の名は大近《おおちか》といい、土蜘蛛垂耳《たりみみ》が住んでいた。その他の嶋は、みんな住人がいなかった。さて、百足は、大耳らを捕らえてご報告申しあげた。天皇はお言葉を発して、罰し殺させようとなさった。その時大耳らは、頭を地につけて謝罪し、申し述べて言うには、「わたしどもの罪は、実に死刑に相当いたします。一万回殺されたとしても、罪を償うには足りますまい。しかし、もし恩情をくだしたもうて、死刑をまぬがれ生きつづけることが許されるならば、ご食料をお造り申して、いつまでも御膳に献じます」と申して、ただちに木の皮を取って、長鮑《ながあわび》・鞭鮑《むち》・短鮑《みじか》・陰《かげ》鮑・羽割《はわり》鮑などの見本を作ってお傍《そば》に献《たてまつ》った。そ

志式嶋《しじきしま》の行宮にいらっしゃって、西の海をご覧になったところ、海の中に嶋があって、煙がたくさん空を覆っていた。従者阿曇《あずみ》の連百足《むらじももたり》に命じて、派遣して様子をみさせた。ここには八十余りの嶋があった。その中の二つの嶋には、嶋ごとに人がいた。第一の嶋の名は小近《おちか》といい、土蜘蛛大耳《おおみみ》が住み、第二の嶋の名は大近《おおちか》といい、土蜘蛛垂耳《たりみみ》が住んでいた。その他の嶋は、人は住んでいなかった。さて、百足は、大耳らを捕らえて奏上した。天皇は命じて罰し殺させようとなさった。その時大耳らは、頭を地につけて謝罪し、申し述べて言うことには、「私大耳等《ども》の罪は、実に死刑に相当します。一万回殺されたとしても、罪を償うには足りますまい。しかし、もし恩情をくだされて、再び生きつづけることが許されるならば、ご食料をお造り申して、いつまでも御膳《ぜん》に献じます」と申した。ただちに木の皮を取って、長鮑・鞭鮑《むちあわび》・短鮑・陰鮑・羽割鮑などの見本を作ってお傍に献《たてまつ》った。そこで、天皇は恩情をくだして

こで、天皇は、恩情をくだして許し釈放なされた。なお、天皇がおっしゃったことには、「この嶋は遠いけれども、まるで近いように見えるので、近嶋《ちかしま》というがよい」と言われた。これによって値嘉《ちか》という。嶋にはすなわち、檳榔《あじまさ》・木蘭《もくらん》・枝子《くちなし》・木蓮子《いたび》・黒葛《つづら》・篁《なよたけ》・篠・木綿・荷《はちす》・莧《ひゆ》を産する。海にはすなわち、鮑《あわび》・螺《さざえ》・鯛《たい》・鯖《さば》・いろいろな魚・海藻《め》・海松《みる》・いろいろな海菜がとれる。その漁民は、馬・牛をたくさん飼っている。一方には百余りの近い嶋があり、他方には八十余りの近い嶋がある。西に船を停泊できる港が二か所ある。〔一つの名は相子田《あいこだ》の停《とまり》という。二十余りの船を停泊させられる。一つの名は川原《かわら》の浦という。十余りの船を停泊させられる〕遣唐使は、この港から出発して、美弥良久《みねらく》の埼《さき》〔すなはち川原浦の西の埼、まさにこれである〕に着き、ここからふたたび船出して、西を指して海を渡る。この嶋の漁民は、顔かたちは隼人《はやと》に似て、つねに馬上で弓を射ることを好み、その言葉は、世間の者と違っている。

許しなさった。更にお命じになっておっしゃったことには、「この嶋は遠いけれども、まるで近いように見える。近嶋《ちかしま》というがよい」とおっしゃった。これによって値嘉という。嶋には、檳榔《あじまさ》・木蘭《もくらん》・枝子《くちなし》・木蓮子《いたび》・黒葛《つづら》・篁《なよたけ》・篠・木綿《ゆう》・荷《はちす》・莧《ひゆ》が生えている。海には、鮑・螺・鯛・鯖《さば》・いろいろな魚・海藻・海松・いろいろな海草がとれる。その嶋の漁民は、馬・牛をたくさん飼っている。一方には百余りの近い嶋があり、他方には八十余りの近い嶋がある。西に船を停泊できる港が二か所ある。一つの名は相子田の停《とまり》と言い、二十余りの船を停泊させられる。一つの名は川原《かわら》の浦と言い、十余りの船を停泊させられる　遣唐使は、この港から出発して、美弥良久《みみらく》の埼《さき》に着き　すなはち川原浦の西の埼、まさにこれである、ここから船出して、西を指して海を渡る。この嶋の漁民は、顔かたちは隼人《はやと》に似て、つねに馬上で弓を射ることを好み、その言葉は、土地人の言葉と異なっている。

〔九〕杵嶋《きしま》の郡《こおり》。

郷《さと》は四か所、〔里《こざと》は十三〕駅《うまや》は一か所である。

昔、纏向《まきむく》の日代《ひしろ》の宮で天下をお治めになった天皇（景行《けいこう》天皇）が、各地を巡っておいでになった時に、御船が、この郡の盤田杵《いわたき》の村に停泊なさった。その時に、カシ（船をつなぐ杭《くい》）の穴から、冷水が自然と流れ出た。ある説にこう言っている。船が停泊した所が、自然と嶋になった。天皇がご覧になり、従臣どもにおっしゃったことには、「この郡は牂戨嶋《かしま》の郡というがよい」と言われた。いま杵嶋の郡というのは、訛《なま》ったのである。郡の役所の西に、温泉が出ている。岩石の壁がけわしく高く、人の足跡はめったにない。

嬢子山《おみなやま》。〔郡の役所の東北の方角にある〕同じ天皇が、行幸になった時に、土蜘蛛《つちぐも》の八十女人《やそおみな》が、この山の頂にいて、常に皇命に逆らい、服従をこばんでいた。そこで、兵を遣わして襲いかかり全滅させられた。これによって嬢子山という。

杵嶋《きしま》の郡《こおり》。郷《さと》は四か所、里《こざと》は十三　駅《うまや》は一か所である。

昔、纏向《まきむく》の日代《ひしろ》の宮で天下をお治めになった天皇（景行《けいこう》天皇）が、各地を巡っておいでになった時に、御船が、この郡の盤田杵《いわたき》の村に停泊なさった。その時に、船のカシ（船をつなぐ杭《くい》）の穴から、冷水が自然と流れ出た。ある説にこう言っている。船が停泊した所が、自然と嶋になった。天皇がご覧になり、従臣どもにおっしゃったことには、「この郡は牂戨《かし》嶋《しま》の郡というがよい」とおっしゃった。いま杵嶋の郡というのは、訛《なま》ったのである。郡の役所の西に、温泉が出ているところがある。岩石の壁がけわしく高く、人の足跡はめったにない。

嬢子山《おみなやま》。郡の役所の東北の方角にある　同じ天皇が、行幸なった時に、土蜘蛛《つちぐも》の八十女《やそめ》が、この山の頂にいた。常に皇命に逆らい、服従を承服しなかった。そこで、兵を遣わして襲いかかり全滅させられた。これによって嬢子山という。

〔一〇〕藤津《ふじつ》の郡《こおり》。郷《さと》は四か所、〔里《こざと》は九〕駅《うまや》は一か所、烽《とぶひ》は一か所である。

昔、日本武《やまとたける》の尊《みこと》が、行幸になった時に、この船着き場にお出でになった。日は、西の山に没し、御船は停泊した。明くる朝あたりを遊覧なさったが、船の纜《ともづな》を大きな藤におつなぎになった。これによって藤津の郡という。

能美《のみ》の郷。〔郡の役所の東にある〕昔、纏向《まきむく》の日代《ひしろ》の宮で天下をお治めになった天皇（景行《けいこう》天皇）が、行幸になった時に、この里に土蜘蛛《つちぐも》が三人いた。〔兄の名は大白《おおしろ》、次兄の名は中白《なかしろ》、弟の名は少白《おしろ》である〕この人らは、とりでを造って隠れ住み、降服を承知しなかった。そのとき、従者紀《き》の直《あたい》らの祖先である稚《わか》日子《ひこ》を遣わして罰し全滅させようとされた。ここに、大白ら三人は、ただ、頭を地につけて、自分たちの罪を述べて、ともに命を乞《こ》うた。これによって能美の郷という。

託羅《たら》の郷。〔郡の役所の南にある。海に面している〕

藤津《ふじつ》の郡《こおり》。郷《さと》は四か所、里《こざと》は九　駅《うまや》は一か所、烽《とぶひ》は一か所である。

昔、日本武尊《やまとたけのみこと》が、行幸なさった時に、この船着き場にお出でに《い》なったところ、日は、西の山に没して、御船は停泊した。明くる朝辺りを遊覧になると、船の纜《ともづな》を大きな藤におつなぎになった。これによって藤津の郡という。

能美《のみ》の郷。郡の役所の東にある　昔、纏向の日代の宮で天下をお治めになった天皇（景行天皇）が、行幸になった時に、この里に土蜘蛛が三人いた。兄の名は大白《おおしろ》、次兄の名は中白《なかしろ》、弟の名は少白《こしろ》である　この人らは、とりでを造って隠れ住み、降服を承知しなかった。そのとき、天皇の従者、紀《き》の直《あたい》らの祖先の稚日子《わかひこ》を遣わして、罰し全滅させようとなさった。それで大白ら三人は、ただ、頭を地につけて、自分たちの罪を述べて、ともに命乞《ご》いをした。これによって能美の郷という。

託羅《たら》の郷。郡の役所の南にあり、海に面している　同同じ（景行）天皇が、行幸になった時に、この郷にお出でになって、国見をされたが、海産物が豊かだったので、仰せられたことには、「地勢は開墾地が少ないけれども、食物が豊かに満ち足りている。豊足《たらひ》の村と言うがよい」とおっしゃった。今、託羅の郷というのは、訛《なま》ったのである。

塩田《しおた》の川。〔郡の役所の北にある〕この川の源は、郡の西南託羅の峰から出て、東に流れて海に入る。潮が満ちる時には、川の流れに逆らってさかのぼる。流れる潮の勢いはひじょうに高い。これによって潮高満川《しおたかみつがわ》という。今は音が訛《なま》って塩田川《しおたがわ》という。川の源に淵《ふち》がある。深さが二丈ばかりある。石壁はけわしく、周囲は垣のようである。年魚《あゆ》がたくさん住んでいる。東のほとりに温泉がある。よく人の病気を治す。

〔一一〕彼杵《そのき》の郡。

じ（景行）天皇が、行幸になった時に、この郷にお出でになって、四方を遥《はる》かに望み見なさったところ、海産物が豊でたくさんあった。詔しておっしゃったことには、「土地は少ないけれども、食べ物が豊かに満ち足りている。豊足《たらし》の村と言うがよい」とおっしゃった。今、託羅の郷というのは、訛《なま》ったのである。

塩田《しおた》の川。郡の役所の北にある　この川の源は、郡の西南の方角の託羅の峰から出て、東に流れて海に入る。潮が満ちる時には、川の流れに逆らってさかのぼる。流れる潮の勢いは非常に高い。これによって潮高満川《しおたかみつがわ》といった。今は訛って塩田川《しおたがわ》という。川の源に淵《ふち》がある。深さが五・九四メートルほどである。石の壁はけわしく、周囲は垣のようである。年魚《あゆ》がたくさんいる。東のほとりに温泉があり、よく人の病気を治す。

彼杵《そのき》の郡。郷《さと》は四か所、里は七　駅《うまや》は二か所、烽《とぶひ》

郷《さと》は四か所、〔里《こざと》は七〕駅《うまや》は二か所、烽《とぶひ》は三か所である。

昔、纏向《まきむく》の日代《ひしろ》の宮で天下をお治めになった天皇（景行《けいこう》天皇）が、球磨噌唹《くまそ》を罰し滅ぼして凱旋《がいせん》なさった時に、天皇は、豊前の国宇佐《うさ》の海浜の行宮《かりみや》にいらっしゃった。従者神代《かみしろ》の直《あたい》に命じて、この郡の速来《はやき》の村に遣わして、土蜘蛛《つちぐも》を捕らえさせられた。さて、一人物がいて、名を速来津姫《はやきつひめ》という。この婦女が、申していうには、「わたしの弟は、名を健津《たけつ》三間《みつま》といい、健村《たけむら》の里に住んでおります。この人は、美しい玉を持っております。名を石上《いそのかみ》の神の木蓮子玉《いたびだま》といいます。心ひかれて厳重にしまいこみ、他人に見せません」と申した。神代の直は、健津三間を尋ね探したところ、山を越えて逃げ、落石《おちいし》の岑《みね》〔郡の北方の山である〕に逃げて行った。そこで追いついて捕らえ、速来津姫の言葉の真偽を問うた。健津三間が言うことには、「まことに二種類の玉を持っております。一つは石上の神の木蓮子玉とい

は三か所である。

昔、纏向《まきむく》の日代《ひしろ》の宮で天下をお治めになった天皇（景行《けいこう》天皇）が、球磨噌唹《くまそ》を罰し滅ぼし、凱旋《がいせん》なさった時に、天皇は、豊前の国宇佐《うさ》の海浜の行宮にいらっしゃった。従者神代《かみしろ》の直《あたい》にお命じになって、この郡の速来《はやき》の村に遣わして、土蜘蛛《つちぐも》を捕らえさせられた。そのとき、一人の人物がいて、名を速来津姫《はやきつひめ》という。この婦女が申して言うには、「私の弟は、名を健津《たけつ》三間《みつま》といい、健村《たけむら》の里に住んでおります。この人は、美しい玉を持っております。名を石上《いそのかみ》の神の木蓮子玉《いたびだま》といいます。心ひかれて厳重にしまいこみ、他人に見せることを承知しません」と申した。神代の直は、健津三間を尋ね探したところ、山を越えて逃げ、落石《おちいし》の岑《みね》　郡の北方にある　に逃げていった。そこで追いついて捕らえ、〔速来津姫の言葉の〕真偽を問うたところ、健津三間が言うことには、「本当に二種類の玉を持っております。一つは石上の神の木蓮子玉といい、一つは白珠《しらたま》といいます。

い、一つは白珠《しらたま》といいます。有名な美玉嘯砆《しゅくふ》に比べるほどですが、願わくは献上をお受けください」と言った。また、速来津姫が申したことには、「一人物がいます。名を篦簗《のやな》といい、川岸の村に住んでいます。この人は、美しい玉を持っています。愛《いと》おしむこと極まりないほどです。絶対に命に従うことはないでしょう」と言った。ここに、神代《かみしろ》の直《あたい》は、追いつめて捕らえ、問うた。篦簗《のやな》が言うには、「まことに持っております。御許《みもと》に献じます。決して惜しむことはいたしますまい」と申した。神代の直は、この三種類の玉を捧げて、還《かえ》って天皇のみもとに献じた。その時に、天皇がおっしゃったことには、「この国は具足玉《そないだま》の国というがよい」とおっしゃった。いま彼杵《そのき》の郡《こおり》というのは、訛《なま》ったのである。

浮穴《うきあな》の郷《さと》。〔郡の役所の北にある〕同じ天皇が、宇《う》佐《さ》浜《はま》の行宮《かりみや》にいらっしゃって、神代の直におっしゃったことには、「わたしは、多くの国々を巡っ

有名な美玉嘯砆《しゅくふ》に比べるほどですが、願わくは献上したいと存じます」と言った。また、〔速来津姫が〕申したことには、「ある人がいます。名を篦簗《のやな》といい、川岸の村に住んでいます。この人は、美しい玉を持っています。愛《いと》おしむこと極まりないほどです。絶対に命に従うことはないでしょう」と申した。ここに、神代の直は、追いつめて捕らえたところ、篦簗が申したことには、「まことに持っております。御許《みもと》に献じます。決して惜しむことはいたしますまい」と申した。神代の直は、この三種類の玉を捧げて、還《かえ》って天皇のみもとに献じた。その時に、天皇がおっしゃったことには、「この国は具足玉《そないだま》の国というがよい」とおっしゃった。いま彼杵《そのき》の郡《こおり》というのは、訛《なま》ったのである。

浮穴《うきあな》の郷《さと》。郡の役所の北にある　同じ天皇が、宇《う》佐《さ》浜《はま》の行宮にいらっしゃって、神代の直におっしゃったことには、「私は、多くの国々を巡ってきて、すっ

てきて、すっかり服従させ治めるに至った。ところでまだわたしの統治をうけていない逆賊があるかな」とおっしゃった。神代の直が申しあげて言うには、「そちらの煙の立っている村は、いまなおご統治を受けずにいます」と申した。そこで直に命じてこの村に遣わされた。土蜘蛛《つちぐも》がいて、名を浮穴沫媛《うきあなわひめ》といった。天皇の命に逆らって全く無礼であった。すぐさま罰し滅ぼされた。これによって浮穴の郷という。

周賀《すか》の郷。〔郡の役所の西南にある〕昔、気長足姫《おきながたらしひめ》の尊《みこと》（神功《じんぐう》皇后）が、新羅《しらき》を征伐しようとお思いになって、行幸になった時に、御船をこの郷の東北の海につないだところ、船首と船尾をつなぐ杭が、形をかえて磯《いそ》になってしまった。高さ二十丈余り、周り十丈余り、相隔たること十町余りであった。高くてけわしく、草木が生えない。それだけではない、従者の船は、風にあって波に漂い沈んだ。さて、土蜘蛛、名は鬱比表麻呂《うつひおまろ》という者がいて、その船を

かり服従させ治めるに至った。まだ私の統治をうけていない逆賊があるだろうか」とおっしゃった。神代の直が申しあげて言うには、「そちらの煙の立っている村は、いまなおご統治を受けずにいます」と言った。そこで直に命じてこの村に遣わされたところ、土蜘蛛《つちぐも》がいて、名を浮穴沫媛《うきあなわひめ》といった。天皇の命に逆らって全く無礼であった。すぐさま罰し滅ぼされた。これによって浮穴の郷という。

周賀《すか》の郷。郡の役所の西南にある　昔、気長足姫《おきながたらしひめ》の尊《みこと》（神功《じんぐう》皇后）が、新羅《しらき》を征伐しようとお思いになって、行幸なさった時に、御船をこの郷の東北の海につないだところ、船首と船尾をつなぐ杭が、形をかえて礒《いそ》になった。高さ約五九・四メートル、周り約二九・七メートル、相隔たること約一〇九〇メートルであった。高くけわしく、草木が生えない。それだけではなく、従者の船は、風にあって波に漂い沈んだ。さて、土蜘蛛、名は岩鬱比袁麻呂《いわうつひおまろ》という

救《すくい》った。これによって名を救《すくい》の郷《さと》という。今、周賀《すか》の郷というのは、訛《なま》ったのである。

速来《はやき》の門。〔郡《こおり》の役所の西北にある〕この海峡において潮の来る状況は、東に潮が流れ去れば、西に湧き登るようなすさまじい勢いで潮が動く。湧く音響は雷の音と変わらない。これによって速来の門という。なお、ここはさかんに繁《しげ》った木がある。木の根元は地面に付いているが、枝の先は海に沈んでいる。海藻《の》がほかよりも早く生長する。それで朝廷への献上品にあてている。

〔一二〕高来《たかく》の郡。

郷は九か所、〔里《こざと》は二十一〕駅《うまや》は四か所、烽《とぶひ》は五か所である。

昔、纏向《まきむく》の日代《ひしろ》の宮で天下をお治めになった天皇（景行《けいこう》天皇）が、肥後の国玉名《たまきな》の郡の長渚《ながす》の浜の行宮《かりみや》にいらっしゃって、この郡の山をご覧になっておっしゃったことには、「その山の形は、離れ嶋に似ている。陸につづく山か、陸から離れている嶋か。

者がいて、その船を救った。これによって名を救い《すく》の郷《さと》といった。今、周賀の郷というのは、訛《なま》ったのである。

速来《はやき》の門《と》。郡の役所の西北にある　この海峡に潮の来るのは、東に潮が流れ去れば、西に湧き登る。湧く音響は雷の音と変わらない。これによって速来の門という。また、ここにはさかんに繁った木がある。木の根元は地面に付いて、枝の先は海に沈んでいる。海藻がほかよりも早く生長する。それを朝廷への献上品にあてている。

高来《たかく》の郡《こおり》。郷《さと》は九か所、里は二十一　駅《うまや》は四か所、烽《とぶひ》は五か所である。

昔、纏向《まきむく》の日代《ひしろ》の宮で天下をお治めになった天皇（景行《けいこう》天皇）が、肥後《ひご》の国玉名《たまな》の郡の長渚《ながす》の浜の行宮にいらっしゃって、この郡の山をご覧になっておっしゃったことには、「その山の形は、離れ嶋《しま》に似ている。陸につづく山か、並んでいる嶋か。わたわたしは知りたいと思うぞ」とおっしゃった。そこで、神大野宿祢《みわおおのすくね》に命じて見させられたところ、使者が行ってこの郡に着いた。さてだれかがいて、迎えに来て言うのに、「われはこの山の神、名は高来津座《たかくつくら》であります。天皇の使いのおいでになるのを聞いて、お迎え申しあげる次第です」と言った。これによって高来の郡という。

土歯《ひじは》の池。〔俗に岸のことをヒヂハといっている。郡の役所の西北の方角にある〕この池の東の海辺に、崖《がけ》がある。高さ百丈余り、長さは三百丈余りである。西の海から寄せる波が、常に洗いすすいでいる。土地の人の言葉に従って、名づけて土歯の池という。池の堤は、長さ六百丈余り、広さ五十丈余り、高さは二丈余りである。池の内側は、縦横二十町余りほどである。潮が来れば、いつも堤を越えて突き入る。荷《はちす》・菱《ひし》が、たくさん生えている。秋七、八月に、荷の根がひじょうに甘い。季秋《きしゅう》九月に、香りも味もともに変わり、食用にするには不適当になる。

しは知りたいと思うぞ」とおっしゃった。そこで、神大野宿祢《みわおおのすくね》に命じて見させられたところ、（使者が）この郡に着いた。ここに人がいて、迎えに来て申すことには、「われはこの山の神、名は高来津座《たかくつくら》であります。天皇の使いのおいでになるのを聞いて、お迎え申しあげる次第です」と申した。これによって高来の郡という。

土歯《ひじは》の池。土地の人は岸のことをヒジハといっている。郡の役所の西北の方角にある　この池の東の海辺に崖《がけ》がある。高さ約二九七メートル、長さ約八九一メートルである。西の海から寄せる波が、常に崖を洗いすすいでいる。土地の人の言葉に従って、名づけて土歯の池という。池の堤の長さは約一七八二メートル、広さ約一四八・五メートル、高さは約五九・四メートルである。池の内側は、縦横二一八〇平方メートルほどである。潮が来れば、いつも堤を越えて突き入る。荷《はちす》・菱《ひし》がたくさん生えている。秋七、八月に、荷の根がひじょうに甘い。季秋九月に、

峰の湯の泉。〔郡《こおり》の役所の南にある〕この温泉の源は、郡の南の高来《たかく》の峰の西南の峰から出て、東に流れる。流れる勢いはとても強く、熱さが他の湯とちがう。ただ、冷たい水と混ぜてそれで入浴することができる。その味は酸い。硫黄《いおう》・白土《しらつち》、それに和松《にきまつ》を産する。その和松の葉は細くて実がある。実の大きさは小豆《あずき》ぐらいで、食べることができる。

（植垣節也校注・訳新編日本古典文学全集5『風土記』三一〇～三四九頁より引用）

香りも味もともに変わり、食用にするには適さない。

峰の湯の泉。郡の役所の南にある　この温泉の源は、郡の南の高来の峰の西南の峰から出て、東に流れる。流れる勢いはとても強く、熱さが他の湯と違う。ただ、冷たい水と混ぜてそれで入浴することができる。その味は酸い。硫黄《いおう》・白土、それに和松《にきまつ》を産する。その葉は細くて実がある。大きさは小豆《あずき》ぐらいで、食べることができる。

（中村啓信監修・訳注『風土記』下九三～一一一頁より引用）

これをご覧いただけば、いかに両現代語訳がよく似ているかおわかりいただけると思う。一致箇所は、あまりに多く枚挙に遑がないが、たとえば、佐嘉《さか》の郡《こおり》の総記のところでは、

【植垣訳】なお、この川上に石神《いしがみ》があり、名を世田姫《よたひめ》という。海の神〔鰐魚《わに》をいう〕が毎年、流れに逆らって潜り上り、この神の所に来るが、そのときに海の底の小魚がたくさん従ってくる。一方で、人がその魚をおそれかしこめば災《わざわ》いがないが、他方、人が捕って食うと死ぬことがある。およそこの魚どもは、二三日とどまり、もとへ還《かえ》って海に入る。

とある箇所が、谷口訳では、

【谷口訳】なお、この川上に石神があり、名を世田姫《よたひめ》という。海の神　鰐魚《わに》をいう　が毎年、流れに逆らって潜り上り、この神の所に来る。（そのときに）海の底の小魚がたくさん従ってくる。一方で、人がその魚をおそれかしこめば災《わざわ》いがないが、他方、人が捕って食うと死ぬことがある。およそこの魚どもは、二三日とどまり、もとへ還《かえ》って海に入る。

となっている。植垣訳の地の文を括弧で括った以外はほぼ同じである。また、彼杵《そのき》郡、速来《はやき》門条では、

【植垣訳】速来《はやき》の門。〔郡《こおり》の役所の西北にある〕この海峡において潮の来る状況は、東に潮が流れ去れば、西に湧き登るようなすさまじい勢いで潮が動く。湧く音響は雷の音と変わらない。これによって速来の門という。なお、ここはさかんに繁《しげ》った木がある。木の根元は地面に付いているが、枝の先は海に沈んでいる。海藻《の》がほかよりも早く生長する。それで朝廷への献上品にあてている。

とある箇所が、

【谷口訳】速来《はやき》の門《と》。郡の役所の西北にある　この海峡に潮の来るのは、東に潮が流れ去れば、西に湧き登る。湧く音響は雷の音と変わらない。これによって速来の門という。また、ここにはさかんに繁った木がある。木の根元は地面に付いて、枝の先は海に沈んでいる。海藻がほかよりも早く生長する。それを朝廷への献上品にあてている。

となっている。『肥前国風土記』の原文は、これと共通点の多い『豊後国風土記』同様、素直な文体で、誰が現代語訳してもある程度一致するのはやむを得ない（とくに固有名詞などは一致して当然である）。そこが、すでに訳文の存在する風土記の現代語訳のつらいところであり、この点で筆者は谷口氏に同情的である。ただ、ここの読み下し文には、

速來門《はやきのと》。〈郡《こほり》の西北《にしきた》に在《あ》り。〉此《こ》の門《と》の潮《うしほ》の來《く》るは、東《ひむがし》に潮落《うしほお》つれば、西《にし》に涌《わ》き登《のぼ》る。涌《わ》く響《おと》は雷《いかづち》の音《こゑ》に同《おな》じ。因《よ》りて速来門《はやきのと》と曰《い》ふ。又《また》、抜《しげ》れる木《き》有《あ》り。本《もと》は地《ち》に着《つ》きて、末《すゑ》は海《うみ》に沈《しづ》めり。海藻《め》早《はや》く生《お》ふ。以《もち》て貢上《みつぎ》に擬《あ》つ。

とあるのだが、「東《ひむがし》に潮落《うしほお》つれば」→「東に潮が流れ去れば」、「抜《しげ》れるの木《き》」→「さかんに繁った木」〔「抜」は諸本に異同があり、「抜」とみて、しかもそれを「シゲレル」と訓むのは植垣氏の独創である〕といった細かいニュアンスまでが一致する点から判断すると、谷口訳は植垣訳をほぼそのまま転用したものであると断定せざるをえないのである。とくに、ルビの附されている箇所までがことごとく一致しているのは、転用とみなす動かぬ証拠である。

【植垣訳】→【谷口訳】という転用を証明する決定的な証拠としては、まず、松浦郡値嘉《ちか》郷条があげられる。ご覧いただけばおわかりのように、【植垣訳】で「遣唐使は、この港から出発して、美弥良久《みねらく》の埼《さき》、〔すなはち川原浦の西の埼、まさにこれである〕に着き、ここからふたたび船出して、西を指して海を渡る」とあるところが、【谷口訳】では「遣唐使は、この港から出発して、美弥良久《みみらく》の埼《さき》に着き　すなはち川原浦の西の埼、まさにこれである、ここから船出して、西を指して海を渡る」となっている。一字一句ちがわない見事な一致だが、単純な文章だから、文言が似ている点についてはあえて問わない。

しかし、お気づきのように、植垣氏が「すなはち」とするところが【谷口訳】でも「すなはち」となっている。どちらも現代語訳なので、歴史的仮名遣いはいっさい用いていないのだが、ここだけが両者ともに歴史的仮名遣いになっている。これは、はたして偶然なのであろうか。

また、藤津郡《ふじつのこおり》、託羅《たら》郷条の以下の訳文も、同様である。

【植垣訳】託羅《たら》の郷。〔郡の役所の南にある。海に面している〕同じ（景行）天皇が、行幸になった時に、この郷にお出でになって、国見をされたが、海産物が豊かだったので、仰せられたことには、「地勢は開墾地が少ないけれども、食物が豊かに満ち足りている。豊足《たらひ》の村と言うがよい」とおっしゃった。今、託羅の郷というのは、訛《なま》ったのである。

【谷口訳】託羅《たら》の郷。郡の役所の南にあり、海に面している　同じ（景行）天皇が、行幸になった時に、この郷にお出でになって、四方を遥《はる》かに望み見なさったところ、海産物が豊でたくさんあった。詔しておっしゃったことには、「土地は少ないけれども、食べ物が豊かに満ち足りている。豊足《たらし》の村と言うがよい」とおっしゃった。今、託羅の郷というのは、訛《なま》ったのである。

文章やルビがほぼ一致するのはさきの二例と同様だが、転用がよくわかるのは傍線部分の表現である。『肥前国風土記』には景行天皇の名が頻出するが（これは『豊後国風土記』も同じ）、同一条内で天皇名が二度繰り返される場合には「同天皇」と記されるのが通例である。『豊後国風土記』もそうだが、こうした原則は風土記全文を通じてよく守られている。西海道の風土記は大宰府で編纂・調整されたといわれているが、そうした推測を裏づけるかのような整然とした表記である。

それはともかく、植垣節也氏は、ご自身の訳のなかで、原文の「同天皇」は「同じ天皇」と訳するのがつねである。そこにわざわざ天皇名を括弧に括って補足することはない。ところが、唯一例外として、右の託羅《たら》郷条では「同じ（景行）天皇」と括弧のなかに天皇名を記すのである。いっぽう、谷口訳はどうかというと、こちらも原文の「同天皇」は「同じ天皇」と訳すのをつねとしているのだが、例外的にこの条だけ「同じ（景行）天皇」と植垣訳とおなじ表記を採用しているのである。

これも偶然の一致だとすれば、谷口氏はよくよく植垣氏と気が合うということになるが、そんな風に考えるひとは誰もいないであろう。遺憾ながら、これは植垣訳を安易に転用した結果だと判断せざるをえない。あるいは版元の小学館やご遺族の許可を得て利用されたのかも知れないが、本書のどこにもそのことは記されていないので、われわれ第三者がこれを「無断転用」と称しても、それは谷口氏への誹謗中傷というにはあたらないであろう。

無論、谷口訳もすべてが植垣訳を転用したわけではない。部分的に字句は変えたところが見受けられ、そこに若干の創意が看取される箇所も皆無ではない。とくに、寸法に関してはメートル法に換算して示しているところなどは谷口訳の工夫である。ただ、他の多くの文章の一致は否定できない。「同じ（景行）天皇」の表記を不用意に転用していることは、はからずも馬脚をあらわしている。

思うに、谷口氏は、本書の新訳を試みるにあたって、まず植垣訳を入力・データ化し、それを「討覈」しようとしたのだが、なんらかの理由で、実行できなかったのではなかろうか。

三、小括

最初に本書をみたとき、『肥前国風土記』の現代語訳は植垣訳を転載したものかと思った。ただ、凡例その他をみても、そうした断わりもなく、細かく検討してみると、ところどころ訳がちがっている箇所も見受けられる。しかし、全体としては、オリジナルな新訳というには、あまりにも植垣氏の旧訳に酷似しているのである。

そこで、以下の二点について、谷口氏本人に確認したい。

（一）筆者の調査では、谷口訳は植垣訳をほぼそのまま転用したものだと思うが、この点に対するご自身の考えは如何。あくまで自身の手になる新訳だと主張されるのか。

（二）植垣訳を転用したことをお認めになるなら、どうして当該書のなかでそのことを断らないのか。六一頁の参考文献にさえ植垣訳をあげていないのはなぜなのか。

念のために申し上げておくが、筆者は無断転用ではないかと言い立てて、谷口氏を指弾しようというのではない（ただし、ご本人に思いあたる節があるなら、それは研究上の倫理観の欠如だから、深く反省していただきたいと思う）。それよりも、こうした安易な注釈書の出版は、風土記研究の進展に結びつかないのではないかと云いたいのである。谷口氏が独自に風土記を現代語訳した結果、どうしても植垣訳との一致を避けられなかったというなら、それはやむを得ないが、多くの読者が利用する最新の文庫において旧訳の域を出ない現代語訳など、あえて公開の必要などないようにも思う。

植垣節也先生はすでに平成二十五年に物故されたから、当然、この谷口訳のことはご存じない。しかし、もし先生がご存命で本書をご覧になったとしたら、どのように感じられただろうか。これは筆者の想像だが、無断借用を憤慨するよりも、自分の旧訳を超えるところの乏しいこの新訳を、研究の停滞として悲しまれるのではないだろうか。先生をよく知る一人として少なくとも筆者はそう感じる。

第五章　『播磨国風土記』雑考

――「入印南浪郡」「聖徳王御世」「事与上解同」を論じて、
中村啓信監修・訳注『風土記』上「播磨国風土記地図」に及ぶ――

はしがき

いわゆる五風土記、すなわち『常陸国風土記』『出雲国風土記』『播磨国風土記』『豊後国風土記』『肥前国風土記』はそれぞれにいろいろな問題を包括しており、読解の困難な箇所も少なくないが、なかでも、解読のむつかしい箇所が多いのは『播磨国風土記』ではなかろうか。

研究者が『播磨国風土記』に手を焼く原因は、そのテキストにある。周知のように、『播磨国風土記』は、現在天理大学附属天理図書館の所蔵する三條西家本が唯一の写本である。写本自体は、平安時代中期もしくは後期に溯る古写本で、古体を留めている点も多々みられる。

しかしながら、はやくに井上通泰《いのうえみちやす》氏が指摘されたとおり、三條西家本には誤脱錯乱が多く、とくに餝磨郡条においてそれが甚しい。そこから、氏は、この写本が、太政官に提出したものの写しではなく、国衙に残ったものを、延長三年（九二五）に探索を命じた際の太政官符にしたがって提出したものとみておられる（『播磨国風土記新考』〈大岡山書店、昭和六年五月、のち昭和四十八年七月臨川書店より復刻〉一三〜一四頁、以下「新考」と略する）[1]。この考えは、のちに秋本吉郎「播磨国風土記未精撰考」（『大阪経大論集』一二、昭和二十九年十一月、のち秋本氏『風土記の研究』〈大阪経済大学後援会、昭和三十八年十月〉所収）に受け継がれ、敷延されたが、同氏によれば、『播磨国風土記』が未精撰であり、その祖本は国衙に存在した稿本であったという（この説は、秋本吉郎校注日本古典文学大系２『風土記』〈岩波書店、昭和三十三年四月、以下「大系」と略する〉でも繰り返されている）。

こうした秋本説については、小島憲之《こじまのりゆき》「風土記の述作」（『國語・國文』第一六巻第四号、昭和二十二年七月、のち大幅に加筆・修正して『上代日本文學と中國文學』上〈塙書房、昭和三十七年九月〉所収）などの反論もあるが、全体として、三條西家本『播磨国風土記』がじゅうぶんな推敲を経た決定稿とはいいがたいことはなんぴとも認めざるをえないところであろう。

「未精撰」の稿本が伝来した理由についてはしばらく措くとして、そのために『播磨国風土記』では読解上にさまざまな困難が生じていることは事実である。小論では、そうした諸問題のなかから、三つを個別に取り上げ私見を開陳したいと思う。

一、印南郡の存否

三條西家本『播磨国風土記』は、巻首に缺損があり、総記・明石郡（「赤石郡」という表記も存した）のすべてと賀古郡の冒頭部分が存在せず、同郡の途中からはじまっているのだが、残存する賀古郡の記述にも問題がある。

内容としては、賀古郡の地名の由来にかかわる伝承のあと、望理里《まがりのさと》・鴨波里《あわわの》・長田里《ながたの》・駅家里《うまやの》の順で郡内四里についての記載がある。参考までに、最後の駅家里条からそれにつづく部分を引用すると、つぎのとおりである（以下、『播磨国風土記』は三條西家本を底本として、筆者が一部意をもって改めたものである）。

驛家里土中。由二驛家一為レ名。一家云、所三以号二印南一者、穴門豊浦宮御宇天皇、与二皇后一倶、欲レ平二筑紫久麻曽国一、下行之時、御舟、宿二於印南浦一。此時、滄海甚平、風波和靜。故名曰二入印南浪郡一。

「由二驛家一為レ名」の直下の「一家云」（「一家《あるひと》云《い》はく」「一家《あるひと》云《い》へらく」）は、『播磨国風土記』が地名の起源について記すなかで、異説の引用の際に用いられる用語で、このほか、神前郡聖岡里条に、

一家云、品太天皇、巡行之時、造二宮於此岡一、勅云「此土為レ聖耳」。故曰二聖岡一。所三以号二生野一者、昔、此處在二荒神一、半二殺往来之人一。由レ此号二死野一。以後、品太天皇、勅云「此為二悪名一」。改為二生野一。

とあり、託賀郡法太里甕坂条に、

一家云、昔、丹波与二播磨一。堺レ国之時、大甕掘二埋於此土一、以為二国境一。故曰二甕坂一。

とみえている。

さきの「一家云」の場合、すぐあとに「所三以号二印南一者」とつづくので、これが「駅家」という地名の由来に関する異伝でないことは明白である。したがって、「由二驛家一為レ名」と「一家云」の間にはなんらかの脱文――おそらくは印南の地名についての正説の記述であろう――があり、「一家云」はその印南の由来にかかわる別伝であると考えられる。

そこで、従来の説では、脱落はあるものの、「一家云」以下は賀古郡ではなく、それにつづく印南郡巻首の記述であるとしてきた。はやく栗田《くりた》寛《ひろし》『標注古風土記』（大日本圖書株式會社、明治三十二年十二月、以下「栗田注」と略す）は、「一

家云」の前に「(印南郡)」を補っているし(播磨、五頁)、新考も「例ニ拠リテ之ヲ補フ」として同様の処置を施している(六二頁)。三條西家本では、郡名標記の右傍に符号を附すのが通例だが(例外もある)、ここもやはり「浪印南郡」の傍らに符号があり、ここから印南郡の記載に入るかのようにもみえる。

ただし、この箇所についてはいささか問題がある。たしかに三條西家本は右傍に郡名標記に附す符号を記すが、写本の文字は「入印南浪郡」となっており、このままでは意味が取れない。そこで、栗田注は「印南」の二字を衍とし、「入浪郡」に改め、敷田年治《しきたとしはる》『標注播磨風土記』上(玄同舎、明治二十年八月)は「原本入浪の浪ノ字を落し、郡名に加へて印南浪に誤れり。今改」とのべ、「故名曰二入浪一。印南郡」としている(四丁ウ〜五丁オ。「印南郡」は改行)。また、大系は「傍記の誤入」として「印南」の二字を削り、近年出た沖森卓也・佐藤信・矢嶋泉編著『風土記　常陸国・出雲国・播磨国・豊後国・肥前国』(山川出版社、平成二十八年一月、『播磨国風土記』の分は平成十七年十月に刊行)は「入浪印南郡」と改め、「入浪《いりなみ》の印南郡《いなみのこほり》」と訓む(この校訂本では、底本の文字を改めた場合にはかならずそれを注記することになっているが、この意改についてはそれがない)。

たしかに、「入印南浪郡」という表記はこのままでは意味が通じない。イリナミからイナミが生じたとする説明であることを考慮すると、大系のように「入浪郡」の誤記とみるのがよいようにも思うが、断定はできない。しかし、いずれにしても、「一家云」以下が印南郡の記述であろうことは、多くの研究者の共通の認識であった。(2)

ところが、この通説に対し、異論を唱えたのが植垣節也《うえがきせつや》「播磨国風土記注釈稿(一二)」(『風土記研究』一二、昭和六十一年六月)である。植垣氏の説は、従来、印南郡の冒頭と解されてきた「一家云」以下について、風土記の編述当時印南郡が存在した確証はなく、ここも「印南郡」ではなく、「印南浦」についての記述であるというもので、風土記時代の郡編成について再考を促す劃期的な提説であった。

氏は、九点にわたって、その根拠を提示しておられるが、要点を摘めば、つぎのとおりである。

①本風土記には「印南郡」の三字がどこにも記されていない。

②印南の郡の文献初出は、天平十九年（七四七）の『法隆寺伽藍縁起并流記資財帳』である。

③『萬葉集』巻六の九三五の題詞に「三年丙寅秋九月十五日幸於播磨国印南野時笠朝臣金村作歌一首〔并短歌〕」とあるが、これは「印南野」の誤写とみられる。「印南」という地域は古くから存在したが（『萬葉集』にも伊奈美野・印南野・稲日野・伊奈美国原などと用いられている）、それは後の印南郡よりもずっと広く、のちの賀古郡の地域を含み、印南郡という行政区域が設けられたのは風土記編纂よりも少し遅れた時点らしい。

④風土記には「還到二印南六継村一」（六継里）・「悉留二印南之大津江一」（鴨波里）というふうに、「印南郡」とあってしかるべき箇所に「印南」としか書かれていない。

⑤「印南郡」の字が補われる最大の根拠は、下文に「故名曰二入印南浪郡一。」とあることだが、「郡」は「浦」の誤写である可能性もじゅうぶんある。

⑥『釈日本紀』巻五が益気里を引くのに、「賀古郡益気里有石橋」とあって、同書の編者がみた写本には益気里が賀古郡に属するものと記されていたようである。

⑦南毗都麻の記事の最初は「郡南海中有二小嶋一。」とあるが、正確には「郡東南海中有二小嶋一。」でなければならないが、印南郡が存在せず全部賀古郡ならば「南」でも不都合はない。

⑧「所三以号二印南一者」の形は、郷名・里名・川名・墓名などなににでも使え、「所二以号一レ宅者、大帯日子命、造二御宅於此村一。故曰二宅村一。」（益気里条）のように「宅」で提示し「宅村」で応じることもできるので、「印南」で提示し「印南浦」で応じることも可能である。

⑨郡内の郷数からいえば、賀古郡と印南郡がもと一郡八郷であったと考えるほうが自然である。

こうした植垣氏の提説は、固定観念にとらわれることなく、虚心に風土記の構成を把握しようとした意欲的な假説として高く評価できる。氏のあげた根拠にも、説得力がある。

しかしながら、これらについてはなお検討の餘地がある。そこで、以下、植垣説の論拠について考えたい。

まず、①だが、これは、あとの⑤・⑧と関係する指摘なので一括して論じたい。

「印南郡」の表記がないのは、氏の指摘のとおりである。ただ、これは、論拠⑤ともかかわるのだが、やや曖昧ながら「入印南浪郡」という表記は存する。これを「入浪郡」または「入浪印南郡」に訂することが許されるなら、かならずしも「印南郡」の表記がないとは云えない。植垣氏ご自身は、この部分を「郡」ではなく「浦」の誤写である可能性を指摘しておられる。「一家云」以下には「印南浦」という用語が出てくるので、その可能性も捨て切れないが、これも確実とは云いがたい。

つぎに、②であるが、これは氏の指摘のとおりである。「印南郡」の表記は、平城宮出土木簡にも「播磨国印南郡」（『平城宮発掘調査出土木簡概報』四―一一頁）、「播磨国印南郡六継郷」「白米一口」（同上一五―一九頁）など数点みえるが、確実な年紀のあるものはなく、いずれも風土記が編纂された和銅六年（七一三）から霊亀元年（七一五）ごろ[3]まで溯るものではないと考えられている。なお、これに関聯して、④にあげられている『萬葉集』の「印南郡」の用例も、信頼に足るものではなさそうである。

つぎに、⑥についてのべる。これは、はやくに武田《たけだ》祐吉《ゆうきち》氏が指摘されたものを、植垣氏が再評価されたものである。たしかに、こうした『釈日本紀』の記述は、益気里が賀古郡に属していたことを示唆するかのようである。しかし、神崎勝《かんざきまさる》氏も批判されたように（『講座播磨国風土記　賀古郡（その２）・印南郡』〈平成二十五年一月〉所収の「印南郡の冒頭部について」一六頁）、『釈日本紀』の編者がみた風土記の写本が、三條西家本同様、すでに印南郡の冒頭部分を欠《か》いたものであったとすれば、益気里条を誤って賀古郡の記事と理解したとも考えられる。冒頭でものべたように、三條西家本『播磨国風土記』は平安時代中期か後期の書写とみられており、その写本にすでにこうした誤脱があったとすれば、十三世紀に卜部兼方がみた写本もまた、それと同じであった可能性は大きく、ために印南郡の記事を賀古郡のそれとして引用したことはありえると思う。

つぎに⑦だが、これも興味深い指摘である。ただ、大きく方位を取り違えているわけではなく、南毗都麻が賀古郡の郡家からみて「南」だとする表現も、印南郡の存在を否定する積極的な証拠とは云えない気がする。

最後の⑨だが、郷数も決定打とはならないように思う。餝磨郡（『和名抄』では十四郷）・揖保郡（『和名抄』では十九郷）・賀毛郡（『和名抄』高山寺本は八郷だが、東急本は十郷）のように、『和名抄』段階でも郷数の多いままの郡もあるので、賀古郡と印南郡が合わせて一郡八郷であったと考える必然性はないように思われる。

さて、こうしてみていくと、賀古・印南一郡説の根拠①〜⑨も、それ自体が積極的に印南郡が賀古郡に包括されていたことの証しとするには物足りない感がある。いずれも、印南郡の存在を当然のように考える通説にも再考の餘地があるのではないかという程度のものでしかない。

では、ぎゃくに、印南郡の存立を裏づける証拠はないのであろうか。

風土記のなかにそれをもとめるのはむつかしいのだが、一つ考えるべき点がある。それは、このあたりの里の記載をみていくと、印南川（加古川）を挟んで二つの地域に区分されていたと考えられる点である。すなわち、前半は①望理里→鴨波里→長田里→駅家里の順で記述され、ついで「一家云」以下では②大国《おおくにの》里→六継《むつぎの》里→益気《ましけの》里→含藝《かんぎの》里の順で記述されている。

各里の比定地については諸説あるが、最初の望理里については、現在の加古川市神野《かんの》町・八幡《やはた》町地区と加古郡稲美町北部に比定されており、とくに問題はない。

しかし、つづく鴨波里については定かではない。『増補大日本地名辞書』第三巻中国・四国（冨山房、昭和四十五年十二月）は、「国郡考」を引いて住吉郷（「今二見村、阿閇村是なり」とする）を風土記にいう鴨波里とするが（一〇八頁）、風土記では鴨波里は長田里（長田里は、加古川市尾上町に長田の地名が残るので、里域はおそらく加古川河口附近の左岸、瀬戸内海沿岸近くであろう）の直前に載せられ、明石郡の林の潮《みなと》（現明石市林附近）に近いとされることから、その可能性も考えられる（『角川日本地名大辞典』）。なお、神崎勝氏は、加古川市加古川町粟津を遺称地とみておられる。

最後の駅家里だが、ここにいう駅は賀古駅のことで、その位置については、『日本《にほん》往生《おうじょう》極楽記《ごくらくき》』に「我はこれ播磨国賀古郡賀古駅の北の辺に居住せる沙弥教信なり」とあることから（『後拾遺《ごじゅうい》極楽記《ごくらくき》』はこれを貞観八年丙戌八月十五日夜半のことと記す）、加古川市野口町野口に現存する教信寺の南側にあったと推定され、同寺の南に位置する「駅ヶ池」に南接する古大内《ふるおうち》遺跡（野口町古大内字中畑）に比定する説が有力である（『加古川市史』第一巻本編Ⅰ〈加古川市、平成元年三月〉四一七～四二六頁）。里域も、この周辺であろう。

つぎに、「一家云」以下の里についてみてみたい。

まず、大国里は加古川市西神吉《にしかんき》町に大国の地名が残るので、この附近であることはまちがいないが、里域は加古川下流西岸の、同市南部と高砂市の米田・伊保・阿弥陀の各地区など中北部にわたる平野地と推定される（『日本歴史地名大系』）。

つづく六継里の里域については、諸説ある。ただ、風土記の伝承では、天皇と印南別嬢《いなみのわきいらつめ》が印南の六継村に到《いた》り、始めて密事を成したときに天皇は「此処《ここ》は、浪《なみ》の響《ひびき》、鳥《とり》の声《こゑ》。甚《いとかま》譁し」と勅したというから、海岸近くであったと考

えてよいであろう（『加古川市史』第一巻本編Ⅰ〈前掲〉三七四頁）。神崎氏は、

> 印南郡では益気（升田）・含芸（神吉）・大国の三里がならぶが、加古川が南へ屈曲する古新・美保里付近と福泊（姫路市的形町）とを結ぶ線の、ほぼ以南が加古川の氾濫原であったとみられることを考えると、六継里は河口付近と推定されるが、これら三つの里の南の米田町かあるいは西の曽根町付近に比定するほかなさそうである。

とされている。

「六継」の語源はあきらかでないが、「継」は餝磨郡英保里にも「継潮《つぎのみなと》」とみえる。「継」が崖地を呼ぶ地名用語として使われていたと考えると、沿岸部の崖状の地形を表現したものとも考えられる。

つぎに、益気里は、下文にみえる斗形山が、加古川の北岸、現加古川市東神吉町升田にある升田山（旧名益気山・岩橋山）のことなので、ここから東方にわたる地域が里域で、東限は郡界と思われるが、詳しいことは不明である（『日本歴史地名大系』）。

最後の含藝里については、加古川市に東神吉町《ひがしかんき》神吉《かんき》の地名が残っており、里域は、大国郷と益気郷の中間から北方、郡界に至る地域と推測されている（『日本歴史地名大系』）。

さて、こうしてみていくと、前述の①と②は、印南川（加古川）を境界とし、それぞれの地域のなかでおおまかに云って時計回りに記載されていることが知られる。②の地域では、六継里の現在地比定がむつかしいこともあって、里の記載がいかなる基準で排列されているのか把握しづらいところがあるが、少なくとも「一家云」の前後で、叙述される里が印南川を境する東西二域に分けられていることはたしかである。

では、これは、いかなる理由によるものであろうか。

これについては、賀古郡内で印南川を挟んで二つの地域に分けて記載したともとれるが、それよりも、印南川によっ

て賀古郡と印南郡が分割されていた結果と考えるべきではないだろうか。「一家云」以下の記事も、直前に脱文があり、なおかつ「入印南浪郡」の解釈がむつかしいので明言はできないが、これは、やはり郡名の由来についての別伝とみたほうがよいように思う。それゆえ、印南郡の存在を認めることにさほど不都合な点はないように思う。

もしも、今後、八世紀初頭の木簡で「印南郡」の記載のあるものや、あるいは七世紀に溯る木簡で「印南評」と記されるものが発見されれば、この問題も一気に急がつくのだが、目下のところはそれもない。植垣説は旧説の盲点をつく新説として魅力的だが、現状では、通説を覆すには至らないと云わざるをえない。

二、「聖徳王御世」

印南郡大国里条には、以下のような記述がある。


大国里土中〻。所三以号二大国一者。百姓之家多居レ此。故曰二大国一。

此里有レ山。名曰二伊保山一。帯中日子命乎坐二於神一而。息長帯日女命率二石作連大来一而。求二讃伎国羽若石一也。

自レ彼度賜。未レ定二御廬一之時。大来見顕。故曰二美保山一。

山西有レ原。名曰二池之原一。遭中有レ池。故曰二池之原一。

原南有二作石一。形如レ屋。長二丈廣一丈五尺、高亦如レ之。名号曰二大石一。傳云。聖徳王御世。弓削大連所レ造之石也。


右の記事によれば、大国里に美保山という山があり、その西に池之原が広がっていて、そこには「大石」と呼ばれる、家屋の形をした巨石が存在し、伝えによると、聖徳王の御世に弓削大連（物部守屋）の造ったものだという。

この巨石は、いわゆる石の宝殿のことで、現在の高砂市阿弥陀《あみだ》町《ちょう》生石《おおしこ》字宝殿山に鎮座する生石《おうしこ》神社社殿の背後にある巨大な石製品である。附近で産する竜山石《たつやまいし》を加工したもので、生石神社のご神体とされている。風土記には、「大石」と称されたことが記されるが、これが転訛して「生石（オオシコ）」となったのであろう。正面の最大幅六・四五メートル、奥行五・四八メートル、整形部の最大高五・七メートル、横約六・四五メートル、奥行約四・七五メートル、高さ約五・六メートルの直方体の巨石で、背面に一・七五メートルの突起がつく。正面は素面であるが、両側面には幅一・六メートル、深さ二十数センチ（最深部）の浅い溝が上下に通る。溝は石の上面にも及んでおり、上縁から約五〇センチまではたどることができるが、中央部には土が堆積し、全貌はわからない。『萬葉集』巻三の生石村主真人《おいしすぐりまひと》の歌「大汝《おおなむち》 少彦名《すくなひこな》のいましけむ志都《しづ》の石室《いはや》は幾世経《へ》ぬらむ」（三五五）は、この石をさしているとする説もある。

ところで、ここで注目したいのは、この大石を「聖徳王御世」に守屋が造ったという伝承である。ここにいう聖徳王が用明天皇皇子の厩戸皇子《うまやとのみこ》、すなわち聖徳太子のことを指していることはほぼ疑いない。「聖徳」の語は、厩戸皇子の名号としてはもっともよく知られたものだが、生前の名ではなく、薨去後の謚号とみるのが穏当であろう（坂本太郎『聖徳太子』〈吉川弘文館、昭和五十四年二月〉、のち『坂本太郎著作集』第九巻〈吉川弘文館、平成元年四月〉所収、一二頁）。古い実例としては、文武天皇朝の慶雲三年（七〇六）造立の法起寺三重塔の露盤銘（現物は亡佚し、顕真『聖徳太子伝私記』上巻に銘文のみ所収。この銘文については偽作説もある。大山誠一『聖徳太子と日本人』〈風媒社、平成十三年五月〉一九三〜一九五頁を参照）に「上宮聖徳皇」とみえるのをはじめとして、天平十年（七三八）前後の成立とみられる公式令集解、平出条の引く古記にも、

古記云。問。天皇謚。未知。謚。答。天皇崩後。拠㆓其行迹㆒。文武備者。称㆓大行㆒之類。一云。上宮太子称聖徳王之類。

とみえている。また、『萬葉集』巻三（天平十六年ごろまでの挽歌を収録）の四一五番歌の題詞に「上宮聖徳皇子出遊竹原井之時見龍田山死人悲傷御作歌一首」とあり、天平勝宝三年（七五一）の年紀のある『懐風藻』序にも「逮二乎聖徳太子一。設レ爵分レ官。肇制二禮義一。然而。専崇二釋教一。未レ遑二篇章一。」とある。さらに、風土記でも『釈日本紀』巻第十四（新訂増補国史大系本、一八八頁）や『萬葉集註釈』巻第三（萬葉集叢書本、一一一頁）所引の『伊豫国風土記』逸文の「温泉・伊社邇波の岡」に、

天皇等。於レ湯幸行降坐五度也。以下大帯日子天皇与二大后八坂入姫命一二躯上為二一度一也。以下帯中日子天皇与二大后息長帯姫命一二躯上。為二一度一也。以二上宮聖徳皇子一。為二一度一。及侍高麗恵慈僧葛城臣等也。于時。立二湯岡側碑文一。其立二碑文一処。謂二伊社邇波之岡一也。所レ名二伊社邇波一由者。当土諸人等。其碑文欲レ見而。伊社那比来。因謂二伊社邇波一。本也。碑文記云。（後略）

と記されている。

こうした用例に照らして、『播磨国風土記』の「聖徳王御世」は、「聖徳太子の治世に」といった意味で用いられていると理解してよいと思うが、正確な年代については疑問が残る。

物部守屋《もののべのもりや》は、尾輿の子にあたり、敏達・用明天皇朝に大連として活躍した人物だが（母姓により弓削《ゆげの》守屋とも称したので、ここでもその名で記されている）、父とともに排仏を主張して蘇我氏と対立。用明天皇が崩御したあとに天皇の異母弟にあたる穴《あな》穂部《ほべの》皇子を擁立したことで、対立は決定的となり、最後は蘇我馬子らに攻められ、射殺《いころ》された。これが西暦五八七年のことなので、大系が「聖徳王御世」が「太子の摂政は物部守屋滅亡後で時代が前後する。伝承の年代錯誤」と指摘するように、正確な年代は合わない。

ただ、厳密には大系の説くとおりなのだが、年代を大きく取り違えているわけではないので、このことが右の伝承

の致命的な欠陥とは云えないように思う。(4)

この表記で注目される点は、二つある。一つは、『播磨国風土記』の成立年代に照らして、これが厩戸皇子を「聖徳」と称した古い用例である点である。いま一つは、「御世」という表現である。ふつう「御世」は、「某天皇の御世」など、ある天皇の治世をもって時を示す筆法である。『播磨国風土記』のなかにも、「難波高津御宮御世」（賀古郡含藝里条ほか）・「大帯日子天皇御世」（印南郡含藝里酒山条ほか）・「志我高穴穂宮御宇天皇御世」（印南郡南毗都麻条）・「志貴嶋宮御宇天皇之御世」（餝磨郡大野里条）・「品太天皇之世」（餝磨郡大野里砥堀条ほか）・「大長谷天皇御世」（餝磨郡貽和里馬墓池条）・「大雀天皇御世」（餝磨郡餝磨御宅条）・「勾宮天皇之世」（揖保郡越部里条）・「小治田河原天皇之世」（揖保郡大家里大法山条）(5)・「宇治天皇之世」（揖保郡大家里上筥岡・下筥岡・魚戸津・朸田条）(6)・「難波長柄豊前天皇之世」（揖保郡石海里条ほか）・「近江天皇之世」（讃容郡中川里条）の用例があり、逸文でも「難波高津宮天皇御世」の表現がみえる。これらはいずれも記紀の皇統譜が載せている天皇であって、天皇（大王）の治世にかけてある出来事の年代を語る一般的な用例として理解できる。

ところが、聖徳太子の場合、即位の事実は記紀にはみえない。にもかかわらず、『播磨国風土記』にあたかも聖徳太子の治世が存在したかのような伝承が伝えられていることは、いかなる理由によるものであろうか。

風土記の注釈書でこの点を問題にしたものは寡聞にして知らないが、卑見をのべれば、「聖徳王御世」という表現は、太子が推古天皇朝で摂政として天皇大権の一部を担っていたことと関係があるのではないかと思う。

もっとも、聖徳太子については、『日本書紀』にみられるような、聖人としての太子像は、律令制のもとで中国の聖天子に匹敵するような模範的な天皇像を示すため、儒教的な政治を目指していた藤原不比等と、道教を好んだ長屋王と、唐から帰国したばかりの道慈《どうじ》が、『日本書紀』編纂の最終段階で構想したものだという大山誠一氏の説がある（『〈聖徳太子〉の誕生』〈吉川弘文館、平成十一年四月〉ほか)。

この説が正しければ、『播磨国風土記』の「聖徳王御世」という記述についてあれこれ論じてもあまり意味のないのだが、大山氏の〈聖徳太子〉虚構説もかならずしも盤石ではない。

ここで大山説について詳しく論じる餘裕はないが、[7]小論とのかかわりで、一つだけ疑問を呈しておきたい。それは、聖徳太子(厩戸皇子)の子山背大兄王《やましろのおおえのみこ》についてである。

周知のように、山背大兄王は、田村皇子(のちの舒明天皇)とともに推古天皇に後事を託された人物である。もし、『日本書紀』が描くような、聖徳太子像がフィクションであり、実在した厩戸皇子は推古天皇朝の一王族に過ぎなかったとすれば、なぜ、そのような一介の王族の子が、推古天皇崩御ののち、田村皇子とならんで有力な皇位継承候補者とされたのだろうか(詳細は『日本書紀』舒明天皇即位前紀によられたいが、舒明天皇即位前紀の記述をていねいに読むかぎりでは、推古天皇はかならずしも田村皇子を皇位にと考え、また遺詔していたのではなく、蘇我蝦夷の思惑によるところが大きいようである)。

とくに注目したいのは、山背大兄王の名にふくまれる「大兄」という称号である(以下、塚口義信「聖徳太子の「天皇事」とは何か」上田正昭・千田稔編『聖徳太子の歴史を読む』〈文英堂、平成二十年二月〉所収、に負う)。『日本書紀』には、「大兄」を称する人物が八名いる。

①大兄去来穂別尊(仁徳天皇皇后所生の第一子)→履中天皇
②勾大兄皇子(継体天皇元妃所生の第一子)→安閑天皇
③箭田珠勝大兄皇子(欽明天皇皇后所生の第一子)
④大兄皇子(欽明天皇妃所生の第一子)→用明天皇

⑤押坂彦人大兄皇子（敏達天皇皇后所生の第一子）
⑥山背大兄王（厩戸皇子妃所生の第一子）
⑦古人大兄皇子（舒明天皇妃所生の第一子）
⑧中大兄皇子（舒明天皇皇后所生の第一子）→天智天皇

「大兄」という称号だけでいえば、『古事記』に一例「日子人之大兄王《ひこひとのおおえのみこ》」という人物がみえており、さらに、『日本書紀』でも仲哀天皇の叔父にあたる人物として、「彦人大兄」の名がみえるが、前者はほかに「大兄」の用例を見出しえない『古事記』の場合であり、「日子人之大兄王」なる人物についてもはっきりしないし（『日本書紀』にはみえない）、また、後者も、他の用例とはずいぶん年代的に隔たっているので、これも除外したほうがよいであろう。このほかにも、『日本書紀』には「高麗太兄男生」や「上部位頭大兄邯子」など、高句麗の人物で「大兄」を称する例もいくつかみられるが、これも、ここでの問題には直接関係がないので省略する。

さて、右にあげた八例についていうと、まず、①は、『古事記』では「大江之伊邪本和気命《おおえのいざほわけのみこと》」と記される。同母弟の「墨江之中津王《すみのえのなかつのみこ》」や「蝮之水歯別命《たじひのみずはわけのみこと》」などの名を参考にすると、この「大兄（大江）」は地名に由来しているとみるべきあろう。それゆえ、他の用例とはいささか性格がちがうので、考察の対象から除外する。

そこで、残る②〜⑧の七名をみていきたいが、これらの人物には二つの共通点がある。第一に、ほぼ全員が天皇の子であり、しかも第一子だという点である。第二に、七名のうち、②・④・⑧の三皇子が即位しており、残る四人についても、⑤押坂彦人大兄皇子・⑥山背大兄王・⑦古人大兄皇子は、皇位を争いながらも敗れた皇子たちであるから、いずれも有力な皇位継承者だったという点である。また、③箭田珠勝大兄《やたのたまかつのおおえの》皇子にしても、欽明天皇の在位中に亡くなったので即位は実現しなかったが、存命ならば、当然即位したはずの、有力な皇位継承の候補者であった。

こうしてみていくと、「大兄」とは、有力な皇位継承候補者に冠させられた称号であったことが判明する。

ところで、さきに②〜⑧の父はおおむね天皇であると書いたが、一人例外がある。それが、まさに⑥山背大兄王である。

このことは、きわめて示唆に富む事実であって、他の「大兄」がいずれも天皇の子、しかも長子であったことを思えば、山背大兄王の父厩戸皇子も、推古天皇朝においてそれに准じる立場にあったと考えられる。

じつは、このことを裏づける記述が、『日本書紀』に存在する。すなわち、用明天皇元年春正月壬子朔条には、

立㆓穴穂部間人皇女㆒為㆓皇后㆒。是生㆓四男㆒。其一曰㆓廐戸皇子㆒。（更名豊耳聡。聖徳。或名㆓豊聡耳。法大王㆒。或云㆓法主王㆒。）是皇子初居㆓上宮㆒。後移㆓斑鳩㆒。於㆓豊御食炊屋姫天皇世㆒位㆓居東宮㆒。總㆓摂萬機㆒行㆓天皇事㆒。語見㆓豊御食炊屋姫天皇紀㆒。

とあって、厩戸皇子が「天皇《みかど》事《わざ》したまふ」と記されている。これは、天皇の代行として執政したという意味だから、厩戸皇子は天皇に準ずる存在だったということになる。こうした厩戸皇子の地位のおかげで、その子は「山背大兄王」と呼ばれたのであろう。

むろん、〈聖徳太子〉虚構説の立場からすれば、こうした記述も『日本書紀』編者の造作ということになるのだろうが、あながちそうとも云えない。坂元義種《さかもとよしたね》氏（「『隋書』倭国伝を徹底して検証する」『歴史読本』平成八年十二月号）や塚口氏（前掲論文、八九〜九四頁）は、『隋書』倭国伝が、推古天皇朝の倭王を「多利思比孤」、すなわち男王と認識していることから、中国との国交においては推古天皇ではなく、厩戸皇子が倭王と称しうる権限を有していたのではないかと推測している。とくに、塚口氏は、「天皇事したまふ」は、天皇大権の一つである外交権を厩戸皇子に委ねていたことをいったのではないかと推測しておられるが、筆者もその可能性は大きいと思う。

さて、こうして厩戸皇子が天皇に準ずる存在だったとすると、「聖徳王御世」という『播磨国風土記』の表記も、あ

ながち史実から乖離したものではないことが判明する。思うに、推古天皇朝の政治体制の実態を反映して、太子にかけてこの時代を語る表現はかなりはやくから利用され、地方にも滲透していたのであろう。この記事を採訪した郡司や、さらにはそれをもとに風土記を編んだ国司も、あえて書き改めることなく『播磨国風土記』に掲載したのであろうが、印南郡大国里条の一条は、はからずもそうした当時の人々の認識を伝えているのである。断片的なフレーズではあるが、推古天皇朝の厩戸皇子の実像をうかがう貴重な史料だと云えよう。

ちなみに云えば、推古天皇十四年（六〇六）是歳には「皇太子亦講二法華経於岡本宮一。天皇大喜之。播磨国水田百町施二于皇太子一。因以納二于斑鳩寺一。」とあり、天平十九年（七四七）二月に勘録された「法隆寺伽藍縁起《ほうりゅうじがらんえんぎ》并《ならびに》流記資財《るきしざい》帳《ちょう》」、あるいは『上宮《じょうぐう》聖徳《しょうとく》法王帝説《ほうおうていせつ》』にも、戊午年（推古天皇六年、五九八）に推古天皇が聖徳太子に与えた水田（「資財帳」では二百十九町一段八十二分）が播磨国揖保郡に存したことを伝えている。播磨の法隆寺領が、はたしてこれらの記録のとおり、推古天皇朝の成立かどうかはなお検討が必要だが（兵庫県史編集専門委員会編『兵庫県史』第一巻〈昭和四十九年三月〉四二五～四二九頁）、播磨国が聖徳太子と縁の地であったことは、「聖徳王の御世」という本条の表現を考えるうえで興味深い。

三、「事与上解同」

賀古郡鴨波里条には、

鴨波里土中々。昔大部造等始祖古理賣耕二此之野一。多種レ粟。故曰二粟々里一。此里有二舟引原一。昔。神前村有二荒神一。毎半二留行人之舟一。於レ是。往来之舟。悉留二印南之大津江一。上二於川頭一。自二賀意理多之谷一引出而。通二出於赤石郡林潮㆒。故曰㆓舟引原㆒。又事与㆓上解㆒同。

という記述がみえている。このなかで筆者が注目したいのは、末尾の「事与㆓上解㆒同」という注記である。これは「また、ことの次第は上の解と同様である」といった意味で、おそらくは、賀意理多の谷から陸で舟を曳いて赤石郡の林潮まで運んだから舟引原というのだという説明が、赤石郡（明石郡）のところにもみえることを云うのであろう。「おそらく」というのは、現存の三條西家本には冒頭に欠損があり、明石郡の記載を確認することができないからである。

ただ、もとは明石郡の記述が存したことは確実である。なぜなら、『釈日本紀』巻第八に「速鳥（駒手御井）」という、明石郡からの引用とみられる逸文（新訂増補国史大系本、一一四頁）がみえているからである。

問題は「解」という用語である。はやくに新考が「本書は国司より太政官に奉りしものなれば解と云へるにて上ノ解とは脱落せる明石郡の記事を云へるなり」（五八頁）と説明しているが、これによれば、本条の「解」とは『播磨国風土記』そのものであって、「上解」とは、そのうちの明石郡の部分をこう呼んだと解釈しうる。

こうした新考の解釈が正しければ、『播磨国風土記』のこの記述は、『常陸国風土記』の冒頭に「常陸国司解。申㆓古老相伝旧聞㆒事」とある記述とともに、風土記の実体は国司が太政官に提出した解であることを裏づける証拠となる。植垣節也「『播磨国風土記注釈稿（一）賀古郡』」（『風土記研究』創刊号、昭和六十年十月）は「当国風土記がもともと「解」として書かれたものであることを明確に証する文」（一五八頁）とし、同氏校注・訳新編日本古典文学全集5『風土記』（小学館、平成九年十月）がこれを注して「当風土記も本来解であった」（二四頁）と記しているのも、新考の説にしたがったものと思われる。

筆者も、こうした通説的理解にとくに疑問をいだくことはなかったが、のちに、ここにいう「上解」とは、明石郡の当該部分を指すことは間違いないにしても、「解」は『播磨国風土記』そのもののことではなく、明石郡司から播磨国司に提出された解のことではないかと考えるに至った。

風土記編纂の最終的な責任者が、当該国の国司であることは云うを俟たないが、各郡の直接の担当者は当該郡の郡司であったと考えられる。さらにいえば、その下の郷長（里長）がそれぞれ郷（里）の記載を取りまとめたことも推測されるが（廣岡義隆「郷家における素稿の作成―出雲国秋鹿郡恵曇郷を例に―」『三重大学　日本語学文学』二九、平成三十年六月）、この点についてはしばらく措くとして、風土記の原材料が郡単位で郡司の手によってまとめられたであろうことは、『出雲国風土記』において、各郡の末尾に郡司の連署があることからもこれを証することができる。『播磨国風土記』の場合も、郡によって、表記や文体に相違がみられるが、これは、担当者が郡ごとにちがったからだと考えれば納得がいく。

さて、こうした推測が的を射ているとすると、賀古郡鴨波里条の「事与二上解一同」は、郡司からの報告書の取りまとめにあたった国司が、明石郡司の解と賀古郡司のそれとを読み比べつつ、かかる注記を施したと考えてよいであろう。

『播磨国風土記』には、国司によるこれと似た注記が数箇所みられる。いまそれらを抜き出すと、以下のとおりである。

①六継里土中ゝ。所三以号二六継里一。已見二於上一。（賀古郡六継里条）

②右十四丘者。已詳二於下一。（餝磨郡伊和里条）

③賀野里。幣丘。土中上。右。稱二加野一者。品太天皇巡行之時、此處造レ殿。仍張二蚊屋一。故号二加野一。山川之名亦与レ里同。（餝磨郡賀野里条）

④所三以号二新良訓一者。昔新羅国人来朝之時。宿二於此村一。故号二新羅訓一。山名亦同。（餝磨郡枚野里新羅訓村条）
⑤漢部里多志野・阿比野・手沼川。里名詳二於上一。（餝磨郡漢部里条）
⑥揖保郡。事明レ下。（揖保郡総記）
⑦讃容里。事与レ郡同。土上中。（讃容郡讃容里条）
⑧神前山与レ上同。（神前郡条神前山条）
⑨上鴨里土中上。下鴨里土中中。右、二里、所三以号二鴨里一者、已詳二於上一。（賀毛郡上鴨里条）

いずれも、各郡から提出された報告書をもとに、風土記全体をまとめる作業の段階において、国司が記述の重複を削り、草稿を整理した際に附されたものと考えられるが、右の例はいずれも同じ郡内に重複する記述のある場合で、他郡にまたがる例はない。してみると、賀古郡鴨波里条の「事与二上解一同」は他郡の記述との間で重複が存した唯一の例といえるのであって、風土記編者があえて「上解」という表現をとっているのも、その点を考慮したからだと考えられる。

ところで、すでに指摘されているように、これとよく似た書式が『住吉大社《すみよしたいしゃ》神代記《じんだいき》』にみえている。すなわち、同書の神領に関する記載のなかに、以下のような記述がみえている（引用は、田中卓「校訂・住吉大社神代記」『田中卓著作集』第七巻〈国書刊行会、昭和六十年十二月〉所収による）。

豊嶋郡城邊山
四至　限レ東能勢國公田。限レ南我孫并公田。限レ西為奈河。公田。限レ北河邉郡公田。
右。杣山河元。昔橿日宮御宇皇后所レ奉レ寄二供神析一杣山河也。元偽賊土蛛造二作斯山上城壍一居住。略二盗人民一。軍大神悉令二誅伏一。吾杣地領掌賜。山南在二廣大野一。號二意保呂野一。山北別在二長尾山一。山岑長遠。號二長尾一。山中有二澗水一。名二鹽川一。河中涌二出鹽泉一也。豐嶋郡與二能勢國一中間在二斯山一。號二城邉山一由。因二土蛛城塹界在一。山中有二一直道一。天皇行二幸丹波國一還上道也。頗在二郊原一。百姓開耕。號二田田邑一。

一。河邊郡爲奈山　別名。坂根山

四至　限レ東爲奈川并公田。限レ南公田。限レ西御子代國堺山。限レ北公田。并羽束國堺。

右。杣山河領掌之由同二上解一。但河邊。豐嶋兩郡内山惣號二為奈山一。別號二坂根山一。昔大神誅二土蛛一宿二寢坂上一。仍號二坂寢山一。山内有二宇禰野一。今謂二宇禰野一訛。天皇遣二采女一令レ採二柏葉一。因號二采女山一。御子代國今號二武庫國一訛。

一。爲奈河。木津河

右河等領掌縁同二上解一。但源流者従二有馬郡。能勢國北方深山中一出。東西兩河也。東川名二久佐佐川一流三通多二抜山中一。西川名二美度奴川一。流二通美奴賣乃山中一。兩河倶南流逮二于宇禰野一。西南同流合。名號二為奈河一。西邊有二小野一。當二城邊山西方一。名曰二軍野一。昔大神率二軍衆一為レ撃二土蛛一御坐地也。因號二伊久佐野一。河邊昔居二山直阿我奈賀一。因號二阿我奈賀川一。今謂二為奈川一「就」訛。大神現二靈男神人一賜。令下流二運宮城造作料材木一爲中行事上賜。時斯川居女神欲レ成レ妻。亦西方近在武庫川居女神亦欲二同思一。兩女神成寵愛之情。而爲奈川女〔神〕懐二嫡妻之心一發二嫉妬一。取二大石一擲二打武庫川妾神一。并其川引二取芹草一。故爲奈川無二大石一生二芹草一。武庫川有二大石一無二芹草一。兩河一流合注レ海。依二神威一為奈川于レ今不レ入二不浄物一。領二掌木津川等一此縁也。

『住吉大社神代記』の成立については、諸説ある。奥書によれば、同書は、住吉大社が己未年（斉明天皇五年、西暦六五九年）七月一日に津守連吉祥の注進した記事と大宝二年（七〇二）八月二十七日に定められた本縁起を引き勘えて、天平三年（七三一）七月五日に神祇官へ上進した解文で、撰録者として津守宿禰嶋麻呂・津守宿禰客人の名を記すが、実際には元慶年間以後の造作とみられている（坂本太郎「『住吉大社神代記』について」『國史学』八九、昭和四十七年十二月、

のち同氏『日本古代史叢考』〈昭和五十八年十二月〉所収、さらに『坂本太郎著作集』第八巻〈吉川弘文館、昭和六十三年十月〉所収）。

成立年代は風土記よりもかなり新しいが、ここに「杣山河領掌之由同二上解一。」「右河等領掌縁同二上解一。」とあるのは、『播磨国風土記』の記述とよく似た書法で、興味深い。右に引いた箇所は、『住吉大社神代記』のなかでも住吉の神領に関する記載が並ぶ部分で、河辺郡為奈山や為奈河・木津河が神領となった由縁が、摂津国豊嶋郡城辺山が住吉領となった経緯と同じなので、あえてその繰り返しを避けてこう表現したのであろう。

『住吉大社神代記』はさまざまな材料を用いており、その構成は複雑だが（この方面の研究としては、酒井敏行「住吉大社神代記構成試論」横田健一編『日本書紀研究』第十二冊〈塙書房、五十七年十一月〉がある）、この神領に関する部分についていえば、現地で神領の管理にあたる出先機関の作成した報告書のようなものが提出されており、それがもとになっているのではないかと思われる。領地の四至や地名について詳しい注記があることも、こうした推測を助けるものである。

だとすると、『住吉大社神代記』の編者は、それをもとに神領を列記していくなかで、「同二上解一。」という文言によって、繰り返しを省いたのだと考えられる。むろん、「解」に盛られた内容は『播磨国風土記』とはちがうし、書かれた時代にも隔たりがあるが、この『住吉大社神代記』の書式は、『播磨国風土記』のそれに通じるものがある。

『播磨国風土記』に云う「解」を、郡司が播磨国司に提出した風土記のもととなる報告書とみることについては、その可能性を考慮しつつも、関聯史料が少ないのでなかなか自信がもてないでいたが、最近になって、日本書紀研究会などでご教示を蒙ることの多い神崎勝氏がおなじ見解をいだいておられることを知った（『講座『播磨風土記』第三回賀古郡（その2）・印南郡―語釈・注釈―』〈NPO法人妙見山麓調査委員会、平成二十五年三月〉四頁）。これに意を強くし、あえて卑見をのべた次第である。冊子をご恵贈いただいた同氏のご厚意には心より感謝申し上げたい。

あとがきにかえて―「播磨国風土記地図」を疑う―

以上、『播磨国風土記』をめぐる三つの問題点に関して、最近筆者が考えたことをのべてきた。いずれも、とりとめもない断片的な覚書であるが、従来あまり論じられなかったこともふくまれているので、卑見を開陳してご教示を乞うことも、まったく意味のないことではあるまい。

ところで、さきに第一の印南郡の存否に関聯して六継里の現在地比定にふれたが、この里の現在地比定については、最近出た中村啓信監修・訳注『風土記』上（角川書店、平成二十七年六月、以下「同書」と略称する）に不審な記述があるので、この機会にふれておく。

それは、同書が、同里の脚注で「所在不明」としながら、巻末の「播磨国風土記地図」（以下、「地図」と略す）では加古川河口の右岸に「六継里」と書き込んでいる点である。これは、いかなる根拠によるものだろうか。

そもそも、同書の『播磨国風土記』の現在地比定にはかなり大雑把なところがある。たとえば、餝磨郡巨智里条では、脚注でこの里の現在地を「姫路市御立・田寺・辻井・山吹のあたり」（三〇六頁）と記している。たしかに巨智里がこのあたりをふくむことは間違いない。なんとならば、巨智里にある草上村が、この附近に比定されているからである。

しかしながら、姫路市夢前町に古知之庄《こちのしょう》の地名が残ることからもわかるように、里域が、現在の夢前川上流の姫路市夢前町古知之庄附近まで広がっていたことは疑いない。吉田俊三『夢前川流域史』（吉田俊三、昭和四十九年二月）も、置塩地区から御立・田寺・辻井・山吹・西今宿・東北今宿にかけての一帯に比定している（四七〜四八頁）。それゆえ、本書のように、姫路市御立・田寺・辻井・山吹附近に限定した書きかたは、いかにもふじゅうぶんである。

さらに不審なのは、右にあげた六継里のように、本文中の脚注では「所在不明」としながら、「地図」にはその地名が記されている例が複数存在する点である。現在地比定の不可能な地名をどうして地図に落とし込むことが可能なのか、不思議でならない。ほかにも、たとえば、託賀郡黒田里袁布山・支閇岡条、託賀郡都麻里阿富山条、託賀郡都麻里高瀬村条、賀毛郡楢原里粳岡条のように、脚注では比定地さえ示していないのに、なぜか「地図」上では地名が明記されている例もある。

こうした脚注と「地図」の齟齬は、どうして生まれたのであろうか。これは、おそらく、同書が大系の附図を転用したことに原因があると思われる。その結果として、本文中の地名表記や注釈の説明と合わない箇所が生じたのであろう。両者を比較すれば明白なように、「地図」は体裁から、地名比定に至るまで、ほぼ大系の附図そのままである（ただし、同書のどこにも、大系の附図を利用したとは記されていない）。

たとえば、餝磨郡のところに「イカシ　ホ《（ママ）》　川」という記載がある。「地図」で河川名をカタカナで表記しているのはこれが唯一の例だが、こうした例外が生じたのは、そもそも大系の附図がこれをカタカナで表記していることに起因すると思われる。

読者のなかには、偶然の一致だと思うかたもおられるかも知れないので、念のために書いておくと、『播磨国風土記』には「イカシホ川」という河川は出てこない。あるのは、餝磨郡伊和里にみえる「瞋塩《いかしお》」という地名だけである。しかし、下文に渡し場を意味する「苦斉」という地名がみえるので、これが河川の名前だとわかる。瞋塩（川）は現在の夢前川のことであろう。上流は置塩川とも呼ばれ、姫路市夢前町宮置には置塩《おしお》町村《まちむら》（町村《まちむら》）の地名が残る。

もっとも、現在の夢前川は明暦二年（一六五六）に姫路藩主の本多忠次が付け替えたもので、旧夢前川は姫路市横関から蛤山東麓を経て今宿・荒川、英賀清水へ流れ、菅生川と合流していたらしい。いずれにしても、大系は、頭注においてこれが河川名であるとしたうえで、附図に「イカシホ川」を書き込んだのであり、校注者ご自身の研究成果にもとづく作図である。

ところが、同書の脚注では「瞋塩」に説明すら施していないのであって、本来なら「地図」に「イカシホ川」と書き入れることができるはずもない。しかも、カタカナで書くなら、「イカシオ」のはずで、ここだけ「イカシホ」と旧仮名遣いになっているのは、大系附図をそのまま使った動かぬ証拠である。

ほかにも、「地図」の揖保郡のところに「圧川」という河川名がみえているが、これも本文や読み下し文にしたがうなら、「意比川」か「厭川」と書くべきところである（この字の校訂には諸説ある）。「地図」のみ「圧川」となっているのは、大系の附図に拠ったからだと判断せざるをえない。また、賀毛郡のところに「修布里」という里名がみえるが、同書の校訂では「條布里」である。こちらも、大系の地図が「修」としているのを引き写した結果であろう。

同書が、なぜ、本文や注釈と齟齬をきたす点に目を瞑り、大系の附図を転用したのか、そして、そのことを断っていないのか、筆者にはよく理解できない。どなたでもよいから、納得のいく説明をお聞かせねがいたい。

注

（1）ただし、井上説だと、なぜ赤穂郡が欠落している点が問題となる。現存本『播磨国風土記』が延長年間の再提出だとしたら、はたして赤穂郡の記載を欠いたままのものをそのまま提出するようなことがあっただろうか。現存本を国衙保存の稿本とみることには異論がないが、再提出されたものとみるには、この点がいささか気にかかる。

（2）ただし、これを書写の過程における脱落とみるのか、そもそも記事がなかったのかは判断がむつかしいが、秋本吉郎氏は、「印南郡」という標題とそれに続く郡名の由来についての説明がないのは、「伝写間の脱文ではなく、記事筆録の未完によるのであろう」としておられる。氏は、大系補注で自説の要点をつぎのように記しておられる。「伝写間の脱落としては記事がまとまり過ぎている。播磨国風土記の現伝本には記事の筆録整理の不十分な箇所が幾多指摘せられるが、これもその一例と認めるべきである（拙稿「播磨国風土記未清選考」大阪経大論集」第一二号参照）。思うに、印南の地名は風土記の編述当時、大和の宮延人に熟知の地名（行幸などもあって）であり、それについては大帯日子命（景行天皇）の印南別嬢妻訪いの説話でナビツマが説明せられており、ナビ（隠）とイナミ（否、不諾）とが類似音声、かつ語義にも関連するものがあるので、この妻訪い説話でイナミを説明しようとする傾向があったのではないか。郡衙からの筆録では「入浪」で説明した郡名説明が記されていたが、国庁ではそれを本説として採用し難い先入観から「一家云」を附記し、本説を記すはずがそのままになった、といった編述未清撰の事情が考えられる」。また、久松潜一校註日本古典全書『風土記』上（朝日新聞社、昭和三十四年十月）は「頭初が欠けてゐるらしい」として、下文の「郡南海中有二小嶋一。名曰二南毗都麻一。志我高穴穂宮御宇天皇御世、遣二丸部臣等始祖比古汝茅、令レ定二国堺一、尓時、吉備比古・吉備比賣二人、参迎。於レ是、比古汝茅、娶二吉備比賣一生児、印南別嬢。此女端正、秀二於当時一。尓時、大帯日古天皇、欲レ娶二此女一、下幸行之。別嬢聞之、即遁二度件嶋一、隠居之。故曰二南毗都麻一。」という部分が「恐らく、郡の總記の文であらう」としておられる。ただ、秋本氏の解釈は相当穿ったもので、はたしてこうした推測のとおりかは、なお検討を要する。筆者は、「一家云」が掲げられているということは、本来、これに対応する正説が直前に存したはずで、それが伝写の過程で脱落した可能性が大きいと思う。三條西家本は、各郡の冒頭は行を改めて記すのを原則としているかのようであり、その意味でも、ここが不用意に駅家里条に繋げて追い込みにされているのは、脱文があって、郡の冒頭がわからなくなっていたことに原因があるよう思う。

（3）『播磨国風土記』の成立年代を考える手がかりとしてはやくから注目されてきたのが、風土記にみえる「里」の表記である。これに最初に注目したのが伴信友で、彼は、『出雲国風土記』意宇郡条に「右の件の郷の字は、霊亀元年の式に依って、里を改めて郷と為す」とある記述をもとに、「里」の字を用いた『常陸国風土記』が霊亀元年（七一五）以前の撰録であると考えた（「風土記考」『比古婆衣』巻十三所収。なお、『比古婆衣』は、『伴信友全集』巻一〈国書刊行会、明治四十年、のち昭和五十二年八月ぺりかん社から再刊〉所収）。

信友の説は、風土記の用字に注目したものとして説得力をもち、『常陸国風土記』とともに「里」の字を用いている『播磨国風土記』も霊亀元年以前の成立とすることができる。ただ、近年では、霊亀三年の年紀をもつ平城京跡出土木簡に、依然として郡里制による地名表記が存する例があることをもとに、郷里制の施行を霊亀三年（七一七）にもとめる新説も提出されており、霊亀元年以前の成立とするのは、困難な状況にある。

（4）ただし、伝承として年代が合うことと、この伝承が事実を伝えたものであることとは、別問題である。物部氏の本貫地ともいわれる天理市石上周辺では、東乗鞍・別所鑵子塚・ハミ塚など歴代の盟主墳の石棺はいずれも二上山の凝灰岩（東乗鞍・別所鑵子塚では阿蘇石も併葬）製で、龍山石は使用されていない（中司照世氏のご教示による）。

（5）「小治田河原天皇之世」については、推古天皇朝か斉明天皇朝は不明。

（6）このなかで、「宇治天皇之世」は異例の表記であり、言及しておく必要がある。宇治天皇とは、応神天皇の皇太子の菟道稚郎子こと。『日本書紀』によれば、母は和珥臣の祖日触使主の女宮主宅媛（『古事記』では矢河枝比売）。応神天皇紀によれば、百済王の派遣した阿直岐を師とし、ついで王仁に「諸典籍」を学び、「莫不通達」という。天皇は長子大山守命・中子大鷦鷯尊よりも弟の菟道稚郎子を愛し、太子としたか、応神天皇の崩後、菟道稚郎子は大鷦鷯尊に位を譲ろうとし、互いに譲り合い、最後は菟道稚郎子が自殺したので、大鷦鷯尊が即位したという。記紀は菟道稚郎子の即位の事実を記さないので、本条は『播磨国風土記』の「××天皇之世」という表現のなかでは異例である。しかも、「聖徳王御世」と決定的にちがう点は、記紀には即位の事実がみえない菟道稚郎子のことを「天皇」と表記している点であろう。詳しくはべつの機会に譲るが、風土記には記紀の皇統譜にみえない王族を「天皇」と称する例が『常陸国風土記』などにもある。こうした表記については、①記紀は記さないが、即位の事実があった、②即位の事実はないが、天皇に準ずる扱いを受け、それが天皇であるかのような伝承として定着した、③のちに天皇号を追贈された、などの可能性が考えられる。小論が取り上げた「聖徳王御世」は②の例であろう。菟道稚郎子についていえば、即位には至らなかったが、応神天皇の太子であった事実や、仁徳天皇との皇位の互譲をめぐる伝承などから、天皇に準ずる存在して認識されるようなことがあったのではあるまいか。とくに、風土記のこの部分は「上筥岡・下筥岡・魚戸津・朸田。宇治天皇之世、宇治連等遠祖、兄太加奈志・弟太加奈志二人、請二大田村与富等地一、墾レ田将レ蒔来時、廝人、以レ朸荷二食具等物一。於レ是、朸折荷落。所以、奈閇落處、即号二魚戸津一、前筥落處、即名二上筥岡一。後筥落處、即曰二下筥岡一、荷朸落處、即曰二朸田一。」とあり、菟道稚郎子とかかわりが深かったとみられる宇治連氏の伝えた伝承だが、同族の宇治部連や宇遅部連は菟道稚郎子の名代部の宇治部の管掌氏族だったので、菟道稚郎子を天皇と表現するのも、おそらくはそうした菟道稚郎子との由縁が反映したものと考えられる。菟道稚郎子を天皇と表現するのも、おそらくはそのあたりの事情と関係があると考えられよう。

（7）綿密な大山氏の論証を逐一批判することはなかなかむつかしいのだが、叮嚀にみていくと、大山氏の史料批判には粗雑な点が目につく。たとえば、天寿国繡帳銘について、大山氏は、おもに聖徳太子と孔部間人王の亡くなった年日附が日本では持統天皇四年（六九〇）に採用された儀鳳暦にもとづいていることを根拠に、後世のものだと考えておられる。しかし、天寿国繡帳銘にしるされる年紀がいかなる暦によってかは、まだよくわかっておらず、儀鳳暦に決めてしまうのも疑問が残る。唐において六一八年から採用された戊寅暦である可能性も捨て切れないのである（森田悌『推古朝と聖徳太子』〈岩田書院、平成十七年九月〉）。

飯田瑞穂氏によれば（「天寿国繡帳銘をめぐって」『古美術』一一、昭和四十年十一月、のち『飯田瑞穂著作集』第一巻〈吉川弘文館、平成十一年十二月〉所収、ほか）、天寿国繡帳銘には、後代にほとんど用例の確認できない、古い字音假名が使用されており、単純に後世の作とは決められないという。

太子の自筆稿本と伝えられる『法華義疏』にしても、大山氏はこれを否定しているが、東野治之氏のように、太子自筆でまちがいないとする研究者もおられるので、容易に帰趨をみない。

筆者も、大山氏の著書を読んでいると、いささか勇ましすぎるのではないかと思う点が多々ある。いちいち指摘するだけの餘裕はないが、一つだけ、『釈日本紀』巻第十四（新訂増補国史大系本、一八八頁）や『萬葉集註釈』巻三（萬葉集叢書本、一一一頁）が引く『伊豫国風土記』逸文の「温泉・伊社邇波の岡」の一条を取り上げておく。聖徳太子が、恵慈や葛城臣とともに道後温泉に出かけ、碑を立てたことを伝える、この風土記逸文は、十三世紀に書かれた仙覚の『萬葉集註釈』や卜部兼方の『釈日本紀』に引用されるもので、そこに引かれた碑文（いわゆる「伊豫湯岡碑文」）とともによく知られている。大山氏は、この碑文が『萬葉集註釈』や『釈日本紀』以前にまったく知られていないところから、二書の成立以前にはもともとなかったと考えるべきで、それをふくむ『伊豫国風土記』逸文も、有職故実や古典研究が盛んになった鎌倉時代に誰かが捏造した文章と考えるのが無難であろうとしておられる（『聖徳太子と日本人』〈風媒社、平成十三年五月〉一九二頁）。

しかしながら、これは、風土記研究の成果をまったく無視した無責任な発言である。『萬葉集註釈』や『釈日本紀』が、当時はまだ残っていた古風土記からかなり正確に記事を引いていることは、現存する『出雲国風土記』や『播磨国風土記』との比較からも一目瞭然である。ゆえに、『伊豫国風土記』逸文にしても、古風土記からの引用である確率はかなり高いと思われるのに、それを後世の捏造と切って捨てるのは、あまりに武断に過ぎるように思う。

附章　豊受大神宮の鎮座とその伝承

はじめに

皇大神宮、いわゆる内宮《ないくう》は、延喜伊勢大神宮式《えんぎいせだいじんぐうしき》に、

伊勢大神宮。

大神宮三座 在二度会郡宇治郷五十鈴河上一。

天照大神一座。

相殿神二座。

禰宜一人 従七位官。 大内人四人。物忌九人 童男一人。童女八人。 父九人小内人九人。

とあり、さらに同神名式にも、

大神宮三座 相殿坐神二座。預月次新嘗等祭。並大。

とあるように、天照大神を祀る神社で、現在も三重県伊勢市の地に鎮座している。

いっぽう、豊受大神宮《とようけだいじんぐう》、いわゆる外宮《げくう》については、やはり伊勢大神宮式に、

度会宮四座。 在二度会郡沼木郷山田原一。去二太神宮南一七里。

豊受大神一座。

相殿神三座。

禰宜一人従八位官。大内人四人。物忌六人。父六人。小内人八人。

とあり、神名式にも、

度会宮四座相殿坐神三座。並大。月次新嘗。

とみえている。豊受大神とは、天照大神に食事を奉る神である。この両正宮と、これに所属する別宮・摂社・末社・所管社《しょかんしゃ》をあわせて、一般に「伊勢神宮」と称しているのである（正式には「神宮」）。

神宮、とりわけ内宮がいったいいつごろ成立したのかという問題は、ひじょうに重要な意味をもつ。なぜなら、内宮は、皇祖神である天照大神を祭神としているからである。すなわち、天皇家の祖先神を祀る神社が伊勢の地に鎮座した時期や理由を探ることは、天照大神を奉祀する政治的集団、すなわちヤマト政権がいかにして東方へ勢力を拡大してきたかを知ることに繋がるのである。

内宮鎮座の時期とその意味については諸説あるが、筆者の個人的な印象をのべれば、内宮鎮座の時期も、現在通説として一般に滲透《しんとう》している雄略天皇朝(1)あるいは文武天皇朝よりは、かなり古いような気がする。結局のところ、内宮は、大和盆地の東南部を拠点としたヤマト政権が、東方へその勢力を伸長させていくなかで、その東の方角にあたる伊勢の地に大王家の祖先神である天照大神を祀ったのが、その原形ではあるまいか。そして、それは、四世紀中葉から後半にかけてのある時期だったとみてよいのではないだろうか(2)。

戦後、神宮の創祀に関する研究は飛躍的に進み、内宮の伊勢鎮座とその意義については活撥な議論がおこなわれ、それがこんにちまで続いている。しかし、いっぽうの外宮については、御饌神という脇役的な性格と、(3)丹波から伊勢への遷座を伝える史料が神宮側にしか残されていないことから、内宮ほど研究は盛んではない。

しかし、外宮の鎮座とそれにかかわる伝承の分析は、神宮の本質を考えるうえで看過できない重要な課題である。

そこで、小論では、あらためてこの問題を取り上げてみたいと思う。

一、外宮の鎮座伝承をめぐって

1　神宮側の古伝

外宮の鎮座については、『止《と》由《ゆ》気宮《けぐう》儀式帳《ぎしきちょう》』『太神宮《だいじんぐう》諸雑事記《しょぞうじき》』といった神宮側の古い記録は、これを雄略天皇朝のこととしている。たとえば、『止由気宮儀式帳』はつぎのように記している。

> 天照坐皇大神。始巻向玉城宮御宇天皇御世。国国処処太宮処求賜時。度会乃宇治乃伊須須乃河上爾大宮供奉。爾時。大長谷天皇御夢爾誨覚賜久。吾高天原坐氐見志真岐賜志処爾。志都真利坐奴。然吾一所耳坐波甚苦。加以大御饌毛安不㆓聞食㆒坐故爾。丹波国比治乃真奈井爾坐我御饌都神。等由気大神乎。我許欲止誨覚奉支。爾時。天皇驚悟賜氐。即従㆓丹波国㆒令㆓行幸㆒氐。度会乃山田原乃下石根爾宮柱太知立。高天原爾知疑高知氐。宮定斎仕奉始支。是以。御饌殿造奉氐。天照坐皇大神乃朝乃大御饌。夕乃大御饌乎日別供奉。

よく知られていることだが、『止由気宮儀式帳』は『皇大神宮儀式帳』とともに、延暦二十三年（八〇四）に『弘仁式』（具体的には『弘仁伊勢太神宮式』）編纂の資料とすることを目的として提出を命じられたものである。これら儀式帳が神宮神官から神祇官に提出され、神祇官が検判を加えている点については、虎尾俊哉氏が、

神祇官が両神宮の神官達から提出された『儀式帳』の内容に公的な権威を与えた上で、更に太政官なり格式編纂

所なりへ送付する必要があったからだ。

とのべておられるとおりである。[4] そこから判断すると、儀式帳に記された、外宮の雄略天皇朝鎮座説をふくむすべての内容は、いわば政府公認の古伝とみてよい。ゆえに、その内容に虚偽の申告があるはずもなく、外宮の雄略天皇朝鎮座説にしても、それは神宮が古くから伝えきた公式見解だったと云える。

もっとも、古伝だからといって、それがただちに史実だとは云えないのであって、外宮が丹波から遷座したという伝承については、これを疑う説もある。たとえば、岡田精司氏は、外宮は他処から移ってきたという性格のものでなく、古来、度会の国魂が籠もると信じられ、度会一族にとって祖先神の聖地でもあった高倉山を中心に、彼らによって斎かれてきたものであると考えておられる。[5] 岡田説が正鵠を射たものだとすれば、遷座伝承ものちの創作ということになるが、後述のように、筆者は、とくにこれを疑わねばならない理由を見出せない。

ただ、右の所伝については、疑問とすべき点が存することはたしかである。

まず、『古事記』や『日本書紀』といった古典が外宮の鎮座については記していない点である。とくに、雄略天皇紀が外宮鎮座について沈黙しているのは、崇神・垂仁天皇紀が内宮についての詳細な記事を掲げるのと対照的である。外宮の雄略天皇朝鎮座が神宮側の記録にのみみえ、記紀にそれを裏づける記事がないことは、その信憑性を疑う理由の一つとなろう。

つぎに、『止由気宮儀式帳』は鎮座の年紀を記さないのに、『太神宮諸雑事記』や神道五部書が、これを雄略天皇二十一年または二十二年のこととしている点である。雄略天皇朝にはすでに暦が使用されていたと考えられるので、[6] 鎮座の年紀が伝えられていたとしても不思議ではない。

この点について、田中卓氏は、『止由気宮儀式帳』は「御遷宮のストーリーそのものが中心であるから、一々の年代を省略したにすぎないであろう」と考えておられる。(7) しかし、この年代は、外宮鎮座に関しては逸することのできない重要な情報である。外宮の鎮座に関するもっとも古い記録である『止由気宮儀式帳』が、それをあえて明記していないのは、やはり、本来は正確な年紀が備わっていなかったからではあるまいか。だとしたら、二十一年託宣、二十二年鎮座という年紀はなにを根拠に誰が言い出したことなのだろうか。これも疑問である。

三つ目に、すでに内宮が存在するにもかかわらず、あえて外宮を勧請した理由も、従前の研究ではじゅうぶん解明されているとは云いがたい。食膳を奉る神が祀られている例は、神祇官の西院で祀られる御食津神などいくつかあるが、その性格はかならずしも明確ではない。丹後地方は、狭小な平野が点在するだけでけっして豊かな穀倉地帯とは云えない。そこに五穀豊饒の神が集中するわけもじゅうぶん解明されたとは云いがたいし、それが天照大神の御饌神にえらばれた理由も明確ではない。

以上のようないくつかの疑問について、筆者なりの見通しを立てようというのが小論のねらいであるが、なにぶん史料の不足から推測に留まるところも少なくない。不備については、切に読者諸彦のご批正を乞う次第である。

2　丹後とヤマト政権

はじめに、雄略天皇朝鎮座説の是非について検討したいが、そのためには、当時、つまり五世紀後半におけるヤマト政権と丹波の政治集団の関係について考えておく必要がある。なぜなら、豊受大神が鎮座していたという丹波は、すでに四世紀代からヤマト政権と親密な関係を構築していたとみられるからである。

両者の結びつきは、ヤマト政権が朝鮮半島や中国大陸の先進文物を取り入れるため、丹後半島を拠点とする日本海

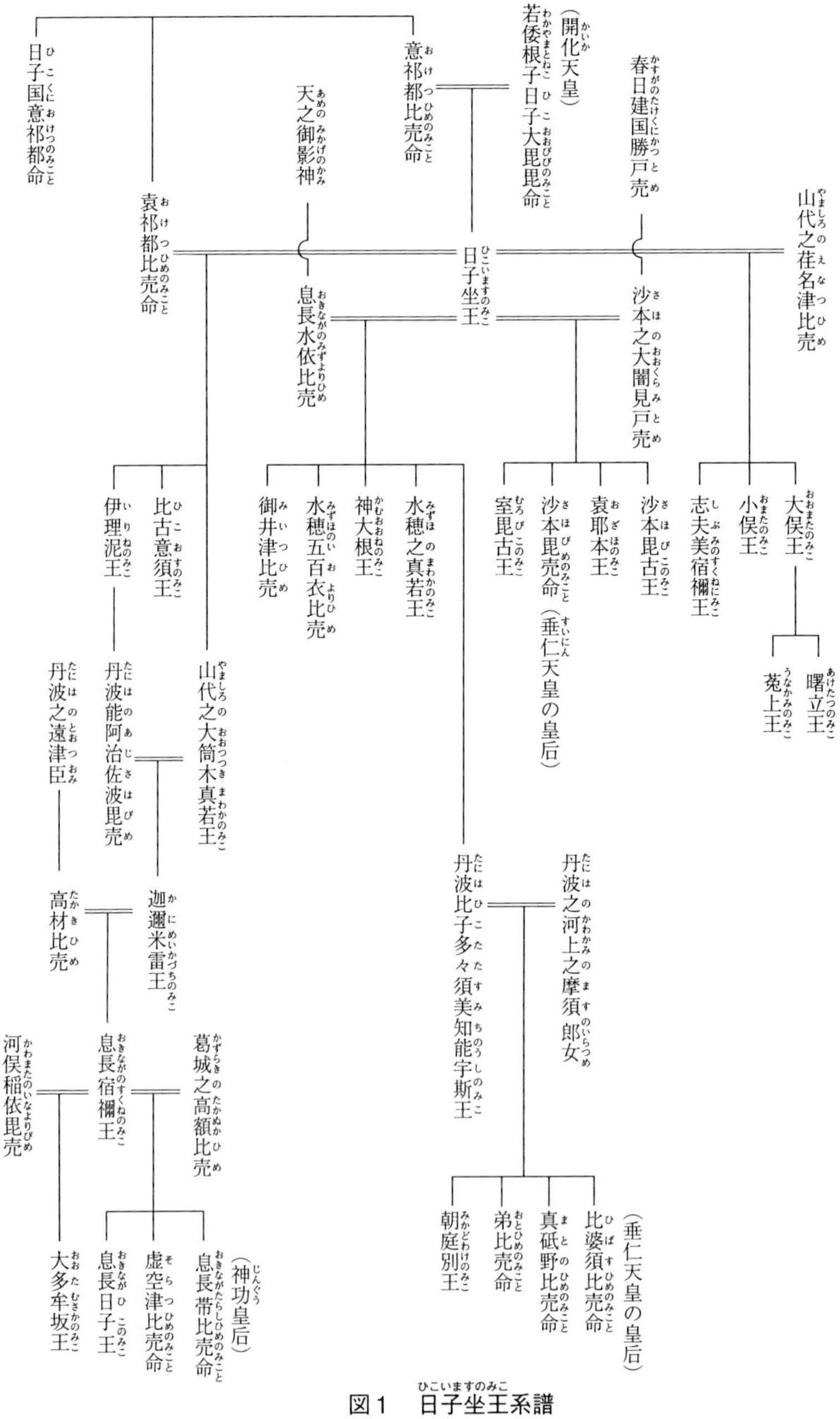

図1　日子坐王系譜《ひこいますのみこ》
（『古事記』による）

ルートの航路を利用しようとしたことに始まると思われる。すなわち、丹後半島の港湾を掌握していた丹後政権は、そこに目をつけたヤマト政権とはやい段階から強く結びついていたようである。さきにもふれたように、丹後一帯の農業生産力はかならずしも大きいとは云えず、四世紀代にこの地に栄えた政権を支えるだけの経済的基盤になったとは考えがたい[8]。しかし、丹後ではすでに弥生時代後期から、こうした海上交通を利用して山陰沿岸・朝鮮半島・中国大陸と交易し、その利を得ていたのであって、ヤマト政権がこれに注目したのも、当然である。

丹波とヤマト政権の結びつきは、『古事記』にみえる日坐王《ひこいますのみこ》系譜（図1参照）からもたしかめられる。この系譜は『日本書紀』にはみえないが（散逸した「系図一巻」に記されていたのであろう）、開化天皇皇子と伝えられる日子坐王が山城南部・近江・丹後などの政治集団とひろく婚姻関係を結んでいたことを示す一大系譜群である。その記載内容がどこまで事実を反映しているかは慎重に判断する必要があるが、少なくとも四五世紀のある時期におけるヤマト政権の同盟関係を反映したものであることは認めてよいであろう[9]。

この系譜で注目すべきは、垂仁天皇が丹波の豪族と思われる丹波道主王《たにわのみちぬしのおおきみ》の娘を三人（『日本書紀』は四人とする）も娶っていたとされる点である。天照大神の御杖代となった倭姫命の母日葉酢媛《ひはすひめ》（比婆須比売命）もその一人である。後述のように、四世紀代の丹後の大型前方後円墳は、いずれも大王（天皇）関係者の墓特有の三段築成であり、それを参考にすると、こうした后妃伝承はおそらく実際の婚姻関係にもとづいている可能性が大きい。

この系譜でいま一つ注意を惹くのが、日子国意祁都命《ひこくにおけつのみこと》である。開化天皇は意祁都比売命《おけつひめのみこと》・袁祁都比売命《をけつひめのみこと》という姉妹を妃にし、日子坐王をもうけたのだが、二人の兄にあたる日子国意祁都命は和爾臣（和邇・和珥など表記は多数あるが、ここでは便宜上「和爾」に統一）の祖だと記されている。これが事実だとすれば、初期ヤマト政権の王族は、のちに和爾臣氏となる集団[10]と強く結ばれていたことになる。

和爾臣氏は、大和盆地の東南部、現在の天理市和爾附近を本拠とした古い豪族で、歴代天皇に后妃を出したことで知られているが、丹後の勢力もまた、大和を中心とする聯合政権の枠組みのなかで和爾臣氏とも関係を有していたのであろう。

丹後における和爾臣氏や和爾部の存在を示す直接の史料はないが、近隣の小丹波・若狭・近江には和爾臣氏が盤居していたことが知られており、[11]彼らが丹後に進出していた可能性もじゅうぶん考えられる。

この和爾臣氏と丹波の関係を考えるうえで注目されるのが、京都府宮津市の籠神社に伝わる『海部《あまべ》氏《し》系図《けいず》』である。これによれば、[12]海部直氏は「和珥祖」とされる健振熊命から出たとされている。後述のように、健振熊命は、麛坂王・忍熊王の叛乱で神功皇后・応神天皇側について活躍した人物だから、この記載には興味深いものがある。

ただ、『海部氏系図』については疑問がないわけではない。この系図では、「健振熊宿禰」とその児「海部直都比」との間にはほかの系図からの引用ないしは省略をあらわすとみられる蛣という形の記号がしるされている。[13]実際にここで系譜上の断絶があったとすると、健振熊命が実際に海部直氏の祖先かは慎重に判断しなければならない。加藤謙吉氏も、海部氏が始祖とする彦火明命は尾張氏の始祖であり、三世孫の倭宿禰命も大倭直氏（大倭国造）の始祖椎根津彦だと推測できるところから、『海部氏系図』は「系統の異なる氏族の始祖や祖先の名が系図の中に雑然と海部氏の祖として配置されており、二次的な造作の行われた疑いが濃厚である」とのべておられる。[14]

こうした疑問はもっともだが、海部直氏が、なんの根拠もなく、自家の始祖として彼の名をあげているとも思えない。[15]宝賀寿男氏によれば、和爾臣氏や尾張連氏は、もとは海神系であり、阿曇連氏とともに海神綿積豊玉彦命の後裔氏族だったというから、[16]海洋と縁の深い海部直氏がこれらの氏族と結びついていたとしても不思議ではない。鈴木正信氏は、丹後の海部直《あまべのあたい》氏が海上交通によって日本海沿岸に分布した和爾部と交流したと推測しておられるが、[17]その可能性も考えられよう。

また、宝賀氏によれば、尾張連氏と倭国造は同族だと考えられるというから、[18]『海部氏系図』が彦火明命と倭宿禰命の二人を祖先にあげることはかならずしも不当ではない。ただし、『先代旧事本紀』巻第五「天孫本紀」の掲げる尾張氏の系譜には、火明命の三世孫に倭宿禰命はみえないから、系図にはなんらかの混乱のあるとする加藤氏の指摘は故なしとしない。[19]

ところで、前述の丹波道主王の支配する領域のうち丹後一帯は、豊受大神を祀る神社が集中する土地である。この地域では、いわば「トヨウケ信仰」とでもいうべきものが滲透していたのである。[20]延喜神名式によると、丹後国の中心である丹波郡には式内社が九座あるが、そのいずれもが豊受大神を祭神とする神社である。豊受大神は、この地方では保食神《うけもちのかみ》と呼ばれ、五穀・養蚕・造酒の神だという。[21]

延喜神名式には祭神の記載はないので、豊受大神がいつごろからこれらの神社の祭神とされていたかは、なお検討の餘地がある。しかしながら、丹後の地に「トヨウケ信仰」が滲透していた点はとくに疑う理由はない。後世の史料であるが、『倭姫命《やまとひめのみこと》世記《せいき》』や『伊勢二所皇太神御鎮座伝記《いせにしょこうたいじんごちんざでんき》』など、いわゆる神道五部書には「丹波国の与佐《よさ》の小見比治の魚井の原に坐す道主子八乎止女《おとめ》の斎《いつ》き奉《たてまつ》る御饌都神《みけつかみ》止由居皇大神《とゆけのすめらのおおかみ》」などと書かれているので、豊受大神は、丹波道主王に象徴される政治集団の奉斎する神だったのであろう。

3　丹後の前方後円墳と四世紀末の内乱

丹波の地域政権で見逃せないのは、四世紀末から五世紀前半にかけて、この政権が大きな変化があったとみられる点である。

四世紀代、丹後に巨大な前方後円墳が相次いで築造されたことは、よく知られている。[22]最初に現れるのが白米山《しらげやま》古墳。これが四世紀前半の築造といわれている。与謝野町にあり、墳丘長は約九二メートルである。ついで出現するのが、おなじ与謝野町にある蛭子山《えびすやま》古墳だが、これが四世紀半ばの築造といわれている。墳丘も巨大化し、約一四五メートルある。しかも、三段築成である。このタイプの古墳は王族墓である可能性が大きく、[23]この古墳の被葬者とヤマト政権との濃厚な関係がしのばれる。

ついで、四世紀後半の築造とみられる旧網野町の網野銚子山古墳（墳丘長約一九八メートル）、四世紀末の築造とされる旧丹後町の神明山《しんめいやま》古墳（墳丘長約一九〇メートル）が相次いであらわれる。これら二つも三段築成で、その被葬者は、やはり王権につらなる立場にあったものと推測されている。[24]

なかでも、神明山古墳の墳丘は、奈良市の佐紀盾列《さきたたなみ》古墳西群にある佐紀陵《みささぎやま》山古墳や神戸市の五色塚古墳と同形であり、両者の強い結びつきを示唆している。佐紀陵山古墳は、三浦到氏の研究にもあるように、[25]前述の日葉酢媛の墓の可能性が大きく、四世紀代の丹後の政権は、大和盆地北部に拠点をおく佐紀政権とでも云うべき政治集団と密接な関係にあったと考えられるのである。

ただ、この神明山古墳のあと、丹後の大型前方後円墳は急速に衰退する。神明山古墳についで旧弥栄町に黒部銚子山古墳が築かれているが、後述のように、この時期の大首長墳はすでに但馬に移っており（池田古墳）、その規模はかなり縮小し（墳丘長約一〇〇メートル）、墳丘も二段築成に変わっている。そして、これと歩調を合わせるかのように、この地方の独自性を示す丹後型円筒埴輪も使用されなくなっている。[26]

このことは、四世紀末から五世紀はじめにかけてのある時期に、それまでヤマト政権と結んで絶大な勢力を誇っていた丹後政権が急激に衰退していったことを物語っている。

では、こうした勢力減退の原因は、奈辺にあるのであろうか。

文献研究の方面では、これが記紀にみえる麛坂王・忍熊王の叛乱伝承とかかわりがあるとする説が有力である。記紀によれば、誉田別皇子《ほむたわけのみこ》が生まれた翌年、神功皇后《じんぐうこうごう》は、皇子をともなって穴門の豊浦宮《とゆらのみや》から大和に帰還するが、そのとき、麛坂王・忍熊王《おしくま》兄弟が謀反を起こしたという。彼らの母は大中姫《おおなかつひめ》で、誉田皇子とは異母兄弟にあたる。二王は、皇后が筑紫で誉田別皇子を出産したことを知り、群臣がこの幼い皇子を天皇に立てるのではないかと不安をいだいたという。

神功皇后摂政前紀では、兄の麛坂王は、菟餓野《とがの》で戦の勝敗を占った際に、猪に喰い殺されてしまうが、弟の忍熊王は、各地を転戦しながら、神功皇后の差し向けた数万の軍に抵抗する。しかし、結局は琵琶湖沿岸まで敗走し、最後は瀬田で入水する。

こうした内紛については、神功皇后・応神天皇に象徴される河内の政治集団と麛坂王・忍熊王に象徴される三輪山周辺の政治集団（三輪政権）の対立抗争としてとらえ、これに勝利した前者が河内政権を樹立したと解釈されてきた。

これに対し、塚口義信氏は、事実はそうではなかったとされる。[27] 周知のように、初期のヤマト政権は、大和とその周辺の国々に盤踞《ばんきょ》していた複数の政治集団によって構成される聯合組織で、そのなかのもっとも有力な政治集団から最高首長が出ていたと考えられる。はじめに強大な勢力を誇っていたのは三輪山山麓に拠点をおく政治集団である。いわゆる「三輪王朝」である。

その後、四世紀後半にこうした最高首長権を握るのは、大和東北部から山城南部の地域を勢力基盤とする政治集団（佐紀政権）である。ここに三輪から佐紀への権力の移動が認められる。[28] 神功皇后陵に治定される五社神《ごさし》古墳（墳丘長二七五メートル）など、当時としては最大規模の前方後円墳が集中する佐紀盾列《さきたたなみ》古墳群西群(現奈良市山陵町附近)を築造したのもこの集団であり、塚口氏は、その正統な後継者こそ、記紀に麛坂王・忍熊王の名で登場する人物であったとみておられる。

ところが、四世紀末に、最高首長の座をめぐる内紛が生じた。それは、朝鮮半島をめぐる外交政策の対立を契機としたもののようだが[29]、前述のように、反主流派であった神功皇后・応神天皇の名で語られる一派が勝利を得る。塚口氏によると、四世紀代の丹波の大首長はヤマト政権ときわめて親密な関係を結んでいたが、主流派の系列に属していたため、四世紀末の内乱の結果、その勢力が弱体化したのだという[30]。なるほど、そのように考えると、五世紀代における丹後の前方後円墳の衰退も、納得がいく。

ちなみに、応神天皇の有力な後ろ盾には河内の政治集団があった[31]。記紀の皇統譜では、応神天皇は、品陀真若王の娘仲津姫命に入り婿した形になっているが、この品陀真若王は、「ホムダ（ホムタ）」という名からもわかるように、河内国古市郡誉田附近を拠点とする政治集団の首長だったと考えられる。彼は、内乱のあと、佐紀の政治集団から応神天皇をむかえることによって、ヤマト政権の正統な後継者としての立場を確立したのであろう。五世紀にはいり、最大規模の前方後円墳が古市古墳群に移動していたのも、応神天皇の「入り婿」を境に、最高首長の座が佐紀から河内に移ったことに原因があると考えると、これまた巨大前方後円墳の消長を整合的に解釈できるのである。

こうした河内政権の誕生は、朝鮮半島や中国大陸との通交に大きな変化をもたらしたと考えられる。すなわち、それまでの佐紀政権は、丹後半島が大陸からの先進文物の受け入れ地の役割を担っていたのだが、五世紀に入ると、日本海ルートにかわって、摂津・河内を要津とした瀬戸内海—北部九州ルートが確立されるのである[32]。そうなると、ヤマト政権（河内政権）における丹後の比重も下落せざるをえないのであって、これも丹後政権衰退の要因の一つであろう。

4　雄略天皇朝の丹波

では、五世紀代の丹後は、どうだったのか。つぎに、この時期についてみてみたい。

四世紀末の内乱をきっかけに大きく後退した丹後政権ではあるが、ヤマト政権と繋がりが消滅したわけではなかった。このことは、考古学的な資料からも裏づけられる。それは、丹後の中期古墳の埋葬施設に多くみられる長持形石棺の存在である。六枚の石板を組み立てた長持状のこの石棺は、畿内の大王墓に共通する特徴的なものだが、古墳時代中期の築造とみられる法王寺古墳・産土山古墳・願興寺五号墳・馬場の内古墳・離湖古墳には、この長持形石棺が採用されているのである[33]。

丹後半島という狭い地域のなかで五基もの古墳に長持形石棺が使用されているのは、畿内を除けばほかに例がないというから、これが「三大古墳に続く時代にあってもヤマト政権と丹後の間に密接な関係があったことを物語っている」と考えてよいであろう[34]。

ただ、中司照世氏によれば、長持形石棺は、中首長墳とみられる産土山古墳[35]を除くと、小首長墳に該当するかどうかさえ疑問の残る例が多いという（地域的には旧丹後町に集中）。

しかも、石材について云えば、竜山石《たつやまいし》ではなく地元産の石を用いているのに過ぎない。ヤマト政権からの距離という点でほぼ丹後に匹敵する播磨では、たとえば、壇場山《だんじょうさん》古墳・同古墳の陪冢、山之越古墳、時光寺古墳など、多くの古墳で竜山石が使用されているのと比べると見劣りすることは否めない。

中司氏によれば、こうした地元産石材の多用は、中央で盛行している長持形石棺文化が丹後に波及し、地元丹後の石工がそれを模倣したものだという。同様に、畿内ではあまり例のない箱形石棺がこの地に散見されることも、他の地域の影響であろう。

なお、これに関聯して、黒部銚子山古墳のあと、後続の大首長墳が存在しない点も見逃せない。この地方の最高首長墓は、以後、但馬や丹波に築かれるのであって、その変遷は、おおよそ、但馬・池田古墳（兵庫県朝来市）→但馬・船宮古墳（兵庫県篠山市）→小丹波・雲部車塚古墳（兵庫県篠山市。船宮が先か雲部車塚が先かは現行では同列比較が不可能なので未詳）→小丹波・千歳車塚古墳（京都府亀岡市）という順である。中司氏は、これを丹後の政権が但馬をふくむ広域の「丹波」に統合された結果とみておられるが、支持すべき見解である。

しかも、三段築成・葺石・埴輪・周濠など、王権との深い繋がりが想定される池田古墳が、丹後よりもさらに西に位置していることは、瀬戸内海側の壇場山古墳（これも三段築成）の存在と相俟って、ヤマト政権の勢力がこれらの被葬者と結び、西に力を伸ばしたことを示唆している。丹後地方の狭小な谷平野ごとに存在した小集団は、さらに広域（律令制下における小丹波・丹後・但馬に相当する範囲）を支配するこの地域の最高首長の従属することになったのであろう。[36]

ところで、『止由気宮儀式帳』が記すように、豊受大神が雄略天皇朝に遷座したのであれば、これはまさに丹後政権の後退期にあたる。

豊受大神は食膳奉仕の神であることはさきにものべたが、こうした御饌神が雄略天皇朝に遷座したというは、丹後地域が完全にヤマト政権の支配下に入ったことと関係があるのではあるまいか。すなわち、丹後の政治集団は、王権への服従の証しとして、自らが奉斎する神を皇祖神に食事を供する神として差し出したのではないだろうか。[37]

記紀・風土記をひもとくと、天皇の巡幸・遠征に際して、出迎えた在地首長が、天皇に饗応の食事を差し出すという記事が頻出している。景行天皇が東国にみずから赴いた際に、磐鹿六鴈《いわかのむつかり》が食膳を奉ったという伝承はその代表例である。すでに指摘されているように、こうした食膳奉仕は、服属儀礼の一種であると考えられるのであって[38]、これを参考にすると、丹後の在地神が迎えられたのも、この神が食物・食膳を掌る神だったことが重要な要因だったと考えられるのである。

もっとも、さきにもふれたように、丹後一帯は広大な平野が広がる穀倉地帯ではない。そうした土地に「トヨウケ信仰」が広がり、しかも、それが伊勢に及んだことについては不明な点も多いのだが、この点に関して重要なのは藤森馨氏の研究である。すなわち、氏は、内宮の由貴大御饌神事の神饌供進儀の前段中島神事において、豊受大神来臨のもとに調理されるのは志摩国所進の御贄鮑・栄螺だけであり、また、志摩の御贄のみが内外両宮に共通して供進されていることから、「豊受大神の原像は鮑・栄螺等の海産物の御贄を天照大神のために調進する神ではなかったろうか」とのべておられる[39]。これによれば、豊受大神の本質は海産物の供進・調理にあるのであって、食物といっても、かならずしもそれが農作物を意味するわけではない。のちに詳しくのべるように、外宮祭祀を掌る度会氏は、丹波直氏やその枝族である海部直氏と同族であったと考えられる[40]。そのとおりだとすると、豊受大神が海産物と結びついているのも、むしろ当然である。あるいは、丹後の政治集団は、はやくから支配下の海部を駆使して得た海産物をヤマト政権に貢納しており、それが豊受大神の遷座に繋がっているのかも知れないのである。

ところで、雄略天皇朝というのは、記紀や外国史料を綜合すると、まさに内憂外患の時代であった。しかしながら、雄略天皇は、そうした障碍を一つ一つ克服することによってその政権の基盤を固めていったのであり、その意味では、この時代は、王権発達における大きな劃期であったと云える。そのため、この時代に、かつて大王家一族と親密な関係にあった（ヤマト政権の運営にもかかわっていた可能性もある）丹波の政治集団が戴く神を天照大神に奉仕させることにより、皇祖神の神威を高ようとする意図があったのかも知れない。かかる御饌神の出仕が、丹波側からの申し出によるものか、それともヤマト政権からの差し金かはなお検討の餘地があるが、のちにものべるように、このとき豊受大神とともに度会氏の前身集団が伊勢に移住したとすれば、遷座は両者の合意にもとづくものであったと考えられる。

ただ、ことはあくまで食膳奉仕であって、当初はそれほど大きな出来事とは認識されなかったのではあるまいか。外宮の鎮座のことが『日本書紀』に採られていないことも、そのあたりに原因があるように思う。外宮は、後世、内宮と同様の祭祀が執行され、「両宮」と並び称されるようになるが、藤森氏も指摘しておられるように、「外宮はあくまでも内宮のミケツ神であり、従属的な存在で」あって[41]、そうした本質的な差が『日本書紀』における創祀の記述の有無になってあらわれているのであろう[42]。

二、「与佐宮」における二神同坐説

1　神道五部書と外宮の分祀

ところで、外宮が丹後から分祀されたという伝承に関しては、いま一つ考えるべき問題がある。それは、後世、天照大神が一時丹後の与謝郡に遷御し、つづいてそこに豊受大神も天降り、二柱の神はしばらく「与佐宮《よさみのや》」に鎮座していたという伝承が語られるようになることである。

こうした伝承が記されるのは、神道五部書といわれる書物である。

よく知られているように、中世の初期から中期にかけてあらたな神道説が伊勢で提唱されるようになる。いわゆる伊勢神道である。これは、外宮の神職度会氏が説いたところから、度会神道とも呼ばれている。その教義は複雑だが、主張するところは、㈠内宮と外宮のことを同等に説き、両神格に格差をつけず、食物の神たる豊受大神をもっとも根本的な神として位置づける、㈡古典や古伝を駆使して、天照大神やその神道は我が国の開闢以来、根本的な固有のものであることを示そうとしていた、という二点に尽きる。(43)

この伊勢神道の経典ともいうべきものが、神道五部書《しんとうごぶしょ》である。『天照坐伊勢二所皇太神宮御鎮座次第記《あまてらすいせにしょこうたいじんぐうごちんざしだいき》』（『御鎮座次第記』）・『伊勢二所皇太神宮御鎮座伝記《いせにしょこうたいじんぐうごちんざでんき》』（『御鎮座伝記』）・『豊受皇太神宮御鎮座本記《とようけこうたいじんぐうごちんざほんき》』（『御鎮座本記』）・『造伊勢二所太《ぞういせにしょだい》神宮宝基本記《じんぐうほうきほんぎ》』（『宝基本記』）・『倭姫命世記《やまとひめのみことせいき》』（「倭姫命世記紀」とも書く）の五つである（どれも短い本だが、書名は長いものが多いので、以下は、括弧のなかの略称を採用）。それぞれに「あとがき」があり、古いものでは『御鎮座次第記』『御鎮座本紀』のように継体天皇朝に書かれたと記されているが、これは信用できない。吉見幸和が『五部書説弁』において喝破したように、五部書はあきらかに後人による偽託の書で、建治・弘安（一二七五〜一二八八）ごろ度会行忠の手になったものと推測されている。(44)

ただ、五部書は同時に出来たものでなく、『宝基本記』がもっとも古いようである。久保田収氏によれば、その五部書の先後関係と相互の影響はおおよそつぎのとおりである。(45)

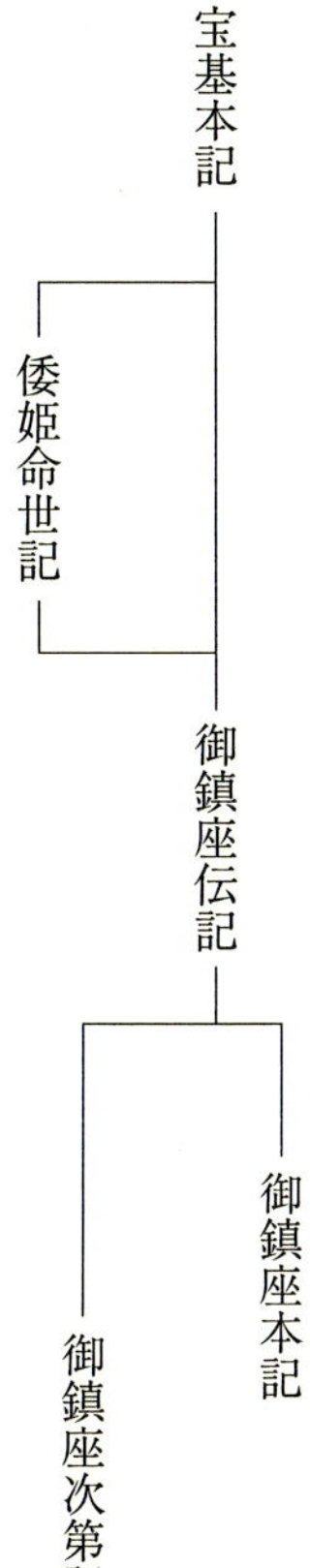

古くは『御鎮座伝記』『御鎮座本記』『御鎮座次第記』を「神宮三部書」という呼称もあったようであるが、後年、これらを一括して「神道五部書」と称するようになった。

もっとも成立がはやいとみられる『宝基本記』には、天照大神が「与佐宮」に鎮座していたことはみえないが、外宮の鎮座については、つぎにあげるような、『止由気宮儀式帳』や『太神宮諸雑事記』と似た所伝を載せている。

泊瀬朝倉宮御宇廿一年丁巳。依二皇太神御託宣一天。明戊午歳秋七月七日。以二大佐佐命一天。従二丹後国与謝郡比治山頂魚井原一。奉レ迎二等由気皇太神一。即山田原乃霊地乃下都磐根爾。大宮柱広敷立弖。高天原爾千木高知弖。称辞定奉留。其後。重御託宣称。我祭奉レ仕之時。先可レ奉レ祭二止由気太神宮一也。然後。我宮祭事可二勤仕一也。因レ茲。諸祭事以二止由気宮一為レ先。検二定神宝一。更定二置神地・神戸一弖。二所皇太神宮・伴神相殿神乃朝大御饌、夕大御饌乎。日別斎敬供二進之一。随二天神地祇之訓一。土師物忌取二宇仁之波迩一。造二神器并天平瓮一。敬二祭諸神一。宮別。天平瓮八十口。柱本并諸木本置レ之。天照太神宮・等由気太神宮。別八百口。荒祭・高宮・月夜宮・伊佐波宮・瀧原宮・斎内親王坐礒宮。別八十口進レ之。是則天下泰平之吉瑞。諸神納受宝器也。

（以下、神道五部書の原文は、『神道大系』論説編伊勢神道（上）〈神道大系編纂会、平成五年七月〉による）

天照大神が「我が祭仕へ奉る時は、先づ止由気太神宮を祭り奉るべきなり。然る後に、我が宮の祭事をば勤め仕ふべきなり」と託宣されたことは、外宮先祭の故事を踏まえたものとはいえ、外宮の祭神である豊受大神を重んじる伊勢神道の基本姿勢がよくあらわしている。

さて、『宝基本記』の段階では、天照大神が一時的に「与佐宮」に鎮座し、しかも豊受大神も同坐していたという伝承はみえないが、やがてそうした所伝が語られるようになる。たとえは、『宝基本記』につぐ『倭姫命世記』には、崇神天皇朝のこととして、

卅九年壬戌。遷二幸但波乃吉佐宮一。積二四年一奉レ斎。従レ此更倭国求給。此歳。豊宇介神。天降坐奉二御饗一。

とあり、さらに崇神天皇四十三年に倭国伊豆嘉志本宮には遷ったとあり、その後も垂仁天皇朝にかけて各地に遷御したあと、垂仁天皇二十六年に五十鈴河上に遷御したと記している。そして、同書は、その後、雄略天皇二十一年のこととして、「与佐宮」から豊受大神を伊勢に遷座したことを記述する。

泊瀬朝倉宮大泊瀬稚武天皇即位廿一年丁巳冬十月。倭姫命夢教覚給久。「皇太神吾一所耳坐波。御饌毛安不二聞食一。丹波国与佐之小見比治之魚井原坐。道主子八乎止女乃斎奉。御饌都神止由居太神乎。我坐国止欲止。」誨覚給支。尓時。大若子命乎差レ使。朝廷仁令二参上一天。御夢状令レ申給支。即天皇勅。「汝大若子。使罷往天布理奉。」宣支。故率二手置帆負・彦狭知二神之裔一。以二斎斧・斎鉏等一。始採二山材一。構二立宝殿一而。明年戊午秋七月七日。以二大佐佐命一天。従二丹波国余佐郡真井原一志天。奉レ迎二止由気皇太神一。度会山田原乃下都磐根爾。大宮柱広敷立弖。高天原仁千木高知弖鎮定座止。称辞定奉利。奉レ饗利。神賀告詞白賜倍利。又検二納神宝一。卜二兵器一為二神幣一。更定二神地・神戸一弖。二所皇太神宮乃朝大御饌・夕大御饌乎。日別斎敬供二進之一。又随二天神之訓一。土師物忌乎定置。取二宇仁之波迩一。造二天平瓮八十枚一天。敬二祭諸宮一。又皇太神第一摂神。荒魂多賀宮乎波。豊受太神宮仁奉二副従一給者也。又依二勅宣一。以二大佐佐命一兼二行二所太神宮大神主職一仕奉。又丹波道主命子。始奉二物忌一御飯炊満供二進之一。御炊物忌。是也。又須佐乃乎命御霊。道主貴社定。粟御子神社座。是也。又大若子命社定。大間社。是也。宇多大宇祢奈命祖父。天見通命社定。田辺氏神社。是也。惣此御宇仁。摂社四十四前崇祭之。爰。皇太神重託宣久。「吾祭奉仕之時。先可レ奉レ祭二止由気太神宮一也。然後。我宮祭事可二勤仕一也。」故則諸祭事。以二此宮一為レ先也。亦皇太神託宣久。「其造宮之制者。柱則高太。板則広厚礼。是皇天之昌運。国家之洪啓古止波。宜レ助二神器之大造一奈利。」即承二皇天之厳命一天。移二日小宮之宝基一。造二伊勢両宮一焉。

つぎに、『御鎮座伝記』にも、

御間城入彦五十瓊殖天皇卅九年壬戌。天照大神乎遷二幸但波乃吉佐宮一。積二四年一奉レ斎。今歳。止由気之皇神天降坐天。合レ明斎レ徳給。如二天小宮之義一天志。一処雙坐須。于時。和久産巣日神子。豊宇気姫命。稲霊神也。奉レ備二御神酒一。今世謂二丹後国竹野郡奈具社座豊宇賀能売神一是也。亦元是天女。昇女・姮娥。謂従二月天之紫微宮一天降坐天女。是也。亦丹波道主貴。素戔嗚尊孫。栗御子神是也。奉レ備二朝大御食・夕大御気一奉レ仕矣。其功已辞竟天。止由気太神復二上高天原一支。此処天仁志。以二白銅宝鏡一弖。道主貴・八小男童・天日別命崇祭奉焉。

とあり、天照大神の吉佐宮鎮座と豊受大神の同坐を伝えている。さらに、同書によれば、天照大神は、垂仁天皇二十五年三月に伊勢国の飯野高宮から伊蘇宮に遷幸し、最終的に、朝廷御宇廿六年丁巳の秋九月の甲子に、「宇遅の五十鈴河上に遷し奉り鎮座せしめ」たという。なお、同書は、豊受大神の伊勢鎮座経緯についても詳しく記しているが、これは、『倭姫命世記』とほぼ同じなので、ここでは省略にしたがう。

つぎに、『御鎮座本記』であるが、ここには吉佐宮遷座の経緯についてさらに詳細な記載がみえている。

御間城入彦五十瓊殖天皇卅九年壬戌。天照太神遷二幸但波乃吉佐宮一。今歳。止由気之皇太神結二幽契一。天降居。于時。大御食津臣命・建御倉命中臣祖也。・屋船命草木霊。今号二度相郡坐清野井庭神社一也。・宇賀之御魂稲女神今号二小俣神社一也。・宇須乃女神五穀霊。号二宇須野社一也。・須麻留売神今号二須麻留売社一是也。・宇賀乃大土御祖神素盞嗚尊子也。度相山田原地護神。・若雷神今世号二北御門大明神一是也。・彦国見賀岐建与来命号二度相国見神社一也。・天日起命伊勢大神主祖神也。・振魂命玉串大内人祖。相従以戻止矣。爾時。天照皇太神与二止由気皇太神一合レ明斉レ徳居焉。如二天上之儀一。一処雙座焉。和久産巣日神子豊宇賀能売命屋船稲霊神也。生二五穀一。而善醸レ酒。奉二御饗一。御炊神氷沼道主。素盞嗚尊孫也。亦名二粟御子神一。今世号二御炊物忌一其縁也。率二四九三十六竈神一。而朝大御気・夕大御気於炊備天。奉二御饗一留。丹波道主貴大日日天皇之子彦坐王子也。今世号二大物忌子一其縁也。為二御杖代一天志。品物備二貯之百机一。而奉二神嘗一焉。諸神所レ作祭レ神之物。五穀既成。百姓饒矣。其功已辞竟天。天照太神伊勢国爾向幸給。止由気太神復二昇高天原一天。日之小宮座。于時。以二吾天津水影乃宝鏡。留二居吉佐宮一給。天地開闢之降。雖二万物已備一。而莫レ照二於混沌之元一。因レ茲。万物之化。若レ存若レ亡。而下下来来。自不レ尊。于時。国常立尊所レ化神。汎二刑於天津水影一。以二天御量事一。真経津宝鏡三面鋳表。寔是自然之霊物。天地感応。当二此時一神明之道明。而天文地理。以自存者也。故鏡作神名号二天鏡神一其縁也。即起二樹天津神籬於魚井原一。秘二蔵黄金樋代一天。道主貴八小童天日起命・豊宇賀能売命。備二御饌一奉レ斎焉。于時。高貴大神勅宣。以二皇孫命霊一。宜レ崇二大祖止由気皇太神乃前社。云云。

仍為二相殿神一座。霊形鏡坐也。皇孫命金鏡也。

同書の後文には「纏向珠城宮御宇廿六年丁巳の冬十月の甲子に、天照太神、但坡の吉佐宮より度相に遷し奉り、宇治の五十鈴の河上にて鎮り居す」とあり、「与佐宮」から直接伊勢に遷座したと記されており、このあたりが『倭姫命世記』『御鎮座伝記』とは異なっている。

なお、この『御鎮座本記』は、外宮の由来を説くことを主眼におく書物だけあって、その鎮座については、かなり詳細に記している。その全文は、以下のとおり。

泊瀬朝倉宮御宇廿一年丁巳十月朔。倭姫命夢教覚給久。皇太神吾如二天之小宮坐一爾。天下毛弖一所耳坐爪。御饌毛安不レ聞爪。丹波国与佐之小見比治之魚井之原坐。道主子八乎止女乃奉レ斎。御饌都神是止由気太神者。水気元神坐。千変万化。受二一水之徳一。生二続命之術一。故名二御饌都神一也。亦古語。水道曰二御饌都神一也。亦天照太神与二止由気太神一二所雙御座之時。陪従諸神等奉二御饗一。其縁也。止由気皇太神乎。我坐国欲度誨覚給支。爾時。大若子命一名大幡主命。御間神社是也。差レ使弖。朝廷爾御夢之状乎令レ言給支。即天皇祥御夢。則天皇今日相夢矣。汝大若子使罷往天。布理奉。宣支。今歳。物部八十氏之人等。率二手置帆負・彦狭知二神之裔一。以二斎斧・斎鉏等一。始採二山材一天。随二神教一。度相山田原乃地形広大。亦麗。於二是地一。大田命以二金石一天。下津底根爾敷立天。構二立宝殿一弖。明年戊午秋七月七日。以二大佐佐命一奉二布理一留。共従神。中臣祖大御食津命坐二度相郡一。号二御食社一。・小和志理命・事代命・佐部支命・建御倉命・屋和古命・野古命・乙乃古命・河上命・建御倉命・興魂命。各前後左右爾相副従奉レ仕。大佐佐命・小和志理命。奉㆑戴㆓正体㆒。興魂命・道主貴。奉㆑戴㆓相殿神㆒。駈㆓仙蹕㆒比。錦蓋覆・日縄曳・天御翳・日御翳。御屏奉行幸。爾時。若雷神。天之八重雲乎四方爾薄靡天。為㆓御垣㆒天。従㆓丹波国吉佐宮㆒遷㆓幸倭国宇太乃宮㆒。御一宿坐。次伊賀国穴穂宮。御二宿坐。于時。朝夕御饌。箕造竹原。並箕藤黒葛生所三百六十町。亦年魚取淵梁作瀬一処。亦御栗栖三町。国造等貢進。仍二所皇太神之朝大御気・夕大御気之料所爾定給支。次伊勢国鈴鹿神戸。御一宿。次山辺行宮。御一宿。（今号㆓壱志郡新家村㆒是也。）次遷㆓幸渡相沼木平尾㆒。興于行宮㆒天三箇月坐焉。号㆓爾処㆒天名㆓離宮㆒也。夜夜天人降臨而供㆓神楽㆒。今世号㆓豊明㆒其縁也。来目命裔屯倉男女。小男童神。宴焉。戊午秋九月望。従㆓離宮㆒遷㆓幸山田原之新殿㆒。奉㆑鎮㆓御船代・御樋代之内㆒。（樋代則天小宮之日座儀也。故謂㆓天御蔭・日御蔭登隠坐㆒祝言縁也。船代則謂㆓天材木屋船之霊㆒。故瑞舎名号㆓屋船㆒縁也。）（天御翳・日御翳隠坐。古語也。）以㆓天衣㆒奉㆑餝㆑之。如㆓日小宮儀㆒也。

ちなみに、最後に出たとされる『御鎮座次第記』では、天照大神の「与佐宮」鎮座とその後の豊受大神の遷座について、連続してつぎのような記事を掲げている。

御間城入彦五十瓊殖天皇卅九歳壬戌。天照皇太神遷㆓幸于但波乃吉佐宮㆒。積㆑年。爾時。止由気之皇神天降坐天。合㆑明斉㆑徳給。如㆓天小宮之義㆒志弖一処雙座。

泊瀬朝倉宮御宇天皇廿一年丁巳冬十月一日。倭姫命夢教覚給久。皇太神吾如㆓天之小宮坐㆒爾。天下仁志天毛一所耳坐爪。御饌毛安不㆑聞爪。丹波国与佐之小見比治之魚井之原坐道主貴乃斎奉御饌都神止由居皇太神乎。我坐国欲度誨覚給支。爾時。大若子命差㆑使弖。朝廷爾令㆑言給弖。構㆓立宝殿㆒弖。明年戊午秋七月七日。以㆓大佐佐命㆒弖。従㆓丹波国余佐郡真井原㆒志弖奉㆑迎㆓止由居皇太神度遇之山田原㆒斎奉焉。御霊形鏡坐也。天地開闢之後。雖㆓万物已備㆒。而莫㆑昭㆓於混沌之前㆒。因㆑茲。万物之化。若㆑存若㆑亡。而下下来来。自不㆑尊。爾時。国常立尊所㆑化神。以㆓天津御量事㆒天。三面乃真経津乃宝鏡鋳顕給倍利。故名曰㆓天鏡尊㆒。爾時。神明之道明現。而天文地理宜レ存矣。彼二面宝鏡内。第一御鏡是也。円形坐。奉レ蔵二黄金樋代一焉。

以上、五部書の記載をやや詳しく紹介したが、これをみればあきらかなように、『宝基本記』以外の四書には、記述に出入りはあるものの、天照大神が一時的に「与佐宮」に鎮座し、豊受大神と同所に祀られていたことが記されているのである。

ちなみに、『古事記』上巻の天孫降臨の段には「次に登由宇気神。此は外宮の度相に坐す神なり」とあって、日子番能邇々藝命の降臨に随行した神々のなかに登由宇気神がみえている。しかし、このことは、神道五部書でもまったく取り上げられていない。五部書がこれを採らないのは、おそらく、豊受大神が崇神天皇朝に「与佐宮」に天降るという記述に牴触するからであろう(46)。

2　豊受大神と与謝郡

ところで、こうした伝承を読むと、いくつかの疑問が浮かぶ。

まず不審なのは、天照大神の巡幸譚自体は古伝であるにしても、「与佐宮」に遷御したということは『日本書紀』や『皇大神宮儀式帳』のような古い記録にはみえないという点である。また、豊受大神が「与謝郡」ないしは「与佐宮」に鎮座していたという伝承も、神道五部書独自の所伝である。『宝基本記』は二神同坐にはふれていないが、それでも「大佐佐命を以て、丹後国の与謝郡の比沼山の頂の魚井原より、等由気皇太神を奉迎す」と記している(47)。

豊受大神が丹後から遷されたことは間違いないにしても、その故地については『止由気宮儀式帳』にも「丹波国比治の真奈井に坐す我が御饌神」とあるのみで、「与謝郡」とは記していない。「丹波国比治の真奈井」といえば、『丹後国風土記』逸文、比治の真奈井・奈具の社条に「丹後国丹波郡。郡家の西北の隅の方に比治里有り。此の里の比治山の頂に井有り。其の名を麻奈井と云う」とあるように、丹波郡の地名である。延喜式内社の比治麻奈為神社《ひじまないじんじゃ》がその故地として有力視されることは、周知のとおりである。

ところが、五部書では比治山の所在を「与謝郡」と書く。これは、実際の地理と合致しないのだが、なにゆえ、こうした齟齬が生じたのであろうか。

従来の研究は、この点をほとんど問題にしていない。[48] わずかに、吉田東伍氏が、その著『増補大日本地名辞書』第三巻（冨山房、昭和四十五年十二月）において「惟ふに与謝はもと海湾の名にして、之を陸上に広及し、今の丹後の域内皆与謝の名に総べられしごとし」（四三頁「与謝郡」の項）とか、「此地〔丹波郡〕又与謝に近かりければ、与佐とも唱へしごとし」（五二頁「中郡」の項）のべるのみである。[49]

しかしながら、この解釈は根拠に乏しい。[50] この地方では、丹波郡にある「丹波」という地名が、この地を支配していた丹波直氏の勢力拡大とともに広い範囲を指すようになり、ついには国名にまでなったことはよく知られているが、「与謝」という地名が広範囲に拡大したという事実は確認できない。

比治が与謝郡と丹波郡の境界附近の地名だというなら、所属の郡を取り違えることもあったであろう。しかし、比治は現在の京丹後市峰山町の久次（現在は「ひさつぎ」であるが、もとは「ひじ」と読んだと思われる）に比定されるように、丹波郡でもむしろ西の熊野郡との境に近い。さきの『丹後国風土記』逸文にも、比治里は「郡家の西北の隅方」と記されている。丹波郡家の所在地は明確でないが、おそらくは郡内の中心地丹波郷にあったと推測されるので、ここを起点とすれば、比治は与謝郡とは逆の方角になる。それゆえ、これを与謝郡にふくめるのは無理がある。

では、五部書では、なにゆえ豊受大神の故地を与謝郡と記すのであろうか。

卑見によれば、これは、前述の伊勢神道の思想と関係があると思われる。さきに紹介したように、『宝基本記』を除く神道五部書には、天照大神は伊勢に遷座するまえに、一時「与佐宮」に遷御し、豊受大神もそこに鎮座していたとする所伝が載せられている。こうした二神同坐の言い伝えは、外宮の祭神を内宮のそれと同格に扱おうとする意図から出たものに相違なく、おそらくは外宮に奉仕する度会氏やその同族の海部直氏が言い出したことであろう（後述参照）。

ならば、それが「与佐宮」、すなわち与謝郡において実現したとされるのは、いかなる理由によるものか。

これも難解だが、卑見によれば、後述の、度会氏の祖先が豊受大神にしたがって丹後から伊勢に移り住んだという伝承と関係があるように思う。

外宮祠官の祖先にあたる大佐佐命が丹波から豊受大神を伊勢に奉迎したことは、『豊受太神宮禰宜補任次第』[51]（以下、『補任次第』と略す）やこれを踏襲したとみられる流布本系の『度会氏系図』（『度会系図』とも）[52]にもみえている。たとえば、『補任次第』には、

大佐々命。雄略天皇御宇二所太神宮大神主。
右命。彦和志理命第二子也。
雄略天皇二十一年丁巳。依二皇太神宮御託宣一天。等由気太神乎。従二丹波国与佐郡真丹原一利。大佐々命乎為レ使天。奉二迎伊勢国山田原一爾鎮座。今豊受太神宮是也。大長谷天皇御夢爾誨覚賜天奉レ迎之。見二儀式帳一。

とあり、大佐々命を使者として、豊受大神を丹波国与佐郡の真丹原から伊勢に奉迎したことが記されている（後述の流布本『度会氏系図』の彼の譜文にも、ほぼ同文）。

しかし、よく考えると、これはおかしい。これだと、度会氏の祖先が大神の奉迎のために伊勢から丹波に出向いた

ことになり、彼らは豊受大神宮鎮座以前から伊勢にいたことになる。ところが、そうした事実は、『補任次第』や『度会氏系図』以外の史料では確認できないのである。

そもそも、この『補任次第』や『度会氏系図』の古い部分にはおかしなところがある。たとえば、これら二書は、大佐佐命を「雄略天皇御宇二所太神宮大神主」とするいっぽうで、彼の叔父にあたる御倉命が清寧天皇朝に、兄の佐布友命（佐倍支命）が顕宗天皇朝にそれぞれ「二所太神宮大神主」だったとしている。しかし、これでは、雄略・清寧・顕宗天皇朝に本人→叔父→兄の順で大神主を継承したことになり、平仄が合わない。(53)

また、『度会氏系図』では、度会氏が天御中主尊やその十四世孫の天日別命に連なる系譜をもつことを記している。天日別命を天御中主尊の子孫とするのは、『釈日本紀』所引の『伊勢国風土記』逸文にもみえる古伝だが、天御中主尊や天日別命が度会氏の祖先かどうかは吟味の餘地がある。げんに『補任次第』では、始祖を天御中主尊ではなく、国常立尊と記している。

『新撰姓氏録』左京神別下には「伊勢朝臣。天底立命の孫天日別命の後なり」とあって、伊勢直（朝臣）氏を天日別命の後裔と記すが、同氏と度会氏の関係は定かではない。伊勢直氏が中臣氏と擬制的同族関係を結んでいたことは認められるが、(54)度会氏との関係となると、神宮側の所伝以外にそれを語るものはない。それゆえ、『補任次第』や『度会氏系図』が、祖先を天日別命とする記述も鵜呑みにするわけにはいかないのである。(55)

なお、『度会氏系図』が天御中主尊を始祖としていることも、豊受大神を天御中主尊と同一視する伊勢神道の思想と無関係だとは思われず、そこには作為性が感じられる。

3　『尾張氏系図』をめぐって

こうしてみていくと、『補任次第』や『度会氏系図』にみえる大佐佐命の譜文も額面どおり受け取ることはできないのであって、別系統の史料によってこれらを検証する必要がある。そこで、筆者が注目するのは、右の系譜と関係が深い『尾張氏系図』である。

これは、宝賀氏が紹介された新史料で、宮内庁書陵部所蔵の『尾張氏系図』である。[56]一冊本（請求番号　図書寮一九九一四　一冊　二七〇—二九四）の横系図の形式の系譜で、題簽には、

尾張氏副田佐橋雄田系図
橘　氏岩室山中大平系図　全

と記されている。大きさは縦二三・八センチ、横一六・九センチで、巻頭に一丁白紙があり、墨付は二十四丁。一丁オには、「角田忠行」の丸印、「帝室圖書」「圖書寮編輯課」の角印がある。二十四丁のうち、尾張氏系図の部分は八丁、これに尾張氏の支族である『副田系図』『佐橋系図』『押田系図』がつづくが、それらはいずれも簡略である。

写本自体はそれほど古いものではないが、記載事項をみると、たとえば、

①建筒草命の系統に「大日御足尼」「忍巳理足尼命」「屋主足尼」など宿禰の古い表記が残る。
②「多々見連」の譜文に「年魚市評督」「板蓋宮朝供奉評督」など「評督」の記載がある。
③牧夫連以下の人物の譜文に「大智」「小山上」「大乙上」など古い冠位の記載がある。

といった、古い所伝にもとづく記載が随所にみられる。

ただ、この系図については、尾張氏系図の巻末部分に、

右　旧事記及津守宿禰尾治宿禰丹波宿禰度会神主石部直丹比宿禰并玉置系譜等参照編纂スル所也

とあるように、『先代旧事本紀』所載の尾張氏系譜を中心としつつも、それ以外の情報を加筆したり、同族の系譜を繋ぎ合わせたものとみられる（図2参照）。

ここで取り上げる度会氏関聯の部分も、尾張氏十一代の淡夜別命から枝分れする形で、系譜的記載が広がっており、あきらかにべつの系譜を接いだものである。おそらく、巻末記に云う「丹波宿禰系譜」を接合したのであろう。『尾張氏系図』が利用した原資料が確認できない現状では、系図の編纂者が淡夜別命を介して尾張氏の系譜と丹波氏のそれを結びつけた明確な理由はわからない。

しかし、『尾張氏系図』では淡夜別命は建田背命の四世孫であり、この建田背命は、『先代旧事本紀』巻第五「天孫本紀」の尾張氏系譜に、

〔天照国照彦天火明櫛玉饒速日尊〕六世孫建田背命。神服連。海部直。丹波国造。但馬国造等祖。

とみえる人物である。ここに建田背命を丹波国造の祖としている以上、尾張氏と丹波直氏のあいだにはなんらかの関係があったとみてよい。『諸系譜』第一冊ノ三所収の『尾張宿禰系図』に淡夜別命を「丹波国造等祖」と記すものがあることも、これを裏づけている。

そもそも、尾張連氏は、丹後の丹波直氏・海部直氏とは関係が深かったようで、『先代旧事本紀』巻第十「国造本紀」にも、

丹波国造。

志賀高穴穂朝御世。尾張同祖。建稲種命四世孫大倉岐命定二賜国造一。

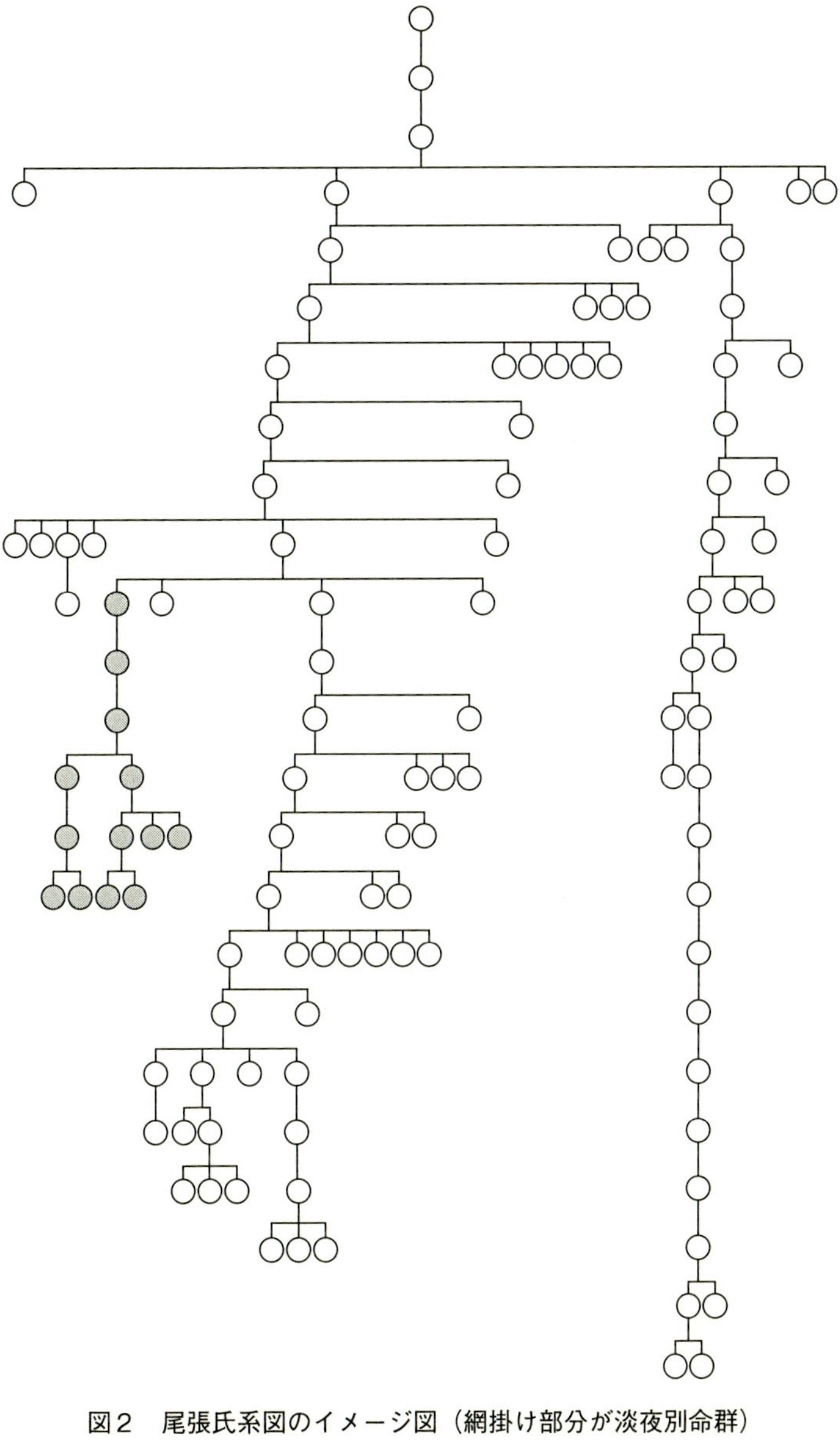

図２　尾張氏系図のイメージ図（網掛け部分が淡夜別命群）

とみえている。[57]「国造本紀」の記載についてはなお考えるべき点があるが、建稲種命・大倉岐命の名は『尾張氏系図』にもみえており、尾張氏と丹波直氏の関係は古くから語られていたと考えられる。

4　『尾張氏系図・淡夜別命群』と『度会氏系図』

以上のように、『尾張氏系図』の淡夜別命以下の系統（便宜上、これを『尾張氏系図・淡夜別命群』と表記）が「丹波宿禰系譜」から出たものだとすると、つぎに、これを『補任次第』『度会氏系図』の記載と比較してみる必要がある。

まず、『補任次第』『度会氏系図』のほうだが、垂仁天皇朝の初代大神主大若子命以後、四門分派以前の記述には兄弟相続が多く、しかも、大若子・乙若子など対になった人名が少なくないことなどから、古体を留めていると考えられている。[58]また、いっぽうの『尾張氏系図・淡夜別命群』も、人物名（彦和志理命と彦和志理命、小和志命と小和志直、小佐佐布命と佐布古直、阿波良岐命と阿波良古直、御倉命と御倉古直、大佐佐命と大佐佐古命）やその続柄が『度会氏系図』に酷似しているので（図3・4参照）、そこに『補任次第』『度会氏系図』と同様の史料的価値を見出すことができる。

ただ、両者のあいだにいくつかの相違点がある。たとえば、『尾張氏系図・淡夜別命群』には、つぎのような記載がある。

(a)大佐々古直　石部直度会神主等祖
泊瀬朝倉宮朝廿二年七月。自丹波国真井原。豊受大神供奉。初奉遷伊勢度遇之山田原。

この大佐々古直は、『度会氏系図』にみえる「大佐佐命」に相当する人物だが、『度会氏系図』の大佐佐命の譜文には、

(b)二男。雄略天皇御宇二所大神宮大神主。天皇廿一年丁巳。依皇大神宮復託宣等由気太神ヲ従丹波国与佐郡真丹原。大佐佐命ヲ為使テ奉迎伊勢国山田原ニ鎮座。今豊受太神宮是也。

とあって（『補任次第』の「大佐佐命」のところの記載とほぼ一致）、かならずしも一致しない。

まず、(a)には「石部直度会神主等祖」の記載があるが、(b)にはこれがない。つぎに、(a)は「泊瀬朝倉宮朝廿二年」と記すが、(b)は「天皇廿一年丁巳」として、託宣の年を採用している。さらに、天皇の表記についても、(a)が「泊瀬朝倉宮朝」としているのに対し、(b)は、「雄略天皇御宇」と漢風諡号を用いている。(a)では、これ以外にも「穴穂天皇」「誉田天皇」という表記があるが、(b)ではそれらはすべて漢風諡号で記されている。

ならば、(a)・(b)いずれが原資料の面影を伝えているのだろうか。

前述のように、『尾張氏系図・淡夜別命群』は天皇名の表記に漢風諡号を用いていない。天皇の表記に国風諡号を用いる例は、『住吉大社神代記』の「船木等本記」所引の古系図や『先代旧事本紀』巻第五「天孫本紀」所引の「尾張氏系図」にも共通の特徴である。ゆえに、漢風諡号で統一された『度会氏系図』より『尾張氏系図・淡夜別命群』のほうが古いと云える。

さらに、人物名においても、完全に一致する彦和志理命・大佐佐命の二人を除くと、小和志直・佐布古直・阿波良古直・御倉古直など、『尾張氏系図・淡夜別命群』のほうは「直」のカバネを用いている。「命」は、氏族系図においては一般的な敬称でそれ自体は怪しむに足りないが、稲荷山古墳出土の辛亥銘鉄剣の乎獲居臣の系譜をはじめとして、右にあげた「船木等本記」や「天孫本紀」、さらには『釈日本紀』「上宮記一云」所引の継体天皇関係系譜や『和気氏系図』をみても、古い系図では「直」「連」「足尼（宿禰）」「別（獲居）」といったカバネ、ないしは尊称を附した例が多いのであって、同じ人物を「命」で表記する『度会氏系図』よりも『尾張氏系図・淡夜別命群』のほうが古

図3　度会氏系図（略表記）

・天御中主尊——（十一代略）——天牟羅雲命——天波与命——天日別命——（三代略）——彦久良為命

- 大若子命（前略）垂仁天皇即位廿五年丙辰。皇大神宮鎮座伊勢国五十鈴河上宮之時。為大神主
- 乙若子命 景行成務仲哀三代御母。大神主仕奉。
  - 爾佐布命 一男。神功応神両代大神主
    - 彦和志理命 一男。履中天皇御宇大神主
      - 阿波良波命 安康天皇御宇大神主
        - 佐布友命 一男。顕宗天皇御宇二所太神宮大神主
        - 大佐佐命 二男。雄略天皇御宇二所大神宮大神主。天皇廿一年丁巳。依皇大神復託宣等。田気太神ヲ従丹波国与佐郡真丹原。大佐佐命ヲ為使テ。奉迎伊勢国山田原ニ鎮座。今豊受太神宮是也。
        - 野古命 三男。或書云。乃々古命。仁賢天皇御宇二所太神宮大神主
        - 乙乃子命 四男。武烈天皇御宇二所太神宮大神主。此命生四男。別四門。各賜石部姓。
          - 爾波 一男。一門。（下略）
          - 飛鳥 二男。二門。（下略）
          - 水通 三男。三門。（下略）
          - 小事 四男。四門。（下略）
      - 御倉命 三男。允恭天皇御宇大神主
    - 小和志理命 二男。反正天皇御宇大神主
    - 事代命 三男。允恭天皇御宇大神主
  - 小爾佐布命 二男。仁徳天皇御宇大神主

図4 尾張氏系図（抜粋）

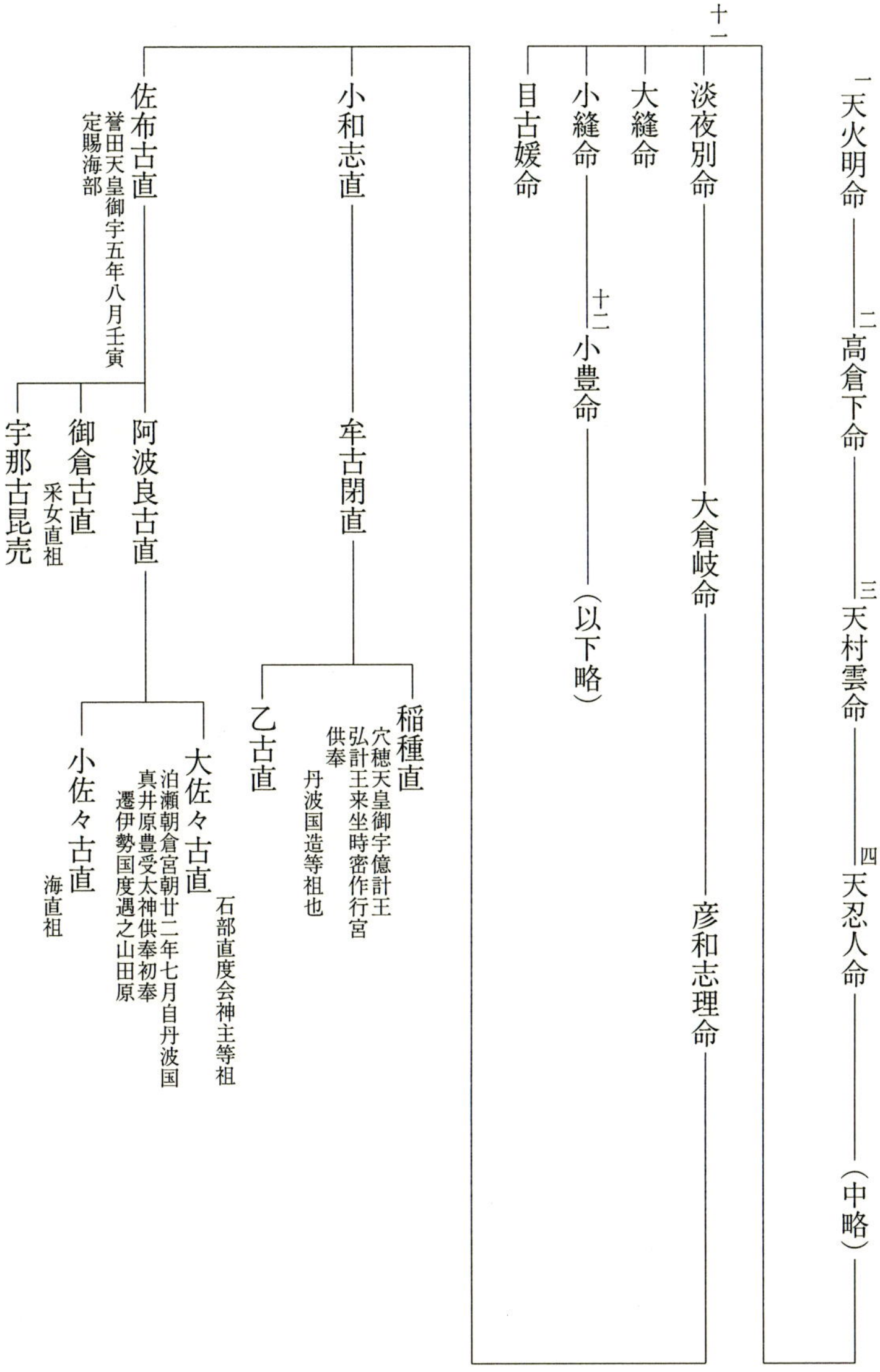
一 天火明命
二 高倉下命
三 天村雲命
四 天忍人命
（中略）
十一 淡夜別命
大倉岐命
彦和志理命
大縫命
小縫命
十二 小豊命
（以下略）
目古媛命
小和志直
牟古閉直
稲種直
穴穂天皇御宇億計王弘計王来坐時密作行宮供奉
丹波国造等祖也
乙古直
佐布古直
誉田天皇御宇五年八月壬寅定賜海部
阿波良古直
大佐々古直
石部直度会神主等祖
泊瀬朝倉宮朝廿二年七月自丹波国真井原豊受太神供奉初奉遷伊勢国度遇之山田原
小佐々古直
海直祖
御倉古直
采女直祖
宇那古毘売

体を留めていると考えられる。[59]

さらにいま一つ、稲種直・大佐々古直のところにみえる「供奉」の用語も注意すべきである。溝口睦子氏が指摘しておられるように、[60]「供奉」は成立の遅い系譜にはないものである。氏によれば、この用語の使用は「本系にとって系譜作製の目的が、単なる個人的な先祖への関心にあったのではなく、何よりも天皇との主従関係の確認や、天皇を中心とする共同社会（支配者共同体）への参加の確認であったことを物語っている」というが、こうした用語が『補任次第』や『度会氏系図』にみえないことは、『尾張氏系図・淡夜別命群』のほうが古い表記を伝えていることの証しとなろう。

5　度会氏移住説

以上の点から、筆者は、ともに度会氏の祖先ついて記す系図でありながら、『尾張氏系図・淡夜別命群』のほうが『補任次第』や『度会氏系図』より原系図に近いと考えている。

この推測が的を射たものだとすると、(b)では、大佐々古命が豊受大神を丹波国から伊勢に奉迎したとされる箇所が、(a)では、大佐々古直が伊勢から豊受大神に供奉し、丹波から伊勢に移ったと記される点が、あらためて注目される。

一般には(b)の記述によって、度会氏の祖先が伊勢から丹波に出向き豊受大神を奉迎したと考える研究者が多いが、しかし、豊受大神が丹後から分遷したとすれば、現地においてその神をお祀りしていた人々が同行したとみるほうが、むしろ自然である。度会氏を伊勢の土着の豪族とみて、外宮をその守護神とする説は現在でも有力な学説であるが、[61]この系譜によるかぎり、むしろ、大佐々古直（大佐佐命）に象徴される、度会氏の前身集団が、豊受大神に同伴して丹波から伊勢に移住したとみるべきではあるまいか。

『尾張氏系図・淡夜別命群』の大佐々古直の譜文には度会神主の祖とあるが、この記述こそ、外宮祠官としての度会氏の起源を正しく伝えているように思う。『補任次第』や『度会氏系図』では、大佐佐命以前から「二所太神宮大神主」「大神主」として神宮に奉仕していたかのような書きぶりだが、こうした記載は『尾張氏系図・淡夜別命群』には一切なく、本来の系譜の記述だとは考えがたい。これも、やはり、度会氏が豊受大神宮の鎮座以前から神宮祭祀を掌ってきたようにみせかけるための操作ないしは改竄ではないかと思う(62)。

ちなみに、『尾張氏系図・淡夜別命群』には注目すべき点がほかにもある。それは、大佐々古直の二代前の佐布古直の代に（『尾張氏系図』はこれを応神天皇朝のこととしている）海部を賜ったとあり、大佐々古直の弟小佐々古直を「海直祖」としている点である。この記載が正しければ、外宮の祠官は、その系譜を辿ると丹後の海部直氏に結びつくことになる。

鈴木眞年氏や同氏の研究を敷延した宝賀氏によれば、丹後の海直は、丹波国造の支流で海部を管掌したもので、籠神社の祠官はこの系統にあたるというが(63)、度会氏もまたその系統に属していたのである。さきに、丹後の政治集団は、海部を駆使して得た海産物をヤマト政権に貢納していたのではないかという臆説をのべたが、『尾張氏系図・淡夜別命群』は、はからずもそうした推測を裏づけていると云えよう。

なお、『尾張氏系図・淡夜別命群』では、大佐々古直は石部直の祖とも記されているが、これも興味深い記述である(64)。すなわち、漁撈や航海にかかわり、神宮祭祀にも深く関与していた石部（磯部）直氏が、丹後の海部直氏の流れを汲むという記述は、丹後の海部集団が度会氏とともに伊勢に移住してきたことを推測させるのである(65)。

ところで、この海部直（海直）が与謝郡を本拠とする有力豪族で、郡司の家柄であることは、よく知られている。

天平十年度の「但馬国正税帳」にも与謝郡郡領として海直忍立という人物がみえている（この人物は郡司の長官であるにもかかわらず、なぜか「海部氏系図」にみえない）。宮津市に鎮座する籠神社こそは、彼ら一族が祝として奉仕してきた神社であり、「与佐宮」とされる古社なのである。このように考えていくと、天照大神が「与佐宮」へ降臨したとする伝承も、海部直氏と関係の深い度会氏の唱えはじめたことではないだろうか。

常田かおり氏によれば、海部直氏が奉斎する籠神社が丹後国内において特別な地位を得るようになるのは、神階叙位などからみて貞観以降だという(66)。神階の昇叙は、その神を奉斎する氏族の隆盛を意味するから、海部直氏は、九世紀後半からこの地を拠点に勢力を伸ばしたと考えられる。だとすると、天照大神が一時「与佐宮」へ遷座したとか、比治が与謝郡であったとかいう伝承も、海部直氏が唱えはじめた可能性が大きい。それを同族の度会氏が採用したのであろうが、いずれにしても、ここに海部直氏が関与している可能性が大きいと思う。

おわりに

以上、外宮鎮座の経緯とその後の伝承について考えてきた。最後に、これまでのべたことに若干の補足を交えつつ整理しておく。

外宮、豊受大神宮が雄略天皇朝に鎮座したとする伝承は、九世紀初頭に編纂された『止由気宮儀式帳』以来の渝わることのない神宮側の主張であり、これを疑う理由はとくに見当たらない。ただし、雄略天皇二十一年という年紀については、もっとも古い『止由気宮儀式帳』がそれを記さないところから判断すると、のちに附加された可能性が考えられる。

御饌神が丹後から奉迎された理由について、筆者は、小論において、丹後地方の古墳の変遷から、ヤマト政権の支配下に組み込まれた丹後政権が、服属の証しとして御饌神を差し出したのではないかという假説を提示した。食膳供奉という行為自体が一種の服属儀礼とみなしうることが一つの拠りどころだが、丹後政権による海産物の貢納は、ことによると雄略天皇朝以前からおこなわれていた可能性も考えられる。

外宮祠官として豊受大神宮に奉仕してきた度会氏は、おそらく、この遷座の際に丹後から移住してきたのであろう。『補任次第』『度会氏系図』などによれば、度会氏は、外宮鎮座以前にあっては大神主として内宮の祭祀を掌り、雄略天皇朝以降は二所太神宮大神主として二宮兼行してきたというが、これは内宮への対抗意識から出た主張であって、史実とは考えがたい[67]。天日別命の後裔を自称し、伊勢直氏の同族であるかのような系譜も、土着性を強調するための作為とみるべきである。

ただ、この場合、たんなる食膳供奉の神が、その後伊勢の地において、どのようにしてその神格を高めていったかが問題となる。これは、度会氏の勢力拡張ともかかわる重要な課題だが、小論のよくするところではないので、今後の課題としたい。

豊受大神は、本来、丹波直氏が奉斎していた神であり、その故地は丹後国丹波郡の比治の真奈井であったが（式内社の比治麻奈為神社がそれにあたると考えられるが、トヨウケ信仰は丹後全体に滲透していたとみるべきである）、神道五部書ではそれを「与謝郡の比沼山の頂の魚井原」と記している。こうした主張は、おそらく海部直氏が唱えはじめたもので、それを同族の度会氏が採用したのであろう。度会氏のねらいは、豊受大神は天照大神と同格であることを主張する点にあったが、その根拠として彼らが持ち出したのが、かつて「与佐宮」において二神が同坐していたとする伝承であった。

二神同坐の舞台を丹後に設定したのは、云うまでもなく豊受大神が丹後から遷されたという古伝が存したからにほかならないが、その舞台をあえて「与佐宮」としたのは、与謝郡が、度会氏の出身母体とも云うべき丹波直氏とその一族の海部直氏の本拠であり、そこには彼らが奉斎する籠神社（与佐宮）が鎮座していたからであろう。豊受大神が「丹波国比治乃真奈井爾坐我御饌都神」であることは不動の古伝である。そして、それは丹波郡の比沼のことなのだが、外宮祠官たちは『止由気宮儀式帳』がとくに郡名を記していないことを幸いに、与謝郡所在の地名であるかのように語ったのである。こうした工作によって、「与佐宮」における二神同坐の話との整合をはかったと考えられる。豊受大神の鎮座地が丹波郡では、「与佐宮」での二神同坐の話と辻褄が合わなくなるからである。

このようにみていくと、『補任次第』『度会氏系図』にみえる四門分立以前の古い時代の記述は、度会氏によって大幅に改竄されたとみてよい。それゆえ、『補任次第』『度会氏系図』を拠りどころに研究を進めても、外宮鎮座の本質に迫ることにはできないであろう。[68]

筆者は、「与佐宮」遷座の伝承について、以上のような假説を立てたが、雄略天皇朝における外宮の鎮座を否定する研究者にしてみれば、それを踏まえた拙論には同意できないだろう。しかし、たとえば、外宮丹波起源説が「奈良時代になってからいい出されたもの」[69]とする岡田精司氏の説にしても、それほど説得力があるとは思えない。岡田氏の場合、内宮の鎮座を雄略天皇朝のこととしておられるので、当然のことながら、外宮が同じ時期に丹波から遷座したという伝承は認めるわけにはいかないであろう。

しかしながら、高森明勅氏が「全体にフェアでない史料操作が目につく」と明快に批判されたように、[70]岡田氏の内宮＝雄略天皇朝鎮座説には矛盾や弱点が目立つのであって、これと連動する丹波起源伝承＝奈良朝説も盤石とは云えない。その意味で、拙見も、なお成立の可能性はあると思う。

なお、小論でのべたような構想が認められるとすれば、外宮鎮座以前の伊勢において内宮の祭祀の実態について考える必要が生じてくるが、この点については稿を更めることにして、ひとまず、博雅のご批正を仰ぐ次第である。

注

（1）小論ではヤマト政権の最高首長についても、便宜的に「天皇」の称号を用いている。

（2）拙稿「内宮鎮座の時期に関する覚書」（『皇學館大学紀要』三七、平成十年十二月）ほかで詳しくのべているので、参照されたい。

（3）周知のように、丹波国は和銅五年（七一二）に丹波国と丹後国に分かれたので、「丹波」という表記が、もとの丹波国、またはそれに匹敵する領域を指すのか、分立後の丹波国を指すのか、わかりにくい。そこで小論では、分立後の「丹波国」のことを「小丹波」と記し、両者を区別することにしている。

（4）虎尾俊哉『延喜式』（吉川弘文館、昭和三十九年六月）三一〜三四頁。

（5）岡田精司「伊勢神宮の起源と度会氏―外宮と度会氏を中心に―」（『日本史研究』四九、昭和三十五年七月、のち岡田氏『古代王権の祭祀と神話』〈塙書房、昭和四十五年四月〉所収）三三〇頁（引用頁数は、もっとも後出の論著のノンブルによる。以下、おなじ）。なお、外宮祭神の豊受大神を「此の地方の地主の神」とみる説は、はやく津田敬武『神道史と宗教思想の発達』（内外書房、大正十四年二月）にみえている（六九四〜六九五頁）。

（6）三品彰英氏によれば、記紀にしるされた干支の信頼度にしたがって、紀年研究の時代区分をおこなうと、①仲哀天皇朝以前（干支年次のまったく缺如した時代）、②神功皇后・応神天皇朝より雄略天皇朝まで（干支年次の史料価値甚だ低く、朝鮮側にのみ干支のあった時代）、③雄略天皇朝以後（干支年次の史料として使用し得る時代）、という三期にわけることができるという（「紀年新考」〈那珂通世著・三品彰英増補『増補上世年紀考』〈養徳社、昭和二十三年四月〉所収、一二六〜二一七頁参照）。

（7）田中卓「外宮御鎮座の年代と意義」（『全学一体』一三〈昭和五十年十月〉、のち『瑞垣』一一三〈昭和五十年十一月〉、さらに『田中卓著作集』第四巻〈国書刊行会、昭和六十年六月〉所収）三三九頁。

（8）三浦到「丹後の古墳と古代の港」（森浩一編『同志社大学考古学シリーズ1　考古学と古代史』〈同志社大学考古学シリーズ刊行会、昭和五十七年十月〉所収）二四五頁。

（9）この点については、塚口義信「継体天皇と息長氏」（横田健一『日本書紀研究』第九冊〈塙書房、昭和五十一年六月〉所収、のち塚口氏『神功皇后伝説の研究』〈創元社、昭和五十八年四月〉所収）一七九～一八四頁を参照。

（10）四世紀末から五世紀初めの時期には、のちの「ウジ」の概念はまだ成立していないと考えられるので、ここで「和爾氏」と書くのは便宜的なものに過ぎない。栄原永遠男氏が『紀伊古代史研究』（思文閣出版、平成十六年十一月）において括弧附きで用いておられる「紀氏集団」「大伴氏集団」に近いニュアンスである。

（11）岸俊男「ワニ氏に関する基礎的考察」（大阪歴史学会編『律令国家の基礎構造』〈吉川弘文館、昭和三十五年十月、のち岸氏『日本古代政治史研究』〈塙書房、昭和四十一年五月〉所収）六〇～六六頁・加藤謙吉『ワニ氏の研究』（雄山閣出版、平成二十五年九月）一八～三九頁。

（12）この系図はながらく一般に知られることがなく、研究も立ち遅れていた。はやい時期にこの系図を紹介したものとしては、京都府与謝郡役所編纂『京都府与謝郡誌』（京都府与謝郡役所、大正十二年十二月、のち昭和六十年臨川書店より復刻）や太田亮『日本国誌資料叢書　丹波・丹後』（磯部甲陽堂、大正十四年三月、のち昭和四十八年臨川書店より、同五十二年五月には講談社よりそれぞれ復刻）がある。また、これを対象とした研究としては、石村吉甫「籠名神社祝部氏系図」（『歴史地理』六二―三、昭和八年九月、のち石村氏『神道論』〈国書刊行会、昭和五十八年七月〉所収）・同「系図形態の変遷」（『歴史公論』八―一、昭和十四年一月、同上所収）がある。ここでは、田中卓「『海部氏系図』の校訂」（『田中卓著作集』第二巻〈国書刊行会、昭和六十一年十月〉所収）を利用。

（13）是澤恭三「粟鹿大明神元記の研究（一）」（『日本学士院紀要』一四―三）一九三頁・同「粟鹿大明神元記に就いて」（『書陵部紀要』九）三頁、

塚口義信「丹波の首長層の動向とヤマト政権の内部抗争」（洋泉社編集部編『古代史研究の最前線　古代豪族』〈洋泉社、平成二十七年九月所収、のち「初期ヤマト政権と丹波の勢力—丹波の首長層の動向とヤマト政権の内部抗争—」と改題し、補筆・修正して塚口氏『邪馬台国と初期ヤマト政権の謎を探る』〈原書房、平成二十八年十一月〉所収）二一一頁参照。

(14) 加藤謙吉『ワニ氏の研究』（前掲）三六頁。

(15) 後藤四郎「海部に関する若干の考察」（坂本太郎古稀記念会編『続日本古代史論集』上巻〈吉川弘文館、昭和四十七年七月〉所収）一三六頁。

(16) 「国宝「海部氏系図」について」（『日本姓氏家系総覧』新人物往来社、平成三年七月〉所収）三六九頁・宝賀寿男『古代氏族系譜集成』中巻（前掲）一二六四頁。

(17) 「『海部氏系図』の歴史的背景—祝と始祖の記載をめぐって—」（『日本歴史』八二二、平成二十四年十一月、のち鈴木氏『日本古代の氏族と系譜伝承』〈吉川弘文館、平成二十九年五月〉一五四〜一八七頁。なお、応神天皇妃の小甂媛、反正天皇の津野媛・弟媛、雄略天皇の和珥深目の女の童女君、丸邇佐都紀臣の女袁杼比売（この女性については、和珥深目の女の童女君と同一人物とみる説もある）といった后妃が、いずれも和爾臣氏から出ていることは注目してよい。あるいは、和爾臣氏に連なる丹後の政治集団も、彼らを介して雄略天皇と繋がっていとが想定できる。

(18) 宝賀寿男『古代氏族系譜集成』中巻（古代氏族研究会、昭和六十一年四月）一二九二頁。なお、宝賀氏「国宝「海部氏系図」について」（『日本姓氏家系総覧』新人物往来社、平成三年七月〉所収）三六七〜三六八頁も参照。

(19) 宝賀氏は、『海部氏系図』に関する疑問点八項目にわたって指摘しつつ、海部直氏は上祖と称する天火明命以来の歴代の系譜を伝来していたが、「おそらく平安後期から中世にかけてのある時期に秘伝の系譜を滅失してしまい、そのときの氏人のおぼろげな記憶にたより復元を試みたものが、現在の海部氏系図だったのではなかろうか」と推測しておられる（「国宝「海部氏系図」について」〈前掲〉三六九頁）。

(20) これに関聯して留意しておく必要があるのは、「比治の真奈井・奈具の社」と呼ばれる、『丹後国風土記』逸文である。この条は、十三世紀後半に書かれた『古事記裏書』と、南北朝時代にできた『元元集』巻第七に引用されている。逸文を引くのが、いずれも北畠親房の著作である点も興味を惹くが、丹後地方の「トヨウケ信仰」を伝える古い史料として、ここで論じたことともかかわりが深い。内容は、以下のとおり。

比治山頂の真奈井という泉に天女八人が舞い降りて水浴びをしていたところ、土地の老夫婦が、一人の天女の衣裳を隠してしまう。こどものいなかった老夫は、服を奪われ天上に帰れることのできない天女に自分の子になるよう懇願する。彼女は、「自分一人が人間世界に留まってしまった。だから、あなたのいうことにしたがわぬわけにはいかないだろう」といって、老夫とともにその家に行き、そこで十餘年の歳月を送ることになる。

天女は醸酒が巧みで、家はその代価で裕福になったが、その後、無情にも、老夫婦は天女に「おまえは筆者の子ではない。しばらくのあいだかりに住んでいただけだ」といって彼女を追い出そうとする。泣く泣く家を出た天女は、途方に暮れ、荒塩村から丹波里の哭木村に至る。さらに竹野郡船木里まで来て、ようやく気持ちが落ち着いたので、この村に留まります。竹野郡の奈具社に鎮座する豊宇加能売命こそは、この天女である。

比治里という地名の起源説話でもあり、また、竹野郡に鎮座する奈具社の創祀を説いた伝承ともいえようが、比治山頂の真奈井という泉にかけて語られていたので、おそらくは、この地で採録された「古老相伝の旧聞異事」のたぐいだろう。

この「比治の真奈井・奈具の社」の逸文について考えなければならないのは、天女が竹野郡船木里奈具村に至り、ここに留まり、それが竹野郡の奈具社に祀られる豊宇賀能売命となったという点である。

「奈具社」は、延喜神名式の丹後国竹野郡のところにみえる「奈具神社」のことである（ただし、これは現在の奈具神社とは異なる）。祭神の豊宇加能売命だが、「豊（トヨ）」は豊饒をあらわす美称、「宇加（ウカ）」はウケの古語で、穀霊神に共通する名辞なので、「豊宇加能売命」とは豊かな穀物の女神の謂であろう。『倭姫命世記』は「豊受太神一座」を「元、丹波国与謝郡の比治山頂の麻奈井原に坐す。御饌神。亦の名は倉稲魂。是なり」としつつ、「酒殿神」を豊宇加能売命だとのべ、丹波の竹野郡奈具社に坐す神だとしていたが、神道五部書は、おおむね同様の説明を施している。この奈具社の「豊宇加能売命」を外宮祭神の「豊受大神」とする説があり、風土記の注釈書にもそう解説していたものがあるが、これには異論もあるので、外宮の祭神は、丹後のどの社の豊受大神を迎えたのかは判断がむつかしいが、丹後地方の「トヨウケ信仰」の一端を物語る史料として貴重である。

(21) 藤村重美「多久神社」（式内社研究会編『式内社調査報告』第十八巻〈皇學館大学出版部、昭和五十九年二月〉所収）四五五頁。

(22) 以下、丹後・丹波・但馬地方の古墳については、おもに中司照世「北近畿の首長墳とその動向」（『シンポジウム古代の北近畿―若狭湾岸の古代―　資料集〔改訂版〕』〈福井県立若狭歴史民俗資料館、平成七年三月〉所収）と中司先生のご教示とによる。貴重な資料をご提示してくださり、示唆に富むご教示を与えてくださった中司先生には、あつくお礼申し上げる次第である。

(23) 中司照世「尾張の前期盟主墳と尾張氏伝承―前期盟主墳の新たな調査成果に関連して―」（塚口義信博士古稀記念会編『塚口義信博士古稀記念日本古代学論叢』〈和泉書院、平成二十七年十一月〉所収）一八六～一八七頁。

(24) 中司照世氏は、網野銚子山古墳の被葬者は「丹波道主」、神明山古墳の被葬者は「丹波竹野媛の一族」とみておられるが、筆者も中司氏の指摘のとおりだと思う。

(25) 三浦到「佐紀陵山古墳の埋葬施設と被葬者について」（松藤和人編『同志社大学考古学シリーズXI　森浩一氏に学ぶ　森浩一追悼論文集』〈同志社大学考古学シリーズ刊行会、平成二十七年一月〉所収）。

(26) 佐藤晃一「埴輪の成立と変遷―丹後型円筒埴輪の分布と背景―」（『丹後の弥生王墓と巨大古墳』〈雄山閣出版、平成十二年八月〉所収）八九～九〇頁参照。

(27) 塚口義信「四世紀後半における王権の所在」（末永氏米寿記念会編『末永米寿記念　獻呈論文集』坤〈奈良明新社、昭和六十年六月〉所収）・同「佐紀盾列古墳群とその被葬者たち」（塚口氏『ヤマト王権の謎をとく』〈学生社、平成五年九月〉所収）ほか。

(28) 佐紀盾列古墳西群では、四世紀後半に突如として大型前方後円墳の築造が始まる。その出現のありかたから判断すると、在地の勢力が力をつけて擡頭してきたというよりは、どこかから移住してきた集団と考えられる。あるいは、三輪山山麓の政治集団の一部が、木津川や淀川の水運に目をつけ、こちらに拠点をシフトした可能性も考えられよう。ただし、筆者は、記紀の皇統譜などから、両集団は対立するものではなく、血縁的にも結びつきがあったと考えている。

(29) この点については、塚口義信「百済王家の内紛とヤマト政権」(『堺女子短期大学紀要』四四、平成二十一年三月)に詳しい。

(30) 塚口義信「丹波の首長層の動向とヤマト政権の内部抗争」(前掲)参照。

ちなみに、塚口氏は、海部直氏が自氏の歴史上応神天皇朝を劃期と位置づけていることや、そこに和爾臣氏の祖先の健振熊命を持ち出している点に注目し、「海部直一族は四世紀末の内乱のときに、実際に和珥氏の前身の一族とともに応神側に荷担していたことが考えられる」という推測を示しておられる。

(31) 塚口氏「四世紀後半における王権の所在」(前掲)・「佐紀盾列古墳群とその被葬者たち」(前掲)ほか参照。

(32) 三浦到「丹後の古墳と古代の港」(前掲)二四五頁・同「乙訓・丹波・丹後の古墳時代」(森浩一著『京都の歴史を足元からさぐる』〈学生社、平成二十二年九月〉所収)三〇〇頁。

(33) これらの古墳の石棺は在地石材を用いた地元生産ではあるが、その製作には竜山石石棺製作地の技術的な支援も想定されるという(広瀬和雄・和田晴吾編『講座◎日本の考古学』7古墳時代上の細川修平・今尾文昭執筆「近畿」〈青木書店、平成二十三年十二月〉二五〇頁)。なお、和田晴吾「丹後の石棺」(『丹後の弥生王墓と巨大古墳』〈前掲〉所収)も参照。

(34) 三浦氏「乙訓・丹波・丹後の古墳時代」(前掲)二九二〜二九四頁。

(35) 中司照世氏のご教示によれば、産土山古墳は、丹波・私市古墳、但馬・茶すり山古墳とともに顕著な存在の円墳で各地の中首長墳と考えられるという。いずれの古墳も、副葬品に朝鮮半島系の渡来系遺物が目立つ。たとえば、産土山古墳では銀装刀子、私市古墳では金銅装金具付き胡籙、茶すり山では鉄柄付手斧が、それぞれ出土している(これに関聯して、越前の福井市・天神山七号墳からは、金製耳飾り・金銅装金具付き胡籙も出土）。これらの古墳では鉄製武器・武具の併葬も顕著で、いずれ埴輪Ⅲ期（一部Ⅳ期初頭）であることから判断すると、被葬者はいずれも四世紀末から五世紀初めにかけて半島出兵に動員された豪族と推定されるという。

(36) 古墳時代後期になると、丹後の前方後円墳は、律令制の郡域に相当する範囲に、タベカニ古墳（与謝郡）、新戸1号墳・がんじあん2号墳（丹波郡）、スクモ塚3号墳（竹野郡）、平野古墳（熊野郡）など小型の前方後円墳（加佐郡は未詳）が築造されるのみで、大首長墳は千歳車塚・長塚・小盛山の三古墳がそれにあたる。これらはいずれも小丹波の領域に築かれている（中司照世「北近畿の首長墳とその動向」〈前掲〉三・一一頁）。

(37) 岡田精司「伊勢神宮の起源と度会氏―外宮と度会氏を中心に―」（前掲）も、こうした食膳の供御と服属儀礼の関係について言及しているが（三三九〜三四〇頁）、岡田説はあくまで度会氏を伊勢の在地の豪族ととらえ、丹波起源説を否定しておられるので、根本的に拙見とは異なる。

(38) この点については、岡田精司「大化前代の服属儀礼と新嘗」（『日本史研究』六〇・六一、昭和三十七年五・七月、のち岡田氏『古代王権の祭祀と神話』〈前掲〉所収）・前之園亮一「淡水門と景行記食膳奉仕伝承と国造」（黛弘道編『古代王権と祭儀』〈吉川弘文館、平成二年十一月〉所収）参照。

(39) 藤森馨「伊勢神宮内外両宮の祭祀構造―由貴大御饌神事に関する試論―」（『古代文化』四三―四、平成三年四月、のち藤森氏『古代の天皇祭祀と神宮祭祀』〈吉川弘文館、平成二十九年十二月〉所収）一一六〜一一七頁。

(40) その意味で、度会氏の「ワタ」が「ワタツミ」の「ワタ」同様、海に関係する語である（朝鮮語の「바다」に由来するともいわれる）ことは（松本清張『古代探求』〈文藝春秋社、昭和四十九年九月〉三六三頁）はなはだ示唆的である。

(41) 藤森馨「真名鶴神話と伊勢神宮の祭祀構造」（『国立歴史民俗博物館研究報告』一四八、平成二十年七月、のち藤森氏『古代の天皇祭祀と神宮祭祀』〈前掲〉所収）二九〇頁。なお、藤森馨「伊勢神宮内外両宮の祭祀構造―由貴大御饌神事に関する試論―」（前掲）も参照のこと。

(42) 田中卓「丹波国比治の真奈井を尋ねて」（『瑞垣』一八六、平成十二年六月、のち『続・田中卓著作集』第一巻〈国書刊行会、平成二十三年十二月〉所収）も、外宮鎮座が『日本書紀』にみえない理由を食事を調達する神を祭る、副次的な祭祀の追加に過ぎなかった点にもとめておられる（七七～七八頁）。ただし、外宮鎮座に関する全体の構想は、田中説と小論ではずいぶん異なっている。

(43) ジャパンナレッジ版『日本大百科全書（ニッポニカ）』の「伊勢神道」（小笠原春夫氏執筆）による。

(44) ジャパンナレッジ版『日本大百科全書（ニッポニカ）』の「神道五部書」（中西正幸氏執筆）参照。

(45) 久保田収「伊勢神道の形成」（『神道史研究』六―四・五・六〈昭和三十三年七月・九月・十二月〉、の久保田氏『中世神道の研究』〈神道史学会、昭和三十四年十二月〉所収）。ただし、この図は、『神道大系』論説編五、伊勢神道（上）（神道大系編纂会、平成五年七月）所収の田中卓氏の「解題」による。

(46) ちなみに、天孫降臨の際の登由宇気神随行のことは、『日本書紀』にはみえない。神代紀の引く一書のなかには、『古事記』とよく似た内容のものがみえているので、『日本書紀』のほうにも豊受大神の随行のことが出ていてもよさそうなものだが、一書にこれを記した説はない。そのことを思うと、登由宇気神の随行は『古事記』完成段階で附された、比較的新しい伝承なのかも知れない。なお、この点については、直木孝次郎「古代の伊勢神宮」（藤谷俊雄・直木孝次郎編『伊勢神宮』〈三一書房、昭和三十五年七月〉、のち直木氏『神話と歴史』〈吉川弘文館、昭和四十六年四月〉所収、のち『直木孝次郎古代を語る４　伊勢神宮と古代の神々』〈吉川弘文館、平成二十一年一月〉所収）一九頁も参照のこと。

(47) 『宝基本記』より古い『太神宮諸雑事記』にみえる天照坐伊勢太神宮の託宣にも「我食津神波坐丹後国与謝郡真井原須、早奉迎彼神、可奉令調備我朝夕饌物也」とみえるので、これが神宮側の史料における初見ともいえる。しかし、書き継ぎを重ねた書物だけに、五部書の記述に影響されたのちの加筆とも考えられるので、かならずしも同書が成立したとされる平安後期にすでにそうした考えが存した証拠とはならない。

(48) たとえば、和田嘉寿男『倭姫命世記注釈』（和泉書院、平成十二年十一月）の当該箇所（一六五頁）でも、与佐を与謝郡の「与謝」のこととし、いっぽうで小見比治の魚井原を『丹後国風土記』逸文の「比治里」と同地で中郡峰山町久次あたりとしながらも、郡の相違には言及していない。

(49) 同様に、田中卓「イセ神宮の創祀（下）」（『神道史研究』三―六、昭和三十年十一月、のち『神宮の創祀と発展』〈神宮司庁、昭和三十四年三月〉

所収、さらに『田中卓著作集』第四巻〈前掲〉所収）は、「丹後国が分立する以前、このあたり〔丹波郡の比治山付近のこと＝荊木注〕をも「与佐」と称したのかも知れぬ」とのべておられる（四八頁）。

(50) なお、吉見幸和『五部書説辨』巻之二、宝基本記辨中には「按、丹後国与謝郡比沼山頂魚井原ト云ハ、伝記・本記・次第記・世記等ニハ丹波国吉佐ノ宮ニ作レリ。彼書ハ太田命・阿波良波命・飛鳥・御気ナドガ編書ノ体ニ偽ル故ニ、古代ノ名ヲ以テ丹波国ト記セル者也。此書ハ四十五代聖武朝行基作ノ体ニ偽ルユヘ、丹後国ト記ス。続日本紀ニ、和銅六年、割二丹波国五郡一置二丹後国一、トアリ。比沼麻奈為神社ハ今丹後国丹波郡ニアリ。与謝郡ハ今丹波国ニ属ス」（『増補大神宮叢書18　度会神道大成後編』〈吉川弘文館、平成二十一年一月〉二八六頁）とある。「丹後国与謝郡比沼山頂魚井原」を問題にしたはやい例として注目されるが、その記述には混乱がある。

(51) 同書は、天牟羅雲命以下、鎌倉時代までの禰宜補任の次第を記した書で、その記述が建長五年（一二五三）に歿した度会行能で終わっているところから、「その行能の後、二、三代理―の間、すなわち行忠前後の誰かにより記されたもの」ではないかと推測されている（『群書解題』第五〈続群書類従完成会、昭和三十五年五月〉所収の鎌田純一氏執筆の解題二六三頁）。

(52) 『系図綜覧』所収のものは誤字もあり、善本とはい云いがたい。『度会氏系図』の写本は各地に現存しており、神宮文庫だけでも『度会氏系図』一冊（一門三四六九）・『度会氏系図　全』一冊（一門五五一七、度会末富写）・『度会系図　全』一冊（一門一一〇〇五、御巫清直旧蔵、安永三年書写・同八年一校了）・『度会系図』一冊（一門一一八六四）などがある。ほかに、『二所大神宮例文』『禰宜補任次第』にも『度会氏系図』と同様の記載が掲げられているが、譜文にあたる部分の記載は出入りがある。

(53) ただし、この点について、薗田守良は『神宮典略』三十「度会系論」において、この続柄にふれ、「原本ニ、阿波良波命以下六柱ノ系統左ノ如ク見ユレドモ、度会系図諸本ニヨリテ今改ム」として、大佐々命・御倉命の二人を阿波良波命の子とし、佐部支部・野古命・乙乃古命を大佐々命の子としている（『大神宮叢書　神宮典略』後篇〈昭和九年八月、内外書籍株式会社〉二〇四頁）。たしかに、阿波良波命・大佐々命・御倉命の関係は、『度会氏系図』諸本間でも相違があるし（大佐々命については、系線を引いていないものもある）、後述の『尾張氏系図』とも異なるので、誤伝の可能性がある。かりに、このとおりだとしたら、譜文の矛盾は解消できる。
(54)岡田精司「伊勢神宮の起源と度会氏—外宮と度会氏を中心に—」(前掲)三二六頁。
(55)宝賀寿男『古代氏族系譜集成』中巻(前掲)一三二一頁。
(56)これとほぼ同じものは、国立国会図書館所蔵の『諸系譜』第一冊ノ三にも収録されているが、一見して草稿のようなところがあり、あるいは、書陵部所蔵の『尾張氏系図』はこれを浄書したものかも知れない。『諸系譜』については、鈴木眞年とその門人中田憲信がその編纂にかかわったとみられており(宝賀寿男『古代氏族系譜集成』上巻〈古代氏族研究会、昭和六十一年四月〉六頁・横山勝行編『マイクロフィルム版『諸家系図史料集』解題目録』〈雄松堂出版、平成七年一月〉九五〜九八頁)、書陵部所蔵『尾張氏系図』が『諸系譜』所収本の写しだとすると、ともにその最終的な成立は明治以降となろう。
(57)ただし、ここにみえる海部直氏が丹後のそれかどうかについては、慎重論もある(鈴木正信「『海部氏系図』の基礎的研究」『丹後・東海のことばと文化』〈京丹後市教育委員会、平成二十七年五月〉所収)一二六頁。なお、「天孫本紀」所引の尾張氏系図の基本的な研究としては、松倉文比呂「尾張氏系譜について」(『龍谷大学論集』四三三四三四合併号、平成元年三月)がある。
(58)岡田精司「伊勢神宮の起源と度会氏—外宮と度会氏を中心に—」(前掲)三三二頁。
(59)『補任次第』『度会氏系図』と『尾張氏系図・淡夜別命群』のあいだには、彦和志理命と彦和志理命、小和志命と小和志直、小佐佐布命と佐布古直など、よく似た人名がみえているが、これも後者がもとの形であると考えたほうがよさそうである。宝賀氏によれば、「実際の祖先の名を加工して系譜を編ん」だものだという(『古代氏族系譜集成』中巻〈前掲〉一三二一六頁)。
(60)溝口睦子『古代氏族の系譜』(吉川弘文館、昭和六十二年十二月)八九〜九三頁。
(61)岡田精司「伊勢神宮の起源と度会氏—外宮と度会氏を中心に—」(前掲)三二五〜三三七頁参照。なお、田中卓「二所大神宮大神主、度会氏の隆替」(『瑞垣』一一八、平成十三年一月、のち『続・田中卓著作集』1〈国書刊行会、平成二十三年十二月〉所収)は「度会氏は、もともと天神系であり、ニギハヤヒの命の降臨、神武天皇の東征に従って以来、伊勢とは縁の深い氏族」とのべ、また、「度会氏をこの地方のもともとの土着勢力と説く研究者もいますが、土着というのはむしろ「宇治土公」であって、度会氏は天神系で、あくまで伊勢神宮に奉仕する氏族として発展してきたのであります」（一〇六～一〇七頁）とのべている。つまり、田中氏は、外宮の鎮座を雄略天皇朝のことと認めるいっぽうで、度会氏そのものははやくから伊勢に居住して垂仁天皇朝以来神宮に奉仕してきたと考えておられるのである。

(62) 薗田守良『神宮典略』二十九「荒木田系論」・三十「度会系論」は、二所太神宮大神主や大神主を後世の偽造としている（前掲）二〇六～二〇七頁参照）

(63) 鈴木眞年『華族諸家譜』中（杉剛英・高橋源助・北川常藏明治十三年五月、のち鈴木鈴木防人編『鈴木真年伝』〈鈴木防人、昭和十八年四月〉に再録、同書は平成三年十一月大空社より伝記叢書89として復刊）二二丁ウ～二三丁ウ・宝賀寿男「国宝「海部氏系図」について」（前掲）三六八～三六九頁。

(64) ちなみに、『続日本紀』和銅四年（七一一）三月六日条に「伊勢国人磯部祖父。高志二人。賜二姓渡相神主一。」とあるのは、両者の関係をよく示す史料である。

(65) 丹後の海女集団が志摩に移住したとみる假説は、はやく水野祐『古代社会と浦島伝説』下巻（雄山閣出版、昭和五十年四月）二七六頁以下にもみえている。興味深い提説だが、水野氏はその理由を当時の気候変動にもとめており、また豊受大神も当初は天照大神に対してではなく、土着の伊勢の大神に対する御饌食神であったとみるなど、独特の構想にもとづく假説なので、全体としてはしたがいがたい。なお、磯部氏については、岡田米夫「伊勢神宮と磯部族との関係」（『神道宗教』七三、昭和四十九年三月）などを参照。

(66) 常田かおり「丹後の海部直氏に関する一考察」（『神道史研究』五四―一、平成十八年四月）九七頁。

(67) はやい例としては、薗田守良『神宮典略』二十九「荒木田系論」、三十「度会系論」があげられる（『大神宮叢書　神宮典略』後篇〈前掲〉一三二一四〇・一五六一五七・二〇六～二〇七・二三二～二三七各頁参照）。『神宮典略』は、度会氏の系譜の偽作性を暴くことに急で、ところどころに行き過ぎと思われる点もある。たとえば、『釈日本紀』所引の『伊勢国風土記』逸文を後世の偽作として斥けている点などそれである。

(68) たとえば、田中卓「二所大神宮大神主、度会氏の隆替」(前掲)は、『補任次第』の古い部分の記述に信頼を寄せつつ、それに沿って、度会氏そのものははやくから伊勢に居住して垂仁天皇朝以来神宮に奉仕し、やがて豊受大神宮奉迎ののちは二所太神宮大神主として両宮に奉仕していたが、天武天皇朝から内宮禰宜の荒木田氏と外宮禰宜の度会氏の二流が生じ、度会氏は外宮専任となるとしている。しかし、小論でのべた推論が認められるとすれば、こうしたみかたは改める必要があろう。

(69) 岡田精司「伊勢神宮の起源と度会氏—外宮と度会氏を中心に—」(前掲)三五二頁。なお、『止由気宮儀式帳』の伝承に懐疑的な意見としては、直木孝次郎「古代の伊勢神宮」(前掲)一九頁や松前健「皇大神宮・豊受大神宮」(『神社と聖地』第六巻〈白水社、昭和六十一年〉、のち『松前健著作集』第三巻〈おうふう、平成九年十一月〉所収)三四〜三八頁も参照されたい。

(70) 高森明勅「伊勢神宮はいつ・なぜはじまったのか」(高森氏『歴史から見た日本文明』〈展転社、平成八年十二月〉所収)。

〔附記〕

小論で紹介した丹後・丹波・但馬の古墳のデータは、おもに中司照世先生からご提供いただいた情報による。いつに渝らぬ先生のご芳情にあつくお礼申し上げる次第である。

初出一覧

第一章　風土記の注釈について
――中村啓信監修・訳注『風土記』上下の刊行に寄せて――
『皇學館論叢』第四十八巻第四号（皇學館大学人文学会、平成二十七年八月十日、原題では「よせて」）、のち拙著『東アジアの金石文と日本古代史』（汲古書院、平成三十年一月二十八日発行）所収

第二章　『出雲国風土記』の校訂本
――角川ソフィア文庫『風土記』上の刊行に寄せて――
『史聚』第五十号（史聚会、平成二十九年四月五日発行）、のち拙著『東アジアの金石文と日本古代史』（前掲）所収

第三章　風土記の現代語訳について（一）
――谷口雅博氏訳『豊後国風土記』をめぐって――
『皇學館論叢』第五十一巻第六号（皇學館大学人文学会、平成三十年十二月十日発行、（一）は原題にはなし）

第四章　風土記の現代語訳について（二）
――谷口雅博氏訳『肥前国風土記』をめぐって――
『古典と歴史』二（「古典と歴史」の会、平成三十年十一月十日発行、（二）は原題にはなし）

第五章　『播磨国風土記』雑考
――「入印南浪郡」「聖徳王御世」「事与上解同」を論じて、中村啓信監修・訳注『風土記』上「播磨国風土記地図」に及ぶ――

『皇学館大学紀要』第五十七輯（皇學館大学、平成三十一年三月十五日発行）

附　章　豊受大神宮の鎮座とその伝承

『古典と歴史』一（「古典と歴史」の会、平成三十年十月十日発行）

〔附記〕

本論集への収録にあたって、一部表現を改めたところがある。なお、第五章における『角川日本地名大辞典』の引用は、角川日本地名大辞典編纂委員会編『新版角川日本地名大辞典』（DVD-ROM版）（角川学芸出版、平成二十三年十月）により、『日本歴史地名大系』のそれはジャパンナレッジPersonal版によったことをお断りしておく。

あとがき

「還暦の祝は厄除けであるから、当人自身が善根になることをすべきである」。これは、日野開三郎先生が、『唐代邸店の研究』（私家版、昭和四十三年十二月）の「後記」で述懐しておられるご尊父のお言葉である。これに対し、先生は、「なさけなくも善根とやらを積む力など露カケラほども有たない今の私には、『何とかの一つ覚え』に甘んじて平素研究の一つくらいを纏めてみるのが精一杯の所である」と考え、同書の執筆を思い立たれたのだという。こうして生まれたのが、学士院賞の栄誉にも輝いた『唐代邸店の研究』『続・唐代邸店の研究』の巨篇である。

本書は、尊敬する日野先生の顰みに倣い、みずからの還暦記念にまとめたものである。先生の『唐代邸店の研究』正続二冊に及ばぬこと遠いが、積善とは無縁の小生が今できるのは、やはり、日頃の研究を一書にまとめることくらいである。「現状と課題」と銘打ちながら、現状の負の部分ばかりを追ったネガティブな論考が大半を占めるのはいささか悲しいが、それにはそれなりの理由のあることとしてご宥恕をねがっておく。

この年になってありがたく思うのは、亡父母から享けた愛情と師友の学恩とである。自身の蒙った恩義を、今度は若いかたがたにお返しすることができるよう、日々つとめていくことをここに誓い、以て本書の「あとがき」としたい。

平成三十一年三月

就職のため上京する長男を駅に送った日に

著者記す

【著者紹介】
荊木美行（いばらき・よしゆき）

昭和34年４月和歌山市生まれ。同57年高知大学人文学部卒業，同59年筑波大学大学院地域研究研究科修了。四條畷学園女子短期大学専任講師・皇學館大学史料編纂所専任講師・同助教授・教授を経て，現在同大学研究開発推進センター教授。博士（文学）〔愛知学院大学〕。日本古代史専攻。『初期律令官制の研究』（和泉書院，平成３年）・『古代天皇系図』（燃焼社，平成６年）・『律令官制成立史の研究』（国書刊行会，平成８年）・『風土記逸文の文献学的研究』（学校法人皇學館出版部，平成14年）・『風土記研究の諸問題』（国書刊行会、平成21年）・『金石文と古代史料の研究』（燃焼社、平成26年）ほか多数の著書がある。

風土記《ふどき》研究《けんきゅう》の現状《げんじょう》と課題《かだい》

平成31年３月20日　印刷　　ISBN978-4-88978-136-6
平成31年３月31日　発行

著作権者との
申合せにより
検印省略

© 著者　荊木美行
発行者　藤波　優

〒558-0046　大阪市住吉区上住吉2-2-29
発行所　株式会社　燃焼社
電話 06（6616）7479　FAX 06（6616）7480
E-mail：fujinami@nenshosha.co.jp　URL：http://www.nenshosha.co.jp

落丁本・乱丁本はお取替いたします。印刷・有限会社青木印刷